Les cinq travaux d'Europe

Une Europe qui nous fera grandir

Philippe-Emmanuel Partsch

ISBN 979-10-94201-10-7

Ouvrages Concurrences

La version électronique de ces ouvrages est disponible sur le site concurrences.com.

Mélanges

Laurence Idot – Concurrence et Europe, Vol. I & II, *Christophe Lemaire, Francesco Martucci (dir.), 2022*

Eleanor M. Fox – Antitrust Ambassador to the World, *2022*

Frédéric Jenny – Standing Up for Convergence and Relevance in Antitrust, Vol. I & II, *2021*

Herbert Hovenkamp – The Dean of American Antitrust Law, *2021*

Albert A. Foer – A Consumer Voice in the Antitrust Arena, *2020*

Richard Whish – Taking Competition Law Outside the Box, *2020*

Wang Xiaoye – The Pioneer of Competition Law in China, *Adrian Emch, Wendy Ng (eds.), 2019*

Douglas H. Ginsburg – An Antitrust Professor on the Bench, Vol. I & II, *2018 & 2021*

Ian S. Forrester – A Scot Without Borders, Vol. I & II, *Assimakis Komninos et al. (eds.), 2015*

William E. Kovacic – An Antitrust Tribute, Vol. I & II, *Nicolas Charbit et al. (eds.), 2013 & 2014*

Thèses

The Economics of Digital Markets: Essays in theoretical and empirical industrial organization, *E. Arnaud-Joufray, Forthcoming 2024*

Abuse of Platform Power: Leveraging Conduct in Digital Markets under EU Competition law and Beyond, *Friso Bostoen, 2023*

Reform of Chinese State-owned enterprises: What China Can Learn From the Practice of Competitive Neutrality Policy in Australia, *Xue Bai, 2023*

La soumission des banques au droit de la concurrence, *Antonin Pitras, 2022*

L'entreprise contrevenante en droit des pratiques anticoncurrentielles, *Etienne Thomas, 2021*

Droit de la commande publique et droit de l'Union européenne : Étude sur une dynamique commune, *Vincent Bridoux, 2021*

Competition and Regulation in Network Industries: Essays in Industrial Organization, *Jean-Marc Zogheib, 2021*

La faute lucrative en droit de la concurrence, *Godefroy de Moncuit de Boiscuillé, 2020*

The Role of Media Pluralism in the Enforcement of EU Competition Law, *Konstantina Bania, 2019*

Les accords de report d'entrée (Pay-for-delay), *Walid Chaiehloudj, 2019*

Buyer Power in EU Competition Law, *Ignacio Herrera Anchustegui, 2017*

Google, la presse et les journalistes, *Guillaume Sire, 2015*

L'Union européenne et le droit international des subventions, *Loïc Wagner, 2015*

Pratiques

Global Dictionary of Competition Law, *Deborah Healey, William E. Kovacic, Pablo Trevisán, Richard Whish (eds.), Forthcoming 2024*

Dictionnaire de droit de la concurrence, *Muriel Chagny, Emmanuel Combe (dir.), 2023*

The 2023 U. S. Merger Guidelines: A Review, *Sean Sullivan (ed.), 2024*

Competition Inspections in 25 Jurisdictions 2nd Edition – A Practioner's Guide, *Nathalie Jalabert-Doury (ed.), 2024*

EU Antitrust Enforcement – Law, Economics, History, Policy & Practice, *Wouter P. J. Wils, 2024*

The EU Foreign Subsidies Regulation, *Andreas Reindl, Isabelle Van Damme (eds.), 2024*

Compendium of Antitrust Damages Actions – 2nd Edition, *John W. H. Denton AO, François Brunet, Sarina Williams, Caroline Inthavisay (eds.), 2024, in collaboration with the ICC*

Pharmaceutical Antitrust – An Analysis of US and EU Law, *Mélanie Thill-Tayara, George G. Gordon (eds.), 2023*

Innovation Paradox in Merger Control, *Professor Gönenc Gürkaynak, 2023*

Antitrust and the Digital Economy – Legal Standards, Presumptions, and Key Challenges, *Yannis Katsoulacos, 2023*

Judicial Review of Competition Cases, *Tim Eicke, Douglas H. Ginsburg (eds.), 2023*

Grands arrêts du droit de la concurrence – Pratiques anticoncurrentiels – Volume I : Règles de fond, Nouvelle édition, *Laurence Idot (dir.), 2022*

Grands arrêts du droit de la concurrence – Pratiques anticoncurrentielles – Volume II : Mise en œuvre, Nouvelle édition, *Laurence Idot (dir.), 2022*

Grands arrêts du droit de la concurrence – Concentrations, Nouvelle édition, *Laurence Idot (dir.), 2022*

Grands arrêts du droit de la concurrence – Aides d'État, Nouvelle édition, *Laurence Idot (dir.), 2022*

Competition Law Treatment of Joint Ventures, *Benedict Bleicher, Neil Campbell, Andrea Hamilton, Niko Hukkinen, Arshad (Paku) Khan, Alastair Mordaunt (eds.), 2022 (in collaboration with the IBA)*

Information Exchange and Related Risks – A Practical Guide, *Zoltán Marosi & Marcio Soares (eds.), 2022 (in collaboration with the IBA)*

Rulemaking Authority of the US Federal Trade Commission, *Daniel A. Crane (ed.), 2022*

The International Competition Network at Twenty, *Dave Anderson & Paul Lugard (eds.), 2022*

Competition Case Law Digest – 5th Edition, *Frédéric Jenny, Nicolas Charbit (eds.), 2022*

Perspectives on Antitrust Compliance, *Anne Riley, Andreas Stephan, Anny Tubbs (eds.), 2022 (in collaboration with the ICC)*

Turkish Competition Law, *Gönenç Gürkaynak, 2021*

Les pratiques commerciales déloyales, *Erwann Kerguelen, Jean-Louis Fourgoux, Leyla Djavadi (dir.), 2021*

Les inspections de concurrence des autorités françaises, *Nathalie Jalabert-Doury, 2e édition, 2021*

Competition Law, Climate Change & Environmental Sustainability, *Simon Holmes, Dirk Middelschulte, Martijn Snoep (eds.), 2021*

La réparation des préjudices causés par les pratiques anticoncurrentielles, *Rafael Amaro, Jean-François Laborde, 2e édition, 2020*

Competition Inspections under EU Law – A Practitioner's Guide, *Nathalie Jalabert-Doury, 2020*

Merger Control in Latin America – A Jurisdictional Guide, *Paulo Burnier da Silveira, Pamela Sittenfeld (eds.), 2020*

Gun Jumping in Merger Control, A Jurisdictional Guide, *Catriona Hatton, Yves Comtois, Andrea Hamilton (eds.), 2019*

Grands arrêts du droit de la concurrence – Régulations, *Francesco Martucci (dir.), 2019*

Grands arrêts du droit de la concurrence – Distribution & Pratiques commerciales déloyales, *Nicolas Ferrier & Frédéric Buy (dir.), 2019*

Choice – A New Standard for Competition Analysis ?, *Paul Nihoul et al., 2016*

Ouvrages généraux

Great Antitrust Enforcers – Lessons from Regulators, *William E. Kovacic, 2023*

Competition – How to Speak Like an Expert, *Emmanuel Combe, 2023*

Chroniques (décalées) d'un économiste, *Emmanuel Combe, 2022*

Women & Antitrust – Voices from the Field, Vol. I & II, *Evelina Kurgonaite & Kristina Nordlander (eds.), 2020*

Petit manuel (irrévérencieux) d'économie, *Emmanuel Combe, 2018*

A quoi sert la concurrence ?, *Martine Behar-Touchais et al. (ed.), 2014*

Quo Vadis Europa ?

Le titre de la collection d'ouvrages « Quo Vadis Europa ? » résume l'essence de la démarche de cette nouvelle initiative éditoriale. *Quo Vadis* signifie à la fois *Où vas-tu* ? et *Que veux-tu ?* Les ouvrages de cette collection ont vocation à répondre à cette double interrogation : « Où se dirige l'Europe ? » et « Que veut-on pour notre Europe ? ». Les ouvrages que nous entendons publier dans cette nouvelle collection auront pour vocation de répondre à ces interrogations, de façonner et d'interroger les dynamiques européennes sous tous leurs aspects.

Les sujets qui agitent la scène européenne à la veille de nouvelles élections sont pléthores : renforcement de la souveraineté européenne ; stratégies de sécurité politique dont l'importance a été illustrée par la guerre en Ukraine ; autonomie économique, au travers notamment de la compétitivité technologique, ainsi que les risques de pénurie de matières premières et la transition verte ; politique sanitaire ; fiscalité européenne ; ou encore, la préservation d'une Europe sociale.

Nous croyons fermement en la valeur des idées des penseurs européens. Nous souhaitons leur donner ici une tribune pour qu'ils ouvrent la voie vers des propositions essentielles pour l'avenir de nos démocraties et de nos économies modernes.

Les ouvrages publiés seront le fruit de réflexions nouvelles ou de recherches approfondies apportant des éclairages pertinents sur l'Europe d'aujourd'hui et de demain.

Nous sommes convaincus que *Quo Vadis Europa ?* deviendra une source de connaissances et de perspectives, et que cette collection contribuera à alimenter le débat et à stimuler la réflexion sur l'Europe, dans un monde en constante évolution.

Nicolas Charbit, Sébastien Gachot, Maevy Lakrouf

Les vues exprimées dans cet essai n'engagent que son auteur et non les collectivités et institutions dont il est membre.
Il peut être contacté sur Linkedin et à l'adresse suivante :
philem.partsch@gmail.com.

Sommaire

Avant-propos

Le paradoxe prête à sourire. Europe, la nymphe qu'emporte Zeus incarné en taureau blanc, signifie « large regard ». Que de myopie pourtant vis-à-vis de la construction européenne ! D'un côté, nous sous-estimons ce qu'elle nous apporte pour un coût réduit. De l'autre, nous n'en exigeons pas assez, au vu de son potentiel inexploité… et de l'actualité.

Pouvons-nous nous permettre encore cette indulgence ? Notre perte de vitesse technologique, économique, financière, voire éducationnelle, est sévère. La pauvreté croît malgré d'importants transferts sociaux. Les finances publiques présentent des déséquilibres alarmants dans certains États membres, notre démographie pique du nez et notre écosystème souffre. Les tensions géopolitiques s'accumulent.

Dans tous les domaines, des signaux sont donc à l'orange. Nous ne devons pas seulement enrayer un déclassement et sauver notre social-démocratie ; il faut aussi une économie plus écoresponsable et une défense moins dépendante du bon vouloir américain.

Notre destin reste toutefois entre nos mains. Europe, qui nous a permis de nous relever après la Seconde Guerre mondiale, peut nous faire encore grandir, citoyens, entreprises et États membres, car elle dispose de plusieurs atouts majeurs. À condition de bien les jouer.

Sans transfert de nouvelles compétences à l'Union européenne ni sacrifices notables, nous pouvons améliorer substantiellement la prospérité des Vingt-Sept au cours des prochaines années, les rémunérations, le taux d'emploi, la justice sociale. Ainsi consolidées, nos démocraties négocieront plus sûrement le virage de l'écoresponsabilité et le renforcement de notre sécurité extérieure.

Prospérité, développement et solidarités, écoresponsabilité, démocratie et libertés à l'intérieur ; le triptyque générosité, stabilité, sécurité vis-à-vis des pays tiers. Comment Europe peut-elle contribuer à ces cinq travaux (finalement, c'est peu au regard des douze infligés à Hercule, son quasi-neveu[1]) ?

Tel sera le propos de cet essai, nourri par des années d'expériences professionnelles diverses en relation avec la construction européenne, dans les institutions et principalement du dehors. Un des fils conducteurs est que, n'étant ni un État ni un super-État et devant faire ce qu'un État n'est pas capable de réaliser seul, l'Union européenne (UE) gagne à privilégier des types d'interventions en partie spécifiques.

Cet ouvrage est aussi l'occasion de donner un aperçu des axes et politiques de l'Union, de mettre en lumière certains paramètres clés pour notre qualité de vie et celle de nos enfants, de s'interroger sur les façons de mener des politiques économiques et sociales aujourd'hui, de revisiter des conceptions dans ces domaines ainsi que les rapports entre l'UE, les États membres et la population.

Je ne connais pas tout ni n'ai réponse à tout. Je cherche à poser des questions, à jeter les bases d'une discussion et d'une dynamique – espérons-le – fécondes, à ouvrir des perspectives, tout en faisant preuve de réalisme et de pragmatisme. Il y a beaucoup à questionner, à reconsidérer et à réinventer. Les bouleversements et perturbations actuels y invitent.

À quelques mois des élections européennes, les lecteurs trouveront aussi dans ces pages des mesures concrètes, des objectifs chiffrés, une feuille de route, une approche. Libre à la prochaine Commission européenne, au Parlement et au Conseil de s'en inspirer.

Europe, prête-nous ton sens des vues larges et de l'action.

---

1 Hercule est issu d'un autre amour extraconjugal de Zeus.

Introduction

Europe : une douceur de vivre encore enviable

Il fait bon vivre en Europe – davantage que dans beaucoup d'autres régions du monde, même riches. Songeons à la qualité de vie, à la prospérité, à la justice sociale, à la démocratie, aux libertés et aux droits de l'homme, au bilan environnemental, à la générosité.

Les chiffres ne sont pas tout, mais donnent un premier aperçu. Jetons un coup d'œil aux plus significatifs d'entre eux.

Qualité de vie ? Neuf États membres dans les 20 États du monde à l'indice du bonheur le plus élevé[2], 6 parmi les 10 premiers, les 2 premières places. La moitié des 26 premiers États du monde en développement humain. Les 5 pays les plus avancés au monde pour l'égalité des sexes, l'une des plus grandes espérances de vie (81 ans[3], pour 78,6 ans aux États-Unis, où elle baisse[4]), 5 des 10 villes où l'on mange le mieux, un haut niveau de sécurité (taux d'homicide et pourcentage de personnes privées de leur liberté, respectivement 7 et 10 fois moins élevés qu'aux États-Unis), les 2 villes les plus agréables à vivre (Vienne et Copenhague), 2 autres dans les 10 premières. En comparaison, les gens sont bien dans leur tête et dans leur corps en Europe, où ils vivent et circulent en sécurité.

Sur le plan économique, deuxième PIB du monde, derrière les États-Unis[5] et juste devant la Chine, l'une des plus grandes puissances

2 Même score pour l'indice du développement humain (IDH), qui prend en compte l'espérance de vie, la durée de scolarisation et le revenu national brut par habitant.

3 Eurostat, *Chiffres clés sur l'Europe – Édition 2021*, Luxembourg, Office des publications de l'Union européenne, 2021, p. 15 ; toutefois, la covid a ramené l'espérance de vie à 80,1 ans (Eurostat, *Chiffres clés sur l'Europe – Édition 2023*, Luxembourg, Office des publications de l'Union européenne, 2023, p. 16).

4 Selon les dernières statistiques, elle serait même tombée à 76,1 ans, soit le niveau de 1996 (*La Croix*, 31 août 2022).

5 13 306 milliards d'euros en 2020 contre 13 923 milliards d'euros en 2019 (une diminution imputable à la pandémie) (*Chiffres clés sur l'Europe*, 2021, p. 35), 14 400 milliards d'euros en 2021 (*Chiffres clés sur l'Europe*, 2022, p. 34), 15 800 milliards d'euros en 2022 (*Chiffres clés sur l'Europe*, 2023, p. 34). Le PIB de 2020 représente un peu moins de trois quarts du PIB américain (15 192 milliards de dollars contre 20 936 milliards de dollars).

commerciales (deuxième plus grand exportateur, derrière la Chine), premier investisseur et première destination d'investissement, 8 pays parmi les 20 premiers pour l'indice de compétitivité. Même le taux de chômage est historiquement bas : avant et… après la pandémie (6,2 %[6]). Depuis lors, il continue de refluer (5,9 % en décembre 2023, malgré la guerre en Ukraine !). L'Europe reste une des régions les plus riches du monde et conserve un certain dynamisme économique. Elle n'est pas qu'une population de consommateurs gâtés, contrairement à une première idée reçue.

Sur le plan social, le plus haut niveau de dépenses de protection[7], la société la plus redistributrice[8]. Nous sommes très loin d'un deuxième cliché de l'Europe néolibérale qui étranglerait les services publics. Ceux-ci sont, du reste, reconnus expressément au niveau européen ; les États membres demeurent largement libres d'en créer et de les dimensionner[9].

Les scores sur l'*État de droit* sont en général très bons, avec deux des trois premières places mondiales notamment.

L'Union européenne (UE) est aussi la grande zone économique mondiale présentant la plus faible *intensité énergétique* (rapport entre l'énergie consommée et le PIB). Les États-Unis affichent une performance plus médiocre de 30 à 45 %. Un Européen rejette moins de la moitié de CO_2 et consomme six fois moins d'eau qu'un Américain. Dans ce domaine, nous sommes à la fois plus efficients et sobres.

---

6 Soit le taux le plus bas depuis le début de sa mesure en janvier 2000 (communiqué de l'Office statistique de l'UE, publié le 30 janvier 2020, *Bulletin Quotidien Europe (BQE)* n° 12415 du 31 janvier 2020, p. 20). Après être remonté à 7,5 % en avril 2021, il est revenu à 6,2 % en mars 2022.

7 En moyenne, 10 points de plus qu'aux États-Unis et 30,3 % du PIB de dépenses sociales en moyenne, avec une amplitude allant de 35,2 % (France) à 15 % (Irlande). Cela étant, un tel score doit être interprété avec prudence. Il peut être le signe d'une économie faible (mais ne l'est pas nécessairement), avec un niveau de chômage élevé et la nécessité de dépenses de transfert élevées pour aider les plus pauvres. Une économie forte, spécialement si elle procure une majorité d'emplois à haute valeur ajoutée, exposera moins de dépenses de transfert ou de redistribution, sans nécessairement être moins sociale.

8 Les inégalités de revenu sont, dans l'UE, en moyenne inférieures à celles dans les autres pays de l'OCDE (*Études économiques de l'OCDE : Union européenne*, juin 2018, Synthèse, p. 2).

9 Sur les services d'intérêt économique général (SIEG), v. Titre I, Ch. II, E.

L'UE est la région la plus généreuse *vis-à-vis du reste du monde* aussi : elle fournit plus de la moitié de l'aide publique mondiale au développement[10] (nous y reviendrons[11]), soit 0,48 % du PIB des Vingt-Sept… mais est éclipsée par les États-Unis, un contributeur plus modeste (0,2 % de son PIB), qui « vend » toutefois mieux ses réalisations.

Part de la construction européenne dans ce succès global

L'Europe nous apporte une série d'avantages, jusque dans notre quotidien, à commencer par des biens et services que nous ne trouverions pas chez nous ou qui y sont plus chers, la liberté d'aller et venir dans un grand ensemble et de s'établir dans 26 autres États membres, sans devoir convertir notre argent dans la plupart d'entre eux. Je connais trois personnes qui doivent la vie à un médecin spécialisé pratiquant dans un autre État membre.

L'explication ? Un pays ne peut pas exceller en tout. Un bassin de 445 millions de personnes offre davantage de biens et services variés et de qualité qu'une population de 1, 10 ou 100 millions – spécialement quand il présente autant de diversité de langues, de cultures, d'histoire et de formations que l'Union européenne (UE).

Quelqu'un voulait construire en bois un projet conçu pour une ossature en béton. Le premier étage présentait un surplomb qui posait un défi technique pour une structure en bois. Une mise en concurrence internationale permit de trouver l'entreprise compétente en Slovénie, où la filière bois est de grande qualité. Le chantier se déroula sans encombre.

---

10 *BQE* n° 12376 du 26 novembre 2019, p. 4.

11 V. *infra* dans l'Introduction, « Coût comparatif de l'UE et de l'aide aux pays en voie de développement ».

À l'occasion d'une conférence que je donnais sur le Brexit, j'ai été surpris d'y voir une charmante connaissance active dans le monde automobile. Elle m'apprit que la plupart des pièces de rechange pour les voitures de sport *vintage* étaient fabriquées au Royaume-Uni. Le Brexit allait renchérir leur prix et compliquer leur acheminement. Un autre participant était inquiet, car il produisait des médicaments pour les animaux. Peu d'entreprises en dehors du Royaume-Uni étaient capables d'en fabriquer les récipients.

Luxembourg compte depuis quelques années un tram. Celui-ci change la vie des habitants et des navetteurs : une mobilité améliorée, moins de pollution. Le projet est très européen : rames espagnoles, gestionnaire de projet français, prêt de la Banque européenne d'investissement (BEI), la banque de développement économique de l'UE, dont les crédits en cours à l'économie européenne représentent près de deux années de recettes budgétaires françaises[12] (550 contre 300 milliards d'euros).

Nous nous sommes tellement habitués à ces avantages que nous les trouvons normaux. Pourtant, ils ne le sont pas. Demandez aux Britanniques, qui ont découvert/retrouvé les contrôles aux frontières, les pénuries et une inflation du diable, après le Brexit.

Parfois, nous ignorons aussi qu'un aspect de notre qualité de vie est dû à l'Europe, l'action de celle-ci étant souvent discrète, indirecte, souterraine. Contrairement à La Poste, l'Union européenne n'a pas un bureau dans chaque localité. Comme la fée électricité, elle est insaisissable, immatérielle. Superstructure légère, dédiée à la conception, elle agit surtout à travers les administrations nationales et régionales, d'où un déficit d'image[13]... qui arrange les États membres. Ceux-ci craignent d'être déclassés. À l'image d'Anastasie et de Javotte, ils aiment à garder Cendrillon-Europe au grenier.

---

12 Sur la Banque européenne d'investissement (BEI), v. *infra*, not. Titre II, Ch. I, B.

13 Europe est rarement représentée, figurée, si l'on excepte Plantu, qui, dans ses caricatures, la dessine en jeune femme aérienne, éthérée, empathique, mi-vestale mi-jeune souveraine sympathique.

Il nous arrive aussi de minimiser l'utilité de l'Europe, voire d'être de mauvaise foi. Emmanuel Macron aurait-il pu mettre en œuvre la politique du « quoi qu'il en coûte » dans la lutte contre la Covid-19 sans l'aval de la Banque centrale européenne (BCE) et de l'Allemagne ? Avant l'euro, une telle déclaration aurait provoqué sur-le-champ la dévaluation du franc français. L'Europe protège contre les chocs externes beaucoup plus qu'on ne le réalise. Demandez une nouvelle fois aux Britanniques.

L'Europe a augmenté le pouvoir d'achat de la population, accru la protection des travailleurs, facilité leur circulation. Elle a contribué au renforcement des démocraties (songeons aux pays méditerranéens) et des droits de l'homme et à la coexistence pacifique de communautés différentes au sein des États membres.

La construction européenne a donc fait office de levier d'Archimède sur les plans économique, social et démocratique. Elle a permis de relever de ses cendres une bonne partie du continent après deux guerres mondiales tout en affermissant ses valeurs fondamentales et préservant ses diversités.

Part de la construction européenne dans ce succès global : quelques chiffres

Le surcroît de prospérité découlant de la construction européenne est de 9 à 12,5 %, selon diverses études. Sans l'UE, les Vingt-Sept atteindraient un PIB d'environ 14 529/14 077 milliards d'euros au lieu de 15 837 milliards. Ce surplus est considérable au vu des moyens réduits déployés. Le budget de l'UE est d'environ 1 % du PIB des Vingt-Sept (un peu plus en 2022 : 170,6 milliards d'euros, soit 1,07 %). *Le coefficient multiplicateur de la construction européenne, son effet de levier, serait donc de 7,7 à 10,6 si l'on rapporte le budget européen au gain de PIB procuré.* En d'autres termes, l'Europe coûte 380 euros par an à chaque habitant pour un surplus de revenu de 2 917 à 3 925 euros.

La construction européenne nous apporte beaucoup pour pas cher. Nous en revenons à la superstructure légère. L'UE n'est pas un vingt-huitième État ou un super-État. Par comparaison, le budget de l'UE est entre 30 à 60 fois moins important en termes relatifs que celui des États membres (v. figure I), en moyenne 50 fois moins. En outre, l'UE présente des dépenses de fonctionnement réduites (6 % du budget européen).

Coût comparatif de l'UE et de l'aide aux pays en voie de développement

Le budget européen mérite d'être comparé aussi à celui de l'aide au développement cumulée des États membres et de l'UE : 165 contre 70,2 milliards d'euros[14]. *Nous affectons donc l'équivalent de près de la moitié du budget de l'UE aux pays du tiers-monde*[15].

Le rapprochement des chiffres interpelle[16] : nous soucions-nous assez de nos intérêts communs ? Les réactions à ces deux chiffres intriguent aussi. L'aide au développement est jugée insuffisante, un objectif de 0,7 % du PIB étant regardé comme un minimum. En revanche, il n'est pas question d'augmenter le budget communautaire… alors que ce dernier semble donner davantage de fruits que l'aide à certains pays tiers.

La construction européenne : un levier d'Archimède pour tous les États membres

Tous les États membres bénéficient de l'Europe. Celle-ci n'est pas un jeu à sommes nulles où l'un gagne aux dépens de l'autre. Elle fait « grossir le gâteau » pour chaque économie nationale, contrairement à une troisième idée reçue.

14 En 2021.

15 Pour être exact, l'aide au développement équivaut à 42,5 % du budget communautaire (0,48 % contre 1,17 % du PIB de l'UE-27).

16 Surtout si l'on prend en compte le coût de la vie nettement plus faible dans les pays en voie de développement : en termes relatifs, n'affectons-nous pas davantage de ressources à ces pays qu'à la construction européenne ?

À cet égard, le retour global pour un État membre de son appartenance à l'UE est bien supérieur à sa contribution au budget européen.

D'une part, un État membre voit une partie du budget européen lui revenir, directement, au travers des affectations des deniers européens. Selon les cas, elle est supérieure, égale ou inférieure à sa contribution (les États membres les plus riches contribuent au budget communautaire plus qu'ils n'en bénéficient directement).

D'autre part et surtout, comme expliqué ci-dessus, le surplus de richesse qu'une économie nationale tire de sa participation à l'UE est, en toute hypothèse, sans proportion avec son éventuelle contribution nette (la différence entre la contribution et la partie du budget européen qui lui revient), compte tenu de l'effet de levier de 7 à 9,4 évoqué ci-dessus.

Par exemple, après cinq petites années de Brexit, le Royaume-Uni aurait déjà perdu une somme avoisinant 47 ans de contribution nette à la construction européenne, soit un effet de *deleverage* de 9,4 %, de la même ampleur que la fourchette haute du levier de l'appartenance à l'UE, mentionné ci-dessus. CQFD ! Le Brexit est la meilleure preuve par l'absurde de l'utilité et de la rentabilité de l'UE. Oui, celle-ci est bancable.

Indépendamment de la communauté de valeurs des États membres, de leur attachement à la démocratie, d'une certaine solidarité, l'UE est donc un mariage rationnel.

Une contribution européenne sous-estimée, voire niée

Pour le reste, les râleries nationales selon lesquelles l'Europe coûte trop ou les autres États membres en profitent font sourire. On est prompt à voir la paille dans l'œil du voisin, moins la poutre dans le sien.

La France n'aime pas se voir rappeler qu'une partie de ses agriculteurs, pas seulement les plus modestes, bénéficient depuis 1957 de la politique agricole commune[17] (PAC), qui a longtemps consommé trois quarts du budget européen. Les Allemands relativisent qu'ils sont idéalement placés au centre du grand marché pour le desservir avec leur puissante industrie. L'Italie fait peu de cas de l'argent versé au Mezzogiorno depuis 1957. Les Pays-Bas critiquent les États membres dépensiers, mais minimisent les rentrées que leur procure le port de Rotterdam, principal lieu de perception des droits de douane européens sur les produits des pays tiers[18]. Les Belges reprochent aux eurocrates d'être surpayés et de renchérir le coût de la vie à Bruxelles ; ils ne réalisent pas l'aubaine de ces quelques milliers de fonctionnaires, dont ils ne paient qu'une fraction de la rémunération. Sans eux, Bruxelles serait anémique, victime des chicanes entre néerlandophones et francophones[19].

Un succès respectueux des diversités dans le même temps

En outre, une telle réussite globale ne s'est pas faite au prix de nos spécificités nationales, voire régionales et locales.

La diversité linguistique a été préservée et est expressément protégée. Les États membres n'ont pas été démantelés. Ils demeurent en outre libres de fixer le niveau des services publics offerts à la population et, corrélativement, celui des impôts pour les financer. Les attentes des populations vis-à-vis de l'État peuvent rester différentes d'un pays à l'autre. Le total des dépenses publiques varie de plus du simple au double, comme cela ressort de la figure 1. Alors qu'en 2021,

17 Sur la politique agricole commune (PAC), v. *infra*, Titre III, Ch. II.

18 Ainsi que le rappelle Jean Quatremer, journaliste de *Libération*, spécialisé dans les questions européennes, qui, à cette occasion, oublie lui-même que le monopole de fait de Rotterdam doit beaucoup à la CGT du Havre.

19 P. Deglume, « Un quart de l'économie bruxelloise est liée à l'Europe », *L'Echo* des 25 et 26 septembre 2021, pp. 1 et 4.

elles représentaient 25 % du PIB en Irlande, elles atteignaient 59 % en France. Les dépenses de protection sociale représentent de 15 à 36 % du PIB, avec une moyenne de 30,1 %. Une telle variation dans la place de l'État et du secteur public[20] résulte de mentalités différentes et en induit d'autres. Dans ces conditions, dire que l'Europe est néolibérale tient de la galéjade tout comme prétendre qu'elle veut tout uniformiser.

Un autre garant des diversités est… la lourdeur décisionnelle de l'UE : proposition de la Commission européenne, trilogue avec le Parlement européen et le Conseil, les deux colégislateurs, exigences de majorité en termes d'États et de population.

20 La propriété peut être indifféremment privée ou publique en Europe et ne peut être discriminée sur la base de l'appartenance au secteur privé ou public (principe de neutralité du régime de propriété). C'est un autre élément de la diversité européenne.

Figure 1.

Dépenses des administrations publiques dans l'Union européenne en 2022

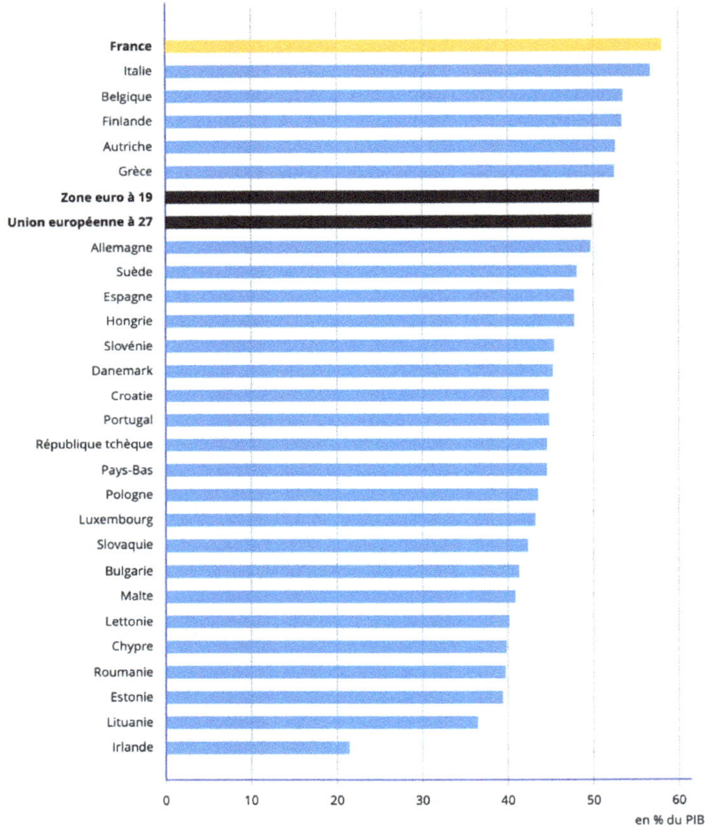

Note : y compris dépenses imputées (cotisations sociales de l'État-employeur).

Lecture : en 2022, les dépenses des administrations publiques françaises représentent 58,1 % du produit intérieur brut (PIB). Ce taux est de 49,8 % du PIB dans l'ensemble de l'Union européenne à 27 pays.

Source : Eurostat (extraction du 1er juin 2023).

L'affectation des dépenses publiques diffère aussi sensiblement d'un État membre à l'autre (protection sociale, éducation, police, etc.), ainsi que cela ressort de la figure 1. C'est une conséquence logique du maintien de l'autonomie des États membres en matière politique, économique, sociale et sociétale.

L'Europe exige simplement que les États membres ne vivent pas au-dessus de leurs moyens et veillent à un équilibre entre leurs rentrées – en clair, les recettes fiscales – et leurs dépenses (principes de responsabilité budgétaire et de soutenabilité des finances publiques)[21]. Pour le reste, ils gardent carte blanche, à condition de respecter certains grands principes, comme les libertés de circulation, l'interdiction (relative) des aides d'État[22], le cadre de l'Union économique et monétaire (UEM). L'Europe porte bien sa devise : « Unie dans la diversité ». Point remarquable, nous parvenons à maintenir ce trait dans une Europe élargie à 27 et donc, par définition, toujours plus diversifiée. C'est un réel tour de force.

Se dessine à nouveau la silhouette d'un édifice léger, presque en pointillé, qui ne doit être ni pesant ni intrusif, que ce soit pour les États membres, les citoyens ou les entreprises. Une construction dont les compétences ne sont pas illimitées non plus.

Le projet européen nous apporte beaucoup (à commencer par un espace multiplié par 27 et une prospérité additionnelle) *tout en nous enlevant peu*, y compris aux États membres, *pour un prix et un encombrement réduits*.

21 Sur cette question, v. *infra*, Titre I, Ch. II, consacré au secteur public.

22 Sur ces questions, v. *infra*, Titre I, Ch. I, relatif au marché intérieur.

Mais est-ce dû à ce caractère désincarné, rationnel, minimaliste et sophistiqué, l'UE ne suscite ni une affection ni un attachement débordants. La nymphe Europe s'est muée en une Junon[23], précieuse mais peu exaltante, plus qu'en une Vénus.

Un bilan en péril ?

Ce bilan, positif, ne doit pas occulter un essoufflement, des faiblesses, voire des signes de déclin. Europe s'est encroûtée. L'allégresse et le dynamisme qui caractérisent son enlèvement dans le mythe fondateur sont loin.

Jetons à nouveau un regard sur quelques chiffres et indicateurs, comme lors d'une visite médicale ou d'une prise de sang. Un individu peut se sentir en forme ; un excès de tension artérielle l'expose à des problèmes rénaux et/ou à des accidents cardio-vasculaires. De même, une société humaine doit tenir compte de dégradations de certains fondamentaux susceptibles de compromettre son avenir, une série d'équilibres et la qualité de vie. Attention aux tueurs silencieux de la prospérité, de la concorde et du bonheur : ceux-ci sont à l'œuvre en Europe actuellement, davantage qu'on ne le croit.

D'abord, depuis quelques années (2010), les États-Unis réalisent un PIB plus important que nous… avec une population qui était inférieure de 40 % avant le Brexit (325 millions d'habitants contre 514 millions), de 25 % après (332 millions contre 447 millions). Le revenu par habitant y est donc nettement plus élevé et l'écart ne fait que se creuser. La différence de pouvoir d'achat (40 % en 2017) ne cesse de croître. En termes absolus, le décrochage est plus brutal. En 2021, le PIB par habitant aux États-Unis serait de 58 584,20 euros contre… 28 095,61 euros dans l'UE, soit une

23 Une évolution singulière puisque, dans la mythologie, la nymphe Europe a une aventure avec Zeus, le mari d'Héra, donc de Junon.

différence allant du double au simple. La Chine nous talonne aujourd'hui en termes de PIB, avec certes une population bien plus nombreuse.

En 2011, l'Europe comptait encore 30 % des 500 entreprises les plus importantes du monde[24] (147, pour être exact). Cette part est tombée à moins de 20 % en 2020 (93 entreprises), soit un recul de plus d'un tiers. Celui-ci est rude, même si l'on tient compte des pertes liées au Brexit (17 entreprises britanniques). Il est accentué par le fait que les entreprises européennes rétrogradent dans ce classement, au profit des entreprises américaines et chinoises[25]. Elles régressent également dans le classement des plus grandes capitalisations boursières, dont les entreprises américaines occupent 8 des 10 premières places, 67 des 100 premières. Et dire que ces chiffres sont antérieurs à l'émergence de l'intelligence artificielle !

Le rythme de la croissance est moins soutenu en Europe qu'aux États-Unis (et à plus forte raison en Chine) depuis une vingtaine d'années ; nous produisons progressivement moins de richesse et de valeur ajoutée que ces pays, ainsi que l'atteste la figure 2[26]. Le décrochage européen est net et contraste avec la résistance des États-Unis par rapport à la Chine. En outre, la croissance du PIB réel sur les 23 dernières années des deux autres blocs dépasse celle de l'Europe de plus de 50 %.

24 J.-C. Defraigne et P. Nouveau, *Introduction à l'économie européenne*, 3e éd., Louvain-la-Neuve, De Boeck, 2022, p. 539.

25 La première entreprise européenne est seizième au top 100 des plus grandes entreprises mondiales Kantar de 2019 et seulement 3 entreprises européennes figurent parmi les 25 premières.

26 Qui a trait à la part dans le PIB mondial nominal (en milliards de dollars américains) des États membres de l'UE, des États-Unis et de la Chine de 2008 à 2019 (figure tirée de N. Goetzmann, « Pour une nouvelle stratégie de croissance européenne – L'UE dans la mondialisation », 17 janvier 2022, Schuman Papers et Entretiens d'Europe, Schuman Papers n°619, site web de la Fondation Robert Schuman).

Figure 2.

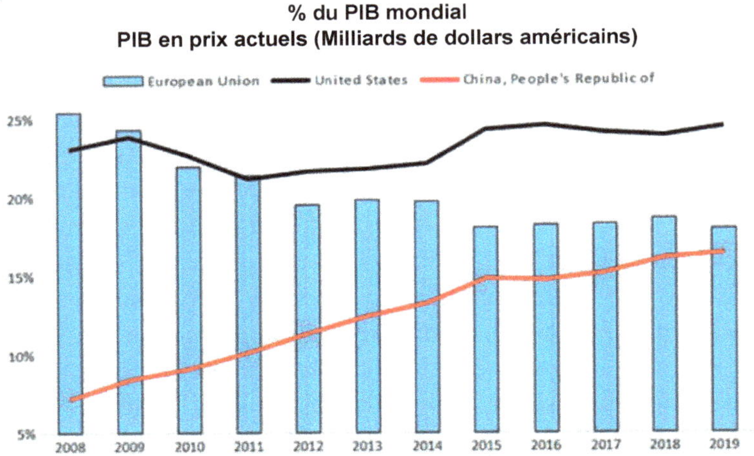

Un indicateur clé : La productivité du travail

Un chiffre cristallise ce déclin : la *productivité du travail*[27] (ainsi que la productivité globale des facteurs de production), à savoir la valeur ajoutée qu'en moyenne un travailleur est capable de produire dans un laps de temps donné. En Europe, elle n'atteignait que 70 % de celle des États-Unis en 2014[28][29]. Chaque heure de travail prestée en Europe était donc 30 % moins productive de richesse qu'une heure de travail américaine, il y a 9 ans. Aujourd'hui, l'écart est monté à environ 34-38 %, comme cela ressort de la figure 3[30] (les États-Unis sont quatrièmes en partant de la gauche, l'UE-27 est juste dans la

27 Et, plus largement, de tous les facteurs de production.

28 J.-C. Defraigne et P. Nouveau, *Introduction à l'économie européenne*, 2e éd., Louvain-la-Neuve, De Boeck, 2017, p. 155.

29 De plus en plus d'observateurs réalisent que des gains de productivité doivent être réalisés. V. p. ex. J.-Y. Huwart, « Relever la productivité devrait être l'objectif n° 1 du plan de relance belge », *L'Echo*, 9 janvier 2021.

30 Qui a trait à la comparaison de la productivité du travail entre les pays (tirée de OECD Compendium of Productivity Indicators, 2021).

moyenne OCDE au centre). Si l'on ajoute à cela notamment un nombre d'heures de travail plus élevé par personne aux États-Unis, la différence de revenu par habitant s'explique.

Figure 3.

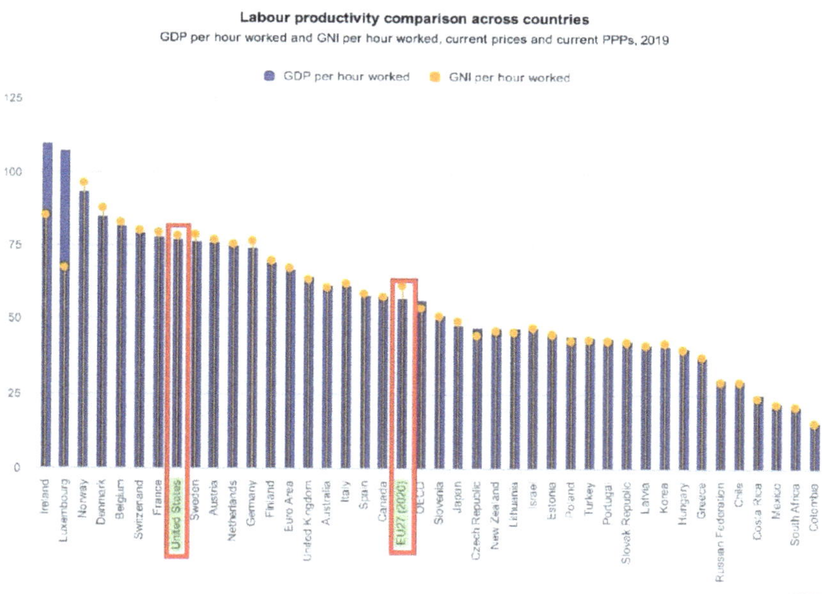

Plus globalement – et c'est d'autant plus préoccupant –, l'UE-27 perd du terrain en la matière sur la première moitié des États les plus avancés de l'OCDE au cours des deux dernières décennies, comme cela ressort de la figure 4[31] :

31 Celle-ci a trait à l'écart avec la moitié supérieure des pays de l'OCDE en ce qui concerne la productivité par heure travaillée (moins 13 %) ; figure tirée de l'OECD library.

Figure 4.

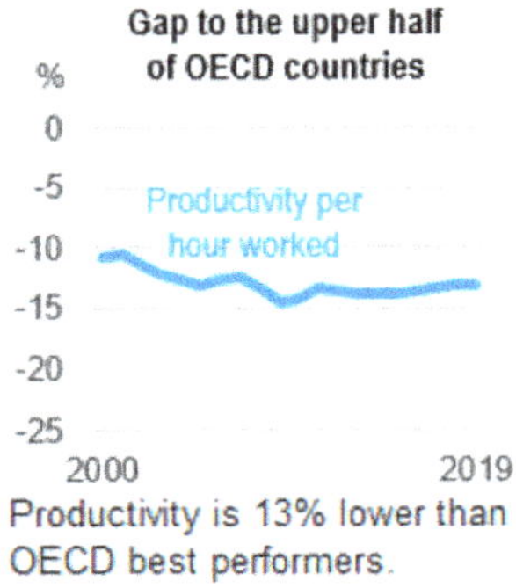

La productivité du travail : un paramètre essentiel aussi pour la qualité de vie

La productivité du travail et, plus largement, la productivité globale des facteurs[32] sont des baromètres essentiels de l'efficacité et de la bonne santé d'une économie. Elles ont en outre des retombées soci(ét)ales considérables.

D'abord, les salaires sont directement fonction de la productivité du travail. Un employeur ne peut pas payer davantage à un travailleur que la valeur que celui-ci produit, sachant qu'en outre, il doit rémunérer les autres facteurs de production (l'équipement, les frais administratifs et de gestion, les moyens financiers mis à disposition). Pour cette raison, un salaire minimum obligatoire trop élevé est une trappe à chômage. Il dissuadera un employeur d'engager quelqu'un, souvent peu formé, dont la productivité n'atteint pas encore ce montant[33].

32 Dans la mesure où la productivité du travail est plus facile à mesurer que la productivité globale des facteurs de production (PGF), c'est généralement à elle qu'il est fait référence.

33 Sur ce sujet, v. *infra*, Titre II, Ch. II.

Ensuite, une haute productivité du travail permet de réduire la durée du temps de travail. Elle ouvre davantage l'option pour une activité à temps partiel avec des implications directes sur la qualité de vie, l'équilibre entre vie professionnelle et vie privée, la combinaison de deux carrières au sein d'un couple, voire d'une famille, etc.

Enfin, une haute productivité du travail va souvent de pair avec une activité stimulante, innovante, un environnement porteur.

Elle contribue donc à la qualité de vie globale dans une société. Souvent, les pays à l'indice du bonheur élevé connaissent une productivité du travail forte[34] ; ceux en perte de vitesse, déprimés, tendus socialement, une productivité du travail plus faible.

À cet égard, l'UE est dans une situation médiane entre les États-Unis, sur lesquels elle accuse un retard technologique et de productivité, et les pays émergents, au coût du travail moindre. Le corollaire est un moindre niveau de salaire en Europe qu'aux États-Unis et, pour les États membres à productivité du travail particulièrement faible, la nécessité de faire travailler leur population de longues heures mal rémunérées. Pour donner un exemple, « les étapes les plus créatrices de valeur ne sont pas dans l'assemblage. Elles se situent en amont, dans la R&D et la conception du produit, et en aval, dans les activités de vente, de marketing, de distribution et de services après-vente. Des étapes très intenses en travail qualifié[35] ».

De fait, comme nous le verrons, nous n'avons pas investi assez depuis l'an 2000, notamment en recherche-développement-innovation (RDI). En conséquence, nous plafonnons et perdons du terrain par rapport à des économies et des sociétés plus dynamiques. La morosité gagne, ainsi que l'attestent les symptômes suivants.

---

34 Quatre des huit pays les plus heureux figurent parmi les huit pays les plus productifs au monde : le Danemark (deuxième pays le plus heureux, cinquième le plus productif), la Suisse (deux fois quatrième), la Suède (septième et huitième) et la Norvège (huitième et troisième).

35 E. Combe, *Chroniques (décalées) d'un économiste*, Paris, Concurrences, 2022, p. 24.

Malaises sociaux et sociétaux

Notre modèle social, dont nous sommes si fiers, connaît des ratés. 21,6 % de la population, soit 96,5 millions de personnes, étaient menacés de pauvreté ou d'exclusion sociale dans l'UE en 2022[36] – davantage que toute la population allemande ! Même si la situation s'améliore par rapport au pic de près de 25 % en 2012, elle reste insatisfaisante. En outre, l'objectif de sortir du risque de pauvreté 20 millions de personnes à l'horizon 2020 a été très nettement manqué, n'ayant été réalisé qu'à 41 % (8,2 millions de personnes). Une bombe à retardement pour nos démocraties.

Nous faisons aussi moins d'enfants. Le Vieux Continent est en passe de devenir le « Continent vieux[37] ». Probablement le signe d'une moindre confiance dans l'avenir, un effet du renchérissement du coût du logement en 20 ans combiné à une relative stagnation des salaires, à un ratio de chômage des jeunes trop élevé[38] ainsi qu'à l'insuffisance de soutien aux familles et notamment aux couples avec deux occupations à temps plein.

Bref, tout à la fois relativement moins de richesse et de dynamisme, plus de pauvreté malgré les importantes dépenses de protection sociale et un endettement public important dans certains États membres, moins d'enfants, une population vieillissante. Il y a donc de sérieux problèmes dans nos sociétés, spécialement dans certains États membres (car les bilans sont relativement contrastés d'un pays à l'autre). Nous nous sommes endormis et rapetissons.

---

36 *Chiffres clés sur l'Europe*, 2023, p. 27.

37 L'âge moyen est de 43 ans contre 30 dans le monde (E. Le Boucher, « À chaque crise, l'Europe décroche », *Les Echos* des 29-30 janvier 2021, p. 11) ; le taux de fertilité est tombé à 1,53 naissance par femme (*Chiffres clés sur l'Europe*, 2023, p. 12).

38 Le taux de chômage des jeunes, qui fait plus du double du taux moyen, est un indicateur à prendre avec des pincettes, car il inclut les étudiants. C'est pourquoi je préfère me référer au ratio de chômage des jeunes, qui est à peu près au niveau du taux moyen de chômage.

Figure 5.

L'Europe qui rit

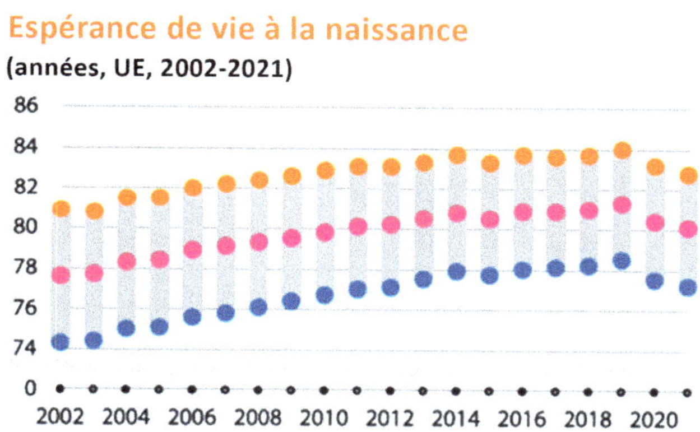

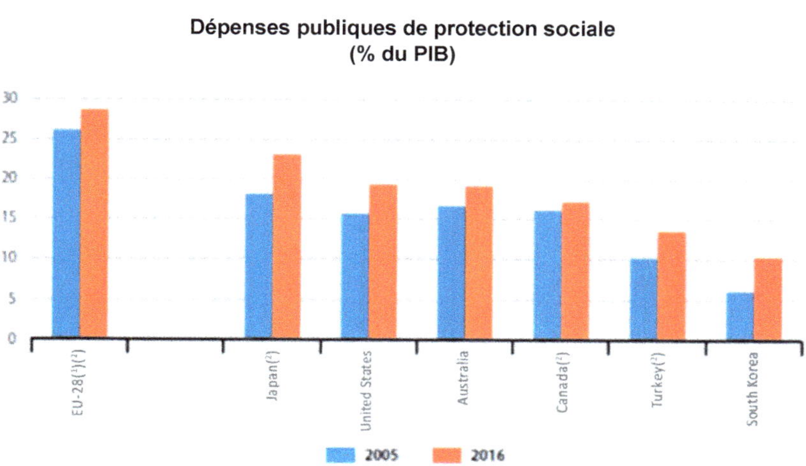

L'Europe qui rit

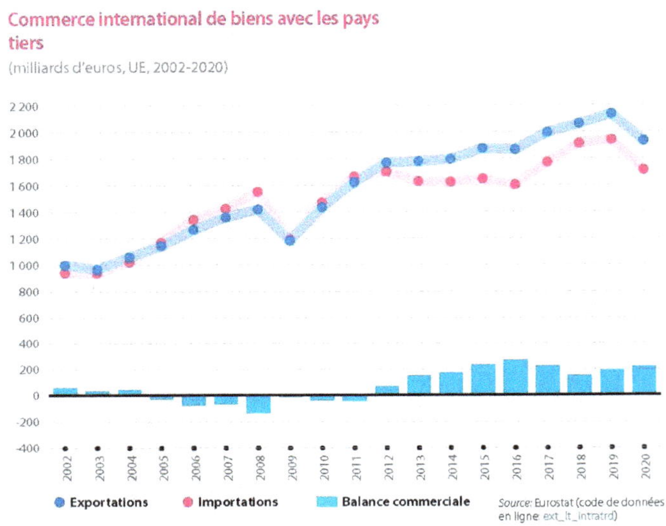

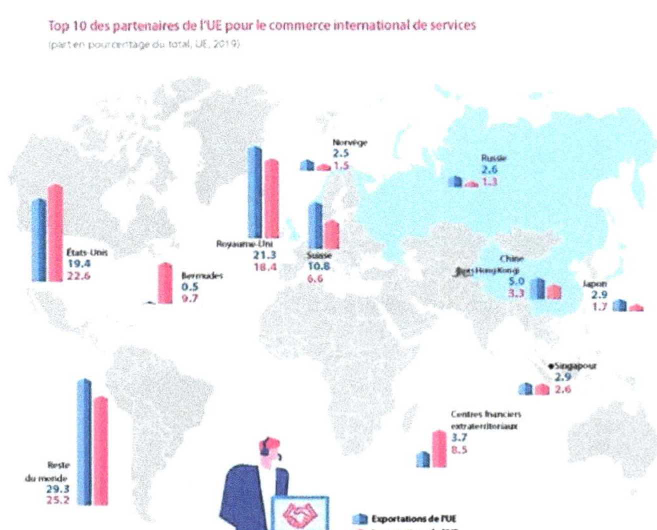

L'Europe qui pleure

Taux de fécondité (naissances vivantes par femme, 2020)

Dépenses brutes de recherche et développement, 2005 et 2015

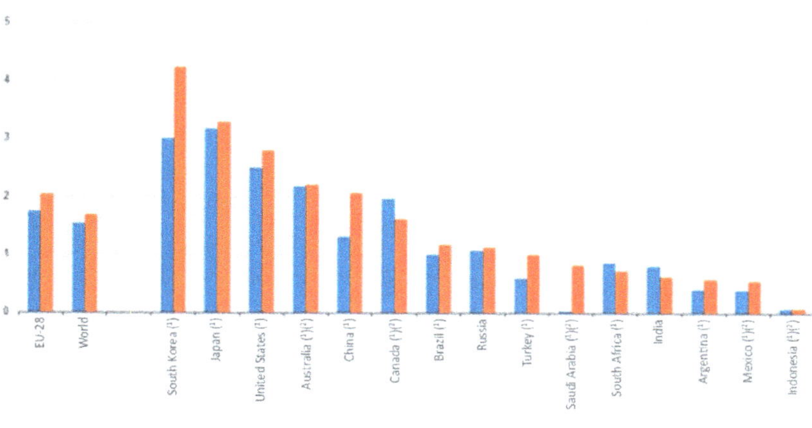

Europe : cap vers un mieux

Un premier sursaut en matière de croissance, d'investissement et d'emploi a eu lieu sous l'impulsion de la commission Juncker[39] (2014-2019) et du plan du même nom[40].

Nous pouvons beaucoup mieux. Ces améliorations peuvent être non seulement poursuivies, mais amplifiées et élargies à d'autres urgences, non économiques. Elles doivent être aussi rendues plus tangibles pour la population.

Le potentiel de l'Europe est encore largement sous-exploité, comme nous allons le montrer au travers de cinq grands axes, annoncés dans l'avant-propos :

- la prospérité ;
- le développement, les solidarités et l'inclusivité ;
- l'écoresponsabilité ;
- les libertés, des régimes d'État de droit et de démocratie renforcés ;
- vis-à-vis des pays tiers, la générosité, la stabilité et la sécurité.

Sans sacrifice, sans dolorisme, sans austérité maniaque, il est possible avec les instruments actuels d'augmenter le PIB des Vingt-Sept de 12,5 % d'ici à 2030 pour rendre nos sociétés plus justes socialement, nos démocraties plus solides, voire plus achevées, notre économie plus verte et notre sécurité extérieure plus forte. Cela passe par une libération des énergies et de l'innovation des

---

39 Le programme de la commission Juncker s'intitulait d'ailleurs « Croissance, innovation, emploi ».

40 Avec 21 milliards d'euros seulement, dont 16 milliards sous forme de garantie, ce plan a mobilisé plus de 500 milliards d'euros d'investissement privé. Un coup de pouce public avec un effet de levier substantiel. Nous y reviendrons (v. *infra* Titre II, Ch. I, D).

entreprises et des citoyens, par davantage d'ambition des secteurs publics, par de meilleures interactions entre le marché et les pouvoirs publics, par plus d'investissements, par plus de confiance dans la population et les entreprises et davantage de jugeote, voire d'astuce.

TITRE I

EUROPE ET PROSPÉRITÉ

Europe et les deux cornes d'abondance

Au XVIe siècle, alors qu'elle dominait le monde, l'Europe a été représentée en souveraine avec une panoplie d'attributs[41]. Parmi ceux-ci figuraient deux cornes d'abondance.

Aujourd'hui, la première qu'apporte la construction européenne est le grand marché (Chapitre I). Celui-ci peut être un moteur de prospérité puissant s'il n'est pas bridé par les protectionnismes nationaux et s'il est adéquatement voire astucieusement régulé par l'Union européenne (UE) et les États membres. À ces conditions, les entreprises et la population pourront déployer leurs talents et grandir bien plus qu'aujourd'hui, y compris dans la sphère non économique. En effet, un grand marché performant permet de poursuivre davantage de projets qualitatifs (sociaux, écologiques, etc.), contrairement à une quatrième idée reçue.

41 Cesare Ripa, Iconologia, 1593.

Un autre pan de nos sociétés que l'Europe peut faire progresser est plus inattendu : le secteur public. Sous ses impulsions de nature diverse, la gestion publique, notamment au niveau des États, pourrait devenir une seconde corne d'abondance (Chapitre II).

Non seulement la sphère publique ne doit pas étrangler le moteur du grand marché, mais elle peut aussi lui apporter un surcroît de puissance, à l'image d'un turbo… et/ou d'un préparateur avisé. Dans la mesure où le secteur public gère environ la moitié de la richesse produite dans l'UE[42], toute amélioration en la matière aura un effet considérable sur la prospérité globale.

En outre, des synergies entre le grand marché et le secteur public peuvent avoir un effet démultiplicateur. L'économie de marché et l'initiative publique ne s'opposent pas nécessairement, contrairement à une cinquième idée reçue.

À mon sens, le secteur public peut devenir, beaucoup plus que par le passé, un instrument de prospérité. D'une part, compte tenu de la raréfaction de la main-d'œuvre et du niveau d'emploi croissant dans l'UE, il n'a plus à entretenir des emplois artificiels. D'autre part, au vu des défis sociaux, énergétiques, environnementaux et militaires ainsi que de l'éveil du reste du monde, il doit devenir encore plus efficace.

Les priorités changent. De défensif, le secteur public doit devenir conquérant. Le « méchant » marché n'est plus son adversaire, mais un allié. Ils opéreront comme des duettistes. Nos approches intellectuelles en la matière devront évoluer.

Voyons comment l'UE peut muscler ces deux moteurs et optimiser leurs interactions.

---

42 En 2021, les dépenses des administrations publiques dans l'UE-27 représentaient en moyenne 51,6 % du PIB (source : Eurostat, extraction du 8 juillet 2022).

Chapitre I

Un grand marché unique à parfaire

Introduction : un grand marché unique, remarquablement compact et… sous-exploité

1. Un grand marché dit « unique »

Les négociations ardues du Brexit l'ont rappelé, le marché unique européen est LE grand actif commun aux États membres, à leurs populations et entreprises.

Le marché intérieur est un espace sans frontières de 447 millions d'habitants après le Brexit, dans lequel les personnes, d'abord en tant qu'opérateurs économiques (sociétés commerciales incluses), biens, services et capitaux, circulent librement. Ou plutôt le devraient. Trop d'obstacles subsistent, voire sont en recrudescence, comme nous le verrons.

Bénéfices généraux

S'adressant à une demande plus importante dans un grand marché, les entreprises produisent à moindre coût (économie d'échelle) des biens et services plus variés et plus sophistiqués. Par exemple, il est aujourd'hui plus facile d'élaborer des médicaments en Europe. Il est également possible de mobiliser davantage de ressources matérielles, humaines et financières pour les investissements et la production. Un grand marché permet donc de produire plus, mieux, moins cher et plus vite ; de voir plus grand aussi. Cet impératif, qui a été à la base de la construction européenne[43], est encore plus d'actualité. La Chine et son milliard et demi d'habitants effraient même les États-Unis.

Bénéfices pour les consommateurs

La population a accès à davantage de biens et de services à un prix moindre.

Certes, la vie est toujours trop chère. Mais n'avons-nous pas plus de pouvoir d'achat qu'il y a 40 ans ?

J'ai vécu dans une famille où il n'y avait qu'une voiture pour six personnes, un téléviseur noir et blanc... pas d'abonnement à un bouquet de programmes étrangers. Nous ne partions en vacances qu'une fois par an et allions au restaurant deux à trois fois par an. J'ai pris l'avion pour la première fois à 17 ans ; n'ai eu d'argent de poche qu'à partir de cet âge, l'équivalent de 12,5 euros/mois. Pourtant, nous n'étions pas dans la misère ; beaucoup de gens vivaient comme cela. La plupart des garçons étaient en short jusqu'à 15-16 ans. Mon père a

---

43 Dès avant la Première Guerre mondiale, les États-Unis avaient dépassé les pays européens en compétitivité grâce à leur grand marché. Sans marché intégré, les Européens n'auraient pas pu se redresser après la Seconde Guerre mondiale, disposer d'une industrie performante ainsi qu'offrir des conditions de vie et un niveau de rémunération suffisamment élevés à leur population pour la détourner de la tentation communiste.

failli s'étrangler quand j'ai acheté à l'âge de 17 ans un polo qui avait coûté 90 euros et que je porte toujours, des décennies plus tard... au dépit de ma femme.

Aujourd'hui, une série de biens et de services sont de consommation courante alors qu'ils relevaient du luxe il y a 40 ans, comme justement les restaurants et voyages. Les progrès technologiques ont permis la création de biens nouveaux. Et quelle facilité de communiquer ! Un coup de téléphone dans un autre État membre ne coûte pas plus qu'un appel domestique. Sans parler de Skype et de WhatsApp. Si vous voyiez les prix dans les années 1970 ou 1980 pour un appel interzonal à l'intérieur d'un pays !

Cette évolution ne s'est pas faite d'un coup de baguette magique. Elle découle notamment du grand marché européen et du régime de concurrence non faussée[44], qui doit notamment préserver le processus innovatif, de mesures volontaristes comme l'interdiction du *roaming*, visant à réaliser un espace unique.

Autres bénéfices pour les entreprises

Les entreprises européennes peuvent aussi exporter dans l'UE sans acquitter de droits de douane. Depuis que Trump a menacé de taxer les importations, cet avantage est plus tangible : nous sommes moins exposés aux changements de politiques de pays tiers du fait des échanges intracommunautaires. Les chiffres sont éloquents à cet égard. Tandis que l'UE et les États-Unis participent au commerce international pour 12-15 % chacun, la Chine représente 30 % du commerce mondial. Elle est donc plus en proie aux menaces protectionnistes.

Nous gagnons nettement plus à approfondir le marché intérieur qu'à conclure un accord de libre-échange avec un ou plusieurs pays tiers,

44 V. *infra*, Titre I, Ch. I, D, 2.

ce, en outre, sans devoir renoncer à certaines de nos conceptions (par exemple, viande non hormonée). Nous en revenons à une construction européenne qui nous apporte beaucoup (et pourrait nous apporter encore plus) sans retrancher grand-chose. L'optimalisation du marché intérieur deviendra d'autant plus cruciale que le commerce mondial pourrait souffrir des tensions géopolitiques et que des productions devront être relocalisées en Europe. Si nous voulons limiter la poussée inflationniste, déjà forte, nous ne pourrons plus nous permettre le luxe de frottements protectionnistes qui renchérissent encore plus les échanges au sein de l'UE.

Marché intérieur et dimension externe

Grâce à ce grand marché domestique, certaines[45] entreprises européennes acquièrent la taille critique pour exporter dans les pays tiers, ce qui procure des rentrées additionnelles à l'économie européenne. Par exemple, IKEA réalise une percée impressionnante en Inde. À nouveau, ce rôle de levier.

L'UE-27 est l'une des plus grandes puissances exportatrices avec une balance commerciale positive (le montant des exportations excédant celui des importations)[46], un point souvent méconnu. Nous avons donc un intérêt net au commerce mondial et à la libéralisation des échanges avec les pays tiers. La politique européenne de libre-échange n'est pas de la naïveté, contrairement à une sixième opinion répandue. Les médias se focalisent trop sur les entreprises européennes victimes de la concurrence des pays tiers. Ils ne mettent pas en perspective ces pertes avec les gains réalisés par d'autres

45 Sur les raisons de cette restriction, v. plus loin les développements sur les PME européennes (Titre I, Ch. I, A, 1).

46 En 2020, la balance commerciale européenne pour les échanges de biens a généré un boni pour la neuvième année d'affilée. Celui-ci s'élève à 218 milliards d'euros pour un total d'exportations de 1 932 milliards d'euros (total qui représente environ 15 % du PIB européen). La balance commerciale de services affichait également un boni de 60 milliards d'euros (contre un record à 131 milliards en 2018) sur un montant total d'exportations de 867 milliards d'euros, pour au moins la dixième année consécutive. L'exportation de biens et de services vers les pays tiers représente donc plus de 20 % du PIB européen et le boni, plus de 2 % de celui-ci.

entreprises européennes à l'ouverture de marchés de pays tiers. Par exemple, la France redoutait un accord de libre-échange avec la Corée du Sud. Ses constructeurs automobiles en ont pourtant bénéficié.

Le débouché que représente le marché unique est un atout dans la négociation des accords de libre-échange. Ensemble, les États membres obtiennent des conditions plus favorables que s'ils devaient discuter séparément avec un pays tiers, surtout si celui-ci est important. Demandez aux Britanniques, si faibles dans leurs discussions avec les États-Unis, l'Inde, voire l'Australie.

Le grand marché et la politique commerciale européenne facilitent donc l'exportation de nos produits et services dans le reste du monde. Ceux-ci peuvent devenir des *standards* internationaux, des références, des *musts*. Tel est le cas de la mode et des produits de luxe, notamment, mais pas seulement. Nous y reviendrons. Nous ne devons pas sous-estimer ce que représente l'Europe en termes de qualité de vie, de raffinement pour une série de pays tiers. Cette image de marque peut être davantage exploitée.

L'Europe et les investissements directs dans le reste du monde

Un grand marché unique est aussi un levier qui, avec les bénéfices progressivement accumulés, facilite les *investissements directs* dans le reste du monde. Ceux-ci désignent le contrôle d'entreprises à l'étranger, gage de revenus récurrents pour l'économie européenne (dividendes, royalties, intérêts, etc.). L'UE demeure le plus grand investisseur direct dans le monde, nettement devant les États-Unis (70 % du niveau de l'UE)[47].

47 Probablement, un fruit des siècles de domination européenne que le leadership américain depuis 1918 n'a pas encore rattrapé.

L'Europe n'est donc pas seulement la masse de consommateurs aisés la plus importante au monde, à laquelle on la réduit souvent. Elle demeure une importante place de création et de contrôle de richesses. L'Europe est une puissance économique, que ce soit sur le plan commercial, industriel, financier ou agricole[48]. Nous devons être conscients de ces atouts, les préserver, les développer, notamment dans le cadre d'une stratégie globale.

Les investissements directs dans l'UE

L'UE attire également le plus d'investissements directs dans le monde. Tant l'Europe de l'Ouest que celle de l'Est sont recherchées. Un atout de l'UE à cet égard est sa stabilité. Il faudra voir si la guerre en Ukraine l'entame.

Les investissements directs à destination de l'Europe sont précieux. À court terme, ils garantissent un surcroît d'emplois, d'activité économique. Un peu comme le tournoi de tennis de Wimbledon : le spectacle se passe à Londres, le décorum est anglais, mais les acteurs sont étrangers ; il n'y a quasiment plus de joueurs britanniques et encore moins d'espoirs de victoire (à part l'Écossais Andy Murray il y a quelques années) ; l'événement génère toutefois une activité économique à Wimbledon et aux alentours.

À plus long terme, les investissements directs mettent en contact l'Europe avec de nouvelles technologies, des savoirs que nous ne maîtrisons pas encore, ce qui améliore notre niveau. Les économies ouvertes aux investissements étrangers ont plus de chances de s'adapter au progrès technologique et de monter dans l'échelle de la productivité. À nouveau cette notion clé. Les investissements directs étrangers peuvent donc être un aiguillon, une source de concurrence stimulante, spécialement pour les meilleures entreprises européennes[49].

48 V. *infra*, Titre III, Ch. II.

49 Dans un sens proche, P. Aghion, C. Antonin et S. Bunel, *Le pouvoir de la destruction créatrice*, Paris, Odile Jacob, 2020, p. 83.

C'est pourquoi il est important d'attirer et de fidéliser les opérateurs de pays tiers, ce qui passe par le respect de la règle de droit vis-à-vis d'eux. Celle-ci suppose un certain accès au marché européen, sous conditions, le bénéfice de certains droits et la possibilité de liquider l'investissement et d'en rapatrier les fruits dans le pays tiers d'origine, même si cela fait grincer des dents. Car la faculté de sortie est nécessaire pour attirer d'autres investissements directs étrangers. Lors de l'élection présidentielle française de 2017, aucun candidat n'a osé rappeler que Whirlpool, qui avait fermé une usine à Amiens, était un groupe américain et avait le droit de réorganiser ses filiales.

Nous devons toutefois garder la maîtrise d'une partie de l'appareil de production. Il ne faut pas abandonner à des entreprises de pays tiers certains secteurs sensibles et/ou stratégiques, d'où notamment l'instauration d'un cadre européen de filtrage de ces investissements en 2019[50].

Démonstration par l'absurde des avantages du grand marché : le Royaume-Uni après le Brexit

Naguère, le Royaume-Uni était une des économies les plus dynamiques de l'UE : croissance supérieure à la moyenne, chômage réduit, inflation, dette publique et déficit public relativement contenus.

Huit ans après le Brexit, le Royaume-Uni essuie les crises internationales de plein fouet (covid, guerre en Ukraine) et éprouve beaucoup de difficultés à les surmonter (il frôle aujourd'hui la récession et ne connaît pas de reprise contrairement à la plupart des États membres de l'UE). Sa monnaie s'est dépréciée et a contribué à une inflation du côté de la demande (renchérissement

50 Il est toutefois à craindre que celui-ci donne lieu à des abus protectionnistes, compte tenu de la très (trop) grande marge de manœuvre laissée aux États membres. La sanction du marché tombera dans un deuxième temps. Les États membres qui auront exagéré seront boudés par les investisseurs internationaux ; l'écart de prospérité continuera de se creuser en faveur des États membres plus libéraux.

des importations). Le départ de nombreux ressortissants des États membres de l'UE et les barrières à l'immigration ont nourri une inflation du côté de l'offre, les entreprises manquant de main-d'œuvre. Le Royaume-Uni a été confronté à une inflation record de 11,1 %. Événements exceptionnels dans ce pays, l'été 2022 a été secoué par des manifestations de masse contre l'augmentation du coût de la vie. La dette publique croît. Le Parti conservateur a dû se résoudre à augmenter les impôts. Les investissements sont en berne et le déficit de productivité augmente. Le mini-budget de Liz Truss a forcé la Banque d'Angleterre à intervenir en catastrophe pour sauver les fonds de pension britanniques, précipité le sacrifice du malheureux ministre des Finances, et s'est soldé par la démission piteuse et expresse de la Première ministre. Presque concomitamment, la place financière de Londres a perdu son *leadership* en Europe.

Les négociations commerciales avec des pays tiers, même amis, piétinent, ceux-ci refusant d'offrir au Royaume-Uni des conditions aussi favorables que lorsqu'il faisait partie du club européen. Les échanges de biens et de services avec l'UE décroissent, les formalités douanières décourageant beaucoup d'entreprises britanniques d'encore exporter sur le continent. Réciproquement, il devient plus difficile et moins attractif pour des entreprises des États membres de desservir le Royaume-Uni.

Résultat : des pénuries, même de biens de première nécessité ! Des situations ubuesques aussi. Les Allemands résidant au Royaume-Uni ont été courtisés par le gouvernement, car leur permis de conduire allemand leur permettait de conduire des camions, le secteur des transports ayant été profondément désorganisé par le Brexit. À la suite du départ des travailleurs polonais, il n'y avait plus de main-d'œuvre suffisante pour tuer les dindes à Noël ; des commandes ont dû être passées... en Pologne. Humiliation suprême : le Royaume-Uni, qui a assis une partie de sa gloire, notamment son empire colonial et la victoire sur Napoléon, sur ses bonnes relations avec les marchés financiers, a été « puni » par eux et rappelé à l'ordre par le Fonds monétaire international en septembre 2022.

Merci, Boris, pour tous vos boniments sur les avantages économiques que procurerait le Brexit !

« On reconnaît le bonheur au bruit qu'il fait quand il s'en va[51]. » Les bienfaits du marché unique sont impalpables, les inconvénients de sa sortie, douloureux et durables (on parle maintenant de « Bregret »). L'exemple britannique révèle aussi combien l'appartenance au grand marché permet d'atténuer la violence de chocs externes, protège… un temps, au moins.

L'UE-27 n'a toutefois pas à se réjouir du Brexit. Celui-ci est un événement *lose-lose* car, comme tous les autres États membres, le Royaume-Uni contribuait à faire grossir le gâteau pour tous.

2. Un grand marché… sur un territoire ramassé

En Asie, les grands centres sont à neuf heures d'avion l'un de l'autre. Les États-Unis sont plus de deux fois plus vastes que l'Europe et comptent environ un tiers de la population en moins, comme nous l'avons déjà évoqué.

51 L. Robequain, « Le vrai coût du Brexit », *Les Echos*, 13 février 2023.

Figure 6. Comparaison territoire États-Unis-EU (réalisée à l'aide de l'outil https://www.thetruesize.com/)

À l'époque du défi énergétique et environnemental, la compacité du territoire et la grande densité de population sont des avantages majeurs. Comme nous l'avons déjà évoqué, un Européen émet deux à trois fois moins de tonnes de carbone qu'un Américain et, à quantité identique de richesse produite, utilise 30 à 40 % moins d'énergie. Cela nous ramène au taux d'intensité énergétique[52]. Or, l'Europe peut encore améliorer substantiellement sa performance dans ce domaine !

La compacité de l'Europe est d'autant plus précieuse que l'énergie représente la majeure part de ses importations[53]. Si nous gagnons en autonomie et en efficacité énergétiques, notamment grâce au *progrès technique*, une donnée aussi fondamentale que la productivité du travail comme nous le verrons, notre qualité de vie ne fera que croître.

52 V. *supra*, Introduction, « Europe : une douceur de vivre encore enviable ».

53 Ces lignes ont été écrites avant l'invasion de l'Ukraine. Elles sont encore plus pertinentes aujourd'hui que le renchérissement du coût de l'énergie a fait passer le solde de la balance commerciale de la zone euro, traditionnellement positif, dans le rouge.

Ce sont aussi des données à opposer aux tenants de la décroissance. La compacité du territoire européen et nos scores présents et futurs en intensité énergétique permettent d'envisager une augmentation de notre activité économique.

3. Un grand marché manifestement sous-efficient

Alors que nous sommes un MICROCONTINENT et que, dans l'absolu, il est plus facile pour nous de créer de la richesse, il y a 30 à 40 % moins d'échanges économiques entre les États membres de l'UE qu'à l'intérieur des États-Unis. Parallèlement, comme déjà indiqué, le niveau de vie par habitant est de 40 % inférieur à celui d'un Américain[54]. En dépit d'une efficacité énergétique largement supérieure, notre productivité est moindre de 35 %. Ces chiffres donnent à penser qu'il y a encore beaucoup de frottements et de déperditions dans le marché intérieur… 30 ans après le lancement du marché unique.

Des barrières subsistent. Les entreprises européennes sont entravées dans la fourniture de biens et de services dans l'ensemble de l'UE.

Une conséquence est que des innovations conçues en Europe sont lancées dans d'autres parties du monde.

Un bon exemple est Spotify, l'application pour écouter de la musique. Cette société cotée à la Bourse de New York a été créée par de jeunes… Suédois. Pourquoi aux États-Unis ? Compte tenu de l'organisation strictement nationale des droits d'auteur dans le domaine musical en Europe, ceux-ci ont réalisé qu'il était impossible d'y concrétiser leur idée[55]. Le projet de système européen de droits d'auteur et de licences d'exploitation européen a été abandonné à la suite de l'opposition vigoureuse de sociétés nationales de gestion collective, comme

54 V. *supra*, Introduction, « Un bilan en péril ? ».

55 G. Verhofstadt, *Le mal européen*, Paris, Plon, 2016, pp. 189-190.

la GEMA en Allemagne[56] et la SACEM en France[57][58]. Chaque État membre a gardé sa parcelle de pouvoir… et les États-Unis cueillent les fruits. Cherchez l'erreur !

N'est-il pas interpellant aussi que la plupart des vaccins contre la covid aient été développés par des chercheurs européens, mais dans le cadre de sociétés de pays tiers ?

4. Un grand marché de plus en plus sous-efficient

Non seulement le grand marché n'avance pas, mais il recule, contrairement à une septième idée reçue.

Un marché unique des services anémique

Le marché des services ne représente qu'un quart des opérations intracommunautaires alors que, aujourd'hui, les services comptent pour trois quarts dans le PIB européen. Comparativement, les entreprises européennes exportent plus facilement en dehors de l'UE des services que des marchandises[59]. Le marché mondial des services croît d'ailleurs plus vite que le marché intracommunautaire en la matière.

Les entreprises européennes de services accusent un retard de productivité (à nouveau, ce critère clé de performance) et un écart de compétitivité substantiels par rapport à leurs homologues américaines[60].

---

56 Gesellschaft für musikallische Aufführungs- und mechanische Verviellfältigungsrecthe (GEMA).

57 Société des auteurs, compositeurs et éditeurs de musique.

58 Defraigne et Nouveau, *op. cit.*, 3e éd., p. 298.

59 Les exportations de services hors UE représentent 75 % des exportations de services intra-UE alors que les exportations de biens hors UE représentent 70 % des exportations de biens intra-UE (v. Communication de la Commission, « Plan d'action à long terme visant à mieux mettre en œuvre et faire respecter les règles du marché unique », COM(2020) 94 final, 10 mars 2020).

60 Écart de productivité en 2010 : 30 % (Defraigne et Nouveau, *op. cit.*, 2e éd., p. 153) ; écart de compétitivité en 2018 : 50 % (Defraigne et Nouveau, *op. cit.*, 3e éd., p. 240).

Le déficit technologique européen dans les services les plus porteurs est significatif. Par exemple, l'économie numérique représentait 5 % en Europe pour 8 % du PIB aux États-Unis en 2015[61] et la digitalisation de l'économie serait en Europe à 60 % du niveau atteint par l'économie américaine[62].

Le marché numérique subirait même « un phénomène de morcellement et des entraves qui n'existent pas sur le marché unique physique[63] ». Il est plus facile pour une entreprise européenne de commercialiser des solutions digitales en Indonésie (près de 300 millions d'habitants) qu'à l'intérieur de l'UE !

Quel échec ! Alors que les États fondateurs sont parvenus à relancer le commerce des biens entre eux à peine douze ans après la fin de la Seconde Guerre mondiale, ils ont été incapables de réaliser le marché des services au cours des 22 premières années du XXIe siècle. S'il y a un signe que la construction européenne est mal en point, c'est celui-là, car il touche au métier de base de l'UE et à ce qui devrait être un chantier d'intérêt commun.

Le protectionnisme a le vent en poupe

Depuis 2008, les États membres ont multiplié les entraves aux échanges intracommunautaires. La Commission européenne a manqué de courage politique. Faire aboutir une plainte contre un État membre devant elle est devenu un exploit. En outre, la Commission a introduit trop peu de recours en justice contre ces dérives.

Un exemple vécu : la France impose en matière d'assurance vie que le contrat renseigne une série d'éléments, mais uniquement ceux prescrits par la loi française et dans l'ordre de celle-ci. Tout contrat

61 Defraigne et Nouveau, *op. cit.*, 2e éd., p. 311.

62 *Ibid.*, p. 308.

63 Communication de la Commission, « Stratégie pour un marché unique numérique en Europe », COM(2015) 192 final, 6 mai 2015,, cité par Defraigne et Nouveau, *op. cit.*, 3e éd., p. 295.

étranger qui donne davantage d'informations ou adopte une présentation différente encourt la nullité. La Commission n'a rien trouvé à y redire.

Une série de directives essentielles pour le progrès du marché intérieur ne sont pas appliquées dans les faits, voire pas transposées dans certains États membres. Ainsi, dix ans après l'expiration du délai de transposition, une série d'États membres n'avaient pas mis leur droit en conformité avec la directive « Services », en 2019[64]. La directive « Énergie », adoptée en 2007, prévoyait la mise en place d'un marché unique de l'énergie avant 2014. En 2022, plus de 50 % des lignes transfrontalières d'électricité ne sont pas ouvertes à la concurrence alors que 70 % auraient dû l'être à compter du 1er janvier 2020[65]. Une série d'États membres ont fait obstruction aussi à l'objectif dégagé lors d'un Conseil européen en 2014 d'atteindre une interconnexion d'au moins 10 % de leur capacité installée de production d'électricité pour 2020[66].

En général, l'application effective du droit du marché intérieur pose question. Souvent, les États membres et leurs administrations spéculent sur l'absence de sanction ou, au moins, sur la lenteur des procédures. Celles-ci découragent beaucoup de victimes. Quand, finalement, un arrêt de la Cour de justice de l'Union européenne (CJUE) tombe, le mal a été fait. Des marchés nationaux ont été fermés aux entreprises étrangères. Celles-ci ne les récupéreront pas.

Faire usage des libertés de circulation commence à être regardé comme suspect. Les situations à cheval sur deux ou plusieurs États membres sont soumises à des contrôles grandissants, que ce soit sur le plan fiscal ou administratif.

---

64 Defraigne et Nouveau, *ibid.*, p. 291.

65 Defraigne et Nouveau, *ibid.*, p. 281.

66 F. Simon, « Les États membres se braquent contre l'objectif d'interconnexion des réseaux électriques », *Euractiv*, 12 décembre 2017.

Voyons maintenant comment combler ces lacunes et mettre fin à ces reculades.

À mon sens, eu égard à l'urgence, la priorité doit aller à quelques grandes mesures de libération et d'achèvement du marché intérieur susceptibles de produire des progrès significatifs et rapides (A). Afin de pérenniser et d'amplifier ceux-ci, il faut aussi travailler à l'amélioration durable du cadre général, spécialement à propos de six axes du marché intérieur (B). Se pose aussi la question de la ou des méthodes à privilégier par l'UE pour atteindre ces objectifs (C). Compte tenu des atouts, caractéristiques ainsi que des limites de l'UE, une politique de mesures structurelles ou moderne dite « de l'offre » (qui comporte toutefois aussi des actions foncières en vue de l'amélioration du pouvoir d'achat) paraît particulièrement appropriée. Finalement, quelques mots seront dits de deux politiques à première vue techniques et pas toujours bien comprises, mais essentielles au bon fonctionnement du marché unique : la politique commerciale commune et celle de la concurrence (D).

Deux éléments neufs pourraient faciliter la réception des idées exprimées ci-dessous. D'une part, la frilosité des États membres à faire le grand marché des services et à achever le marché intérieur était probablement liée à la crainte de voir le chômage (encore) augmenter. Aujourd'hui, ce fléau est en régression, l'économie européenne étant confrontée au problème inverse d'un manque de main-d'œuvre. D'autre part, les défis présents (retard technologique à combler, fracture sociale, transition énergétique et environnementale, compétition internationale accrue, tensions géopolitiques et nécessité d'une défense militaire européenne) requièrent des moyens financiers considérables.

A. Un marché unique à achever et à libérer

Le potentiel créatif doit être libéré à bref délai. Il faut mettre le curseur au bon endroit, déterminer le levier optimal pour agir[67].

1. Vers un grand terrain de jeu sans barrières, notamment pour les PME : la reconnaissance mutuelle des biens et services

L'appellation est technique, la réalité qu'elle recouvre, plus tangible. Il s'agit d'assurer la libre commercialisation dans l'UE des biens et des services dès qu'ils sont légalement produits dans un État membre. En d'autres termes, un bien ou un service tchèque vaudra un bien ou un service français ou allemand : il aura un accès à l'ensemble du marché unique pour autant qu'il réponde aux exigences tchèques, même en l'absence de directive d'harmonisation.

État des lieux

Jusqu'à présent, la reconnaissance mutuelle n'est pas absolue, loin de là.

Les activités économiques sont régies soit par des textes européens d'harmonisation soit par des dispositions nationales. Dans la mesure où les premiers font défaut, les États peuvent restreindre l'importation de biens ou de services produits légalement dans un autre État membre pour de « bonnes raisons », officiellement non protectionnistes : la santé publique, la protection des consommateurs, celle de l'environnement, l'efficacité des contrôles fiscaux…

---

67 Stratégie contre le noma, une gangrène qui nécrose le visage des enfants des pays les plus pauvres, préconisée par B. Piccard, *Réaliste : soyons logiques autant qu'écologiques*, Paris, Stock, 2021, p. 24.

C'est l'approche traditionnelle, appelée, en jargon européen, la jurisprudence *Cassis de Dijon* en matière de marchandises. En outre, les libertés des services et capitaux sont encore moins absolues[68]. Notamment, les États membres peuvent entraver les échanges dans ces domaines *via* les qualifications professionnelles nationales. Ils ont multiplié ces dernières depuis l'échéance de la transposition de la directive « Services » en 2006 et s'abstiennent même d'en notifier préalablement la plupart, en méconnaissance frontale de leurs obligations[69].

La conséquence est que les entreprises des autres États membres doivent respecter ces règles de l'État d'accueil en plus de celles de leur État membre d'origine. Elles sont dès lors dissuadées d'exporter, surtout les petites et moyennes entreprises (PME) et les opérateurs qui cherchent à commercialiser leur production dans plusieurs États membres d'accueil, car pour chaque marché d'exportation, les règles vont changer par définition, fragmentant le marché intérieur. En outre, le système est redoutablement complexe et opaque, ainsi que la figure 7 ci-dessous en donne un aperçu[70].

Figure 7.

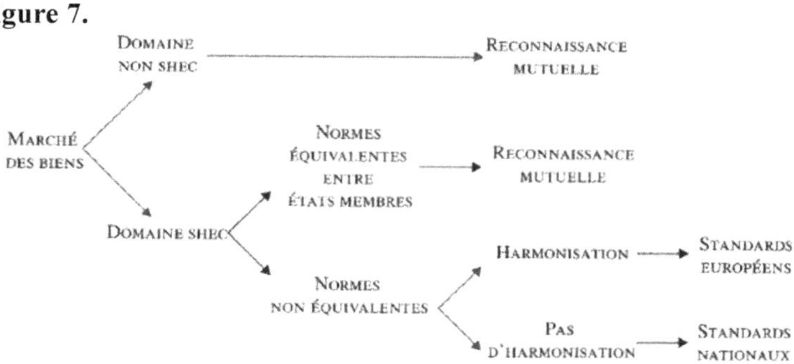

Récapitulatif de la gestion des barrières techniques sur le marché européen des biens

68 Ce n'est toutefois pas encore le cas pour les services, où l'approche est encore moins favorable aux libertés de circulation.

69 Defraigne et Nouveau, *op. cit.*, 3e éd., p. 290.

70 Defraigne et Nouveau, *ibid.*, p. 250.

Pour un véritable principe général de reconnaissance mutuelle

Quarante-cinq ans après la jurisprudence *Cassis de Dijon*, 30 ans après le lancement du marché unique, nous ne pouvons plus nous contenter de cette approche chèvrechoutiste ni des améliorations à la marge de la Commission européenne, qui laissent subsister la plupart des problèmes de fond. Il faut une rupture dans l'approche. Nous devons diminuer drastiquement les filtres nationaux aux échanges. À mon sens, il faut évoluer[71], radicalement.

D'abord, la convergence entre nous a progressé. Nous pouvons nous faire davantage confiance. En outre, avec les budgets consacrés à l'éducation nationale dans toute l'UE et les moyens d'information et de communication modernes, les citoyens sont mieux à même de déterminer ce qu'ils peuvent acheter ou non en provenance des autres États membres. Nous le verrons à plusieurs reprises, *l'UE fait dans le paternalisme daté*. C'est comme si les conceptions des années 1980 étaient gravées dans le marbre. La construction européenne, qui était une avant-garde, est à certains égards devenue un musée. L'ambition ultime du droit de la consommation est-elle de garder les consommateurs dans un assistanat permanent[72] ? Comme nous le verrons, une alternative plus féconde et plus gratifiante est de former les consommateurs.

Le trait est peut-être un peu forcé, mais le marché intérieur est comparable aux écuries d'Augias, dans lesquelles s'étaient progressivement accumulées des strates de déchets. Qu'a fait Hercule ? Il ne s'est pas englué dans leur enlèvement patient, à la différence de la Commission

71 Utilisons-nous beaucoup de biens et d'instruments qui n'ont pas subi la moindre évolution depuis 40 ans ? Poser la question conduit à s'interroger sur l'actualité de la jurisprudence *Cassis de Dijon* et des jurisprudences parallèles davantage en retrait en matière de libre prestation des services, de liberté d'établissement et de libre circulation des capitaux.

72 À notre sens, les mesures consuméristes devraient être couplées en général à l'éducation des consommateurs et être dégressives, voire temporaires. À nouveau, il est essentiel de faire grandir la population.

européenne. Il a pratiqué de grandes ouvertures dans les écuries, y a détourné deux fleuves et a accompli en un jour un de ses plus célèbres travaux.

À cet égard, il « suffit » de proclamer le principe de la reconnaissance mutuelle des biens et services légalement produits dans un État membre, *même si le domaine n'a pas été harmonisé au niveau européen.* De la sorte, le marché intérieur des services deviendra effectif. La plupart des obstacles au commerce des marchandises qui subsistent ou ont été réintroduits depuis 2008 tomberont aussi.

Faisons confiance aux entrepreneurs et aux consommateurs. Décorsetons la société européenne. Enlevons le couvercle à un moment où nous avons besoin de croissance, où les technologies nouvelles facilitent la prise d'initiatives, où les consommateurs sont plus autonomes. Débarrassons-nous de la bien-pensance et de la pesanteur des censeurs. L'économie européenne est comparable à la société américaine à la veille de l'émergence du rock-and-roll : figée, compassée, naphtalinée.

Pas de restriction sans autorisation préalable de la Commission européenne

L'État membre désireux d'instaurer une restriction devrait la notifier à la Commission européenne. Tant que celle-ci n'aurait pas donné son feu vert – ou au moins un avis – dans un délai raisonnable (deux mois), la mesure ne pourrait pas être mise en œuvre.

Pourquoi, en effet, faut-il que ce soit le client qui veut se procurer des produits et services d'un autre État membre ou l'entreprise désireuse de les exporter qui doivent supporter un long procès pour faire disparaître de tels obstacles, ou attendre une hypothétique réaction de la Commission européenne, qui, au demeurant, sera lente, elle aussi[73] ?

73 Instruction du dossier, démarches auprès de l'État membre, procédure précontentieuse puis contentieuse devant la CJUE, deuxième procédure devant la CJUE en cas de refus d'obtempérer.

La nécessité d'une notification motivée à la Commission dissuadera une série de cloisonnements des marchés. Comme nous l'avons indiqué, ceux-ci ont fleuri depuis la crise de 2008.

Cette procédure de notification devrait être publique et permettre aux intéressés de déposer des observations. Des recours juridictionnels contre la décision de la Commission devraient être ouverts. Ces débats amèneront à s'interroger sur la nécessité de restrictions unilatérales des États membres et la possibilité d'alternatives moins attentatoires au commerce intracommunautaire.

Pour tout cela, un règlement européen de quelques articles suffit. Il peut être élaboré et adopté rapidement. Coût pour la collectivité : nul. Une autre option tout aussi efficace serait un arrêt de la CJUE proclamant la reconnaissance mutuelle généralisée.

Gains immédiats en dynamisme économique

- Des produits et services plus variés, plus innovants, moins chers, de meilleure qualité, en plus grande quantité.
- Une industrie européenne au sens large plus forte, affichant une meilleure productivité.
- Beaucoup plus de PME exportatrices dans l'UE.
- L'enclenchement d'une dynamique positive qui ira bien au-delà d'une intensification du commerce entre États membres, davantage d'incitations à entreprendre, des entreprises plus prospères.
- Le PIB des Vingt-Sept très rapidement en croissance nette.

Un terrain de jeu enfin ouvert aux PME

En 2015, l'UE des Vingt-Huit comptait plus de 23 millions d'entreprises pour 4 millions aux États-Unis.

Les PME sont aussi beaucoup plus nombreuses en Europe qu'aux États-Unis ; *99,8 % des entreprises en Europe sont des PME employant moins de 250 salariés* et 93,5 % des microentreprises (moins de 10 personnes)[74]. La moyenne dans l'UE est de moins de 6 employés par entreprise dans l'économie réelle (c'est-à-dire autre que le secteur financier).

Les PME européennes croissent en outre moins et moins vite que leurs homologues américaines[75]... probablement en raison de l'inachèvement du marché intérieur.

En 2015, seuls 8 % des 21 millions de PME européennes prenaient part au commerce intracommunautaire. Si le pourcentage a presque doublé en 3 ans (15 %), ce qui est de bon augure, la participation des PME aux échanges intracommunautaires reste marginale. *Qu'est-ce qu'un marché unique auquel ne participent pas 84,32 % des entreprises ?*

Sous un seuil critique, les petites entreprises affichent une productivité[76] moindre : alors qu'elles ne représentent que 0,2 % des entreprises en Europe, les entreprises de plus de 250 travailleurs employaient 35,7 % des travailleurs dans le secteur non financier et produisaient 47,5 % de la valeur ajoutée en 2020[77].

---

74 *Chiffres clés sur l'Europe*, 2023 p. 50.

75 Corrélativement, le taux de renouvellement des sociétés cotées est beaucoup plus élevé aux États-Unis. Ceux-ci comptent un nombre significativement plus important de sociétés cotées qui ont moins de 30 ans d'existence.

76 « Leur taille réduite (89 % des entreprises wallonnes emploient moins de 20 personnes) ne leur permet pas de générer des effets d'échelle ou d'investir suffisamment. La question de la taille est particulièrement critique puisque de manière globale, la valeur ajoutée par emploi en Belgique varie de 55.000 euros pour les entreprises de moins de 10 personnes à 94.000 euros pour les entreprises à plus de 250 employés » (extrait du rapport commandé par le gouvernement wallon, cité dans *L'Echo* du 9 janvier 2021, p. 3).

77 *Chiffres clés sur l'Europe*, 2023, p. 50.

La figure 8 ci-dessous[78] confirme la faible productivité des microentreprises (moins de 10 employés) et, dans une moindre mesure, des petites entreprises (10 à 49 employés)[79].

Figure 8.

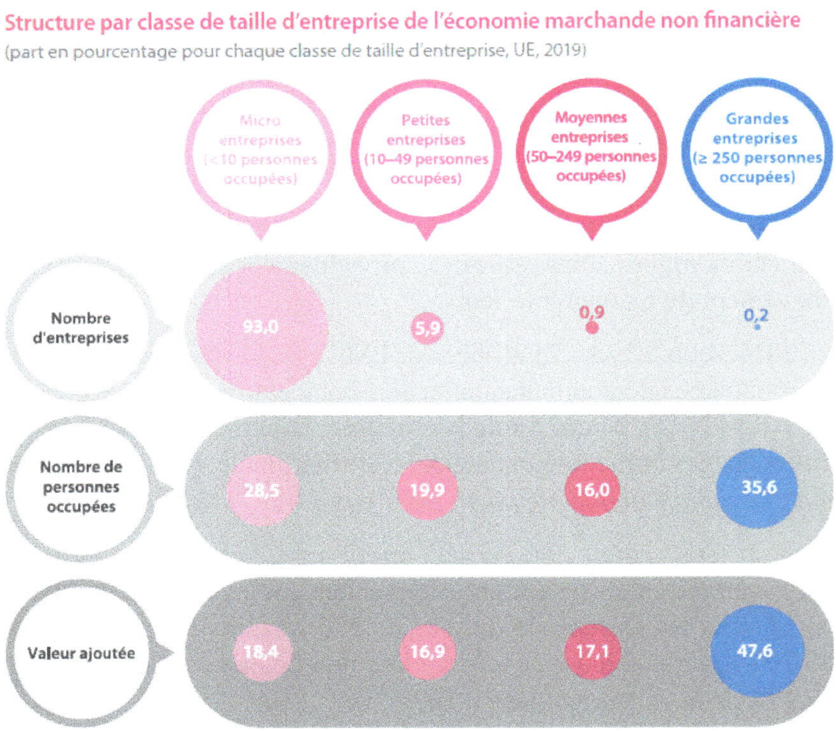

78 Qui concerne la structure par classe de taille des entreprises de l'économie marchande non financière.

79 *Chiffres clés sur l'Europe*, 2023, p. 50.

Par ailleurs, la propension à développer une activité innovante semble croître avec la taille de l'entreprise[80], comme le montre la figure 9[81]. Elle est corroborée par les chiffres de l'Office européen des brevets (OEB), selon lesquels 75 % des brevets ont été déposés en 2021 par des grandes entreprises, 20 % par des PME ou des inventeurs individuels et 5 % par des universités et des instituts publics de recherche[82].

Figure 9.

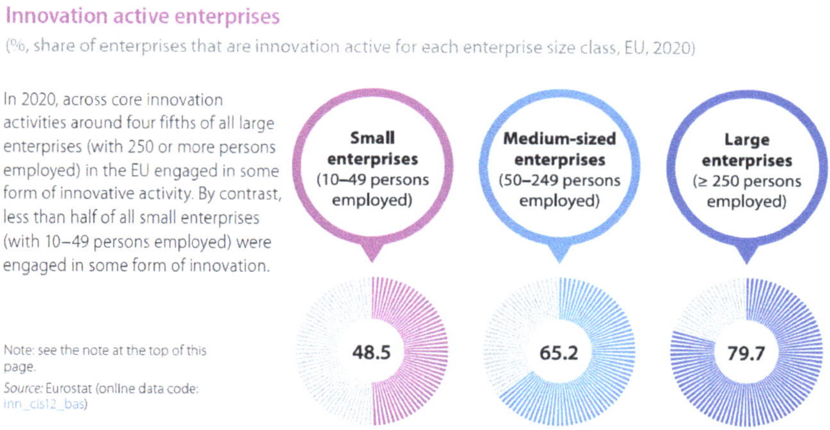

Nous retombons sur la notion clé de productivité. Sa faiblesse ne permet pas aux microentreprises, voire à certaines PME, de participer aux échanges intracommunautaires. En effet, « ce n'est qu'au-delà d'un certain seuil de productivité qu'une entreprise domestique est capable d'exporter sa production[83] », comme cela ressort de la figure 10[84], ci-dessous :

80 Même si les innovations les plus disruptives proviendraient des microentreprises et du monde universitaire.

81 Key figures on European business, 2023, p. 20.

82 Cela étant, il semblerait que les innovations les plus significatives seraient proportionnellement davantage le fait des PME que des grandes entreprises.

83 Aghion et coll., *op. cit.*, p. 324.

84 Tiré d'Aghion et coll., *op. cit.*, p. 324.

Figure 10.

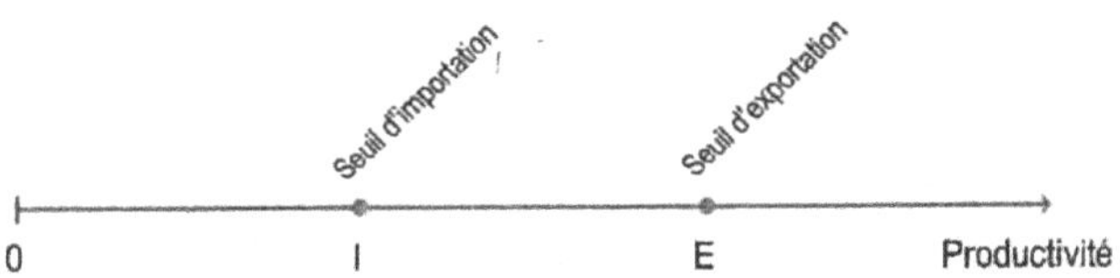

Figure 13.7. Capacité à importer et exporter en fonction du niveau de productivité d'une entreprise.
Source : schéma des auteurs.

Ce facteur explique en partie pourquoi la productivité de l'économie européenne est inférieure à celle de l'économie américaine[85].

Un marché plus intégré, avec moins de barrières à l'accès aux autres États membres, faciliterait la croissance des PME. Il y a beaucoup de (très) petites entreprises parce que le grand marché n'a pas encore été achevé, qu'elles n'y ont pas accès et ne peuvent pas grandir. Pourquoi les États-Unis comptent-ils plus de grandes entreprises ? Parce que leur marché est plus intégré. On en revient au cas Spotify.

La généralisation de la reconnaissance mutuelle devrait donc faciliter la participation aux échanges intracommunautaires des PME.

Gains à moyen terme : (i) vers davantage d'autofinancement

Aux États-Unis, une bonne idée peut rendre riche. Elle est susceptible de séduire 350 millions de consommateurs.

Un grand marché effectif offre un autre avantage à moyen terme qu'une plus grande productivité : *la capacité d'autofinancement.* Si une entreprise réussit en Amérique, elle accumule des réserves qui lui permettent de faire face aux périodes moins euphoriques, d'investir,

85 « En 2018, seule une entreprise de l'UE sur dix environ analysait des mégadonnées, tandis qu'une sur quatre seulement utilisait des services d'informatique en nuage » (communication de la Commission, « Une nouvelle stratégie industrielle pour l'Europe », COM(2020) 102 final, 10 mars 2020).

de grandir… et de durer. L'espérance de vie et la prospérité des entreprises mûres (plus de 26 ans) sont plus importantes aux États-Unis qu'en France ainsi que l'indique la figure 11 ci-dessous en ce qui concerne la part dans l'emploi selon l'ancienneté des établissements[86].

Figure 11.

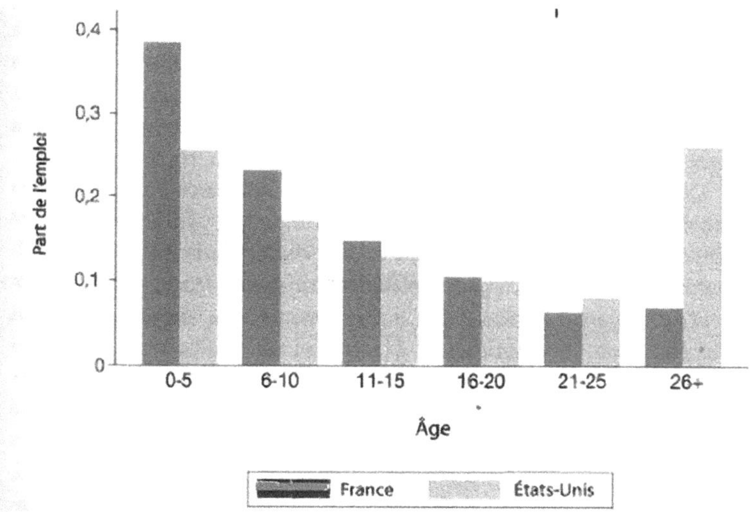

Figure 4.7. Part dans l'emploi selon l'ancienneté des établissements.
Source : Aghion, Bergeaud, Boppart et Bunel (2018).

L'exemple nous ramène au monde de la musique. Pourquoi le groupe anglais Depeche Mode est-il toujours là ? Dès le début, il a connu beaucoup de succès aux États-Unis. Il s'est ainsi constitué un réservoir de public sans comparaison avec celui d'autres groupes au succès limité à l'Europe. Cette assise lui a permis de traverser les périodes de moindre inspiration… avec tout ce que cela peut souvent impliquer d'excès pour un groupe rock ou pop.

86 Tiré d'Aghion et coll., *op. cit.*, p. 97.

En pouvant exporter grâce à la reconnaissance mutuelle des biens et services, les entreprises européennes gagneront de nouveaux marchés, accroîtront leurs marges, engrangeront des réserves. Celles-ci faciliteront des investissements, notamment en recherche et développement, comme nous allons le voir maintenant. Il en ira ainsi plus particulièrement pour les PME, dont l'accès au financement par les banques ou les marchés financiers est malaisé.

Gains à moyen terme (ii) : davantage d'investissements en RDI

L'une des causes de la stagnation européenne est que, depuis plus de 20 ans, les États-Unis, mais aussi une série de pays asiatiques, investissent beaucoup plus (notamment en recherche-développement-innovation (RDI)). L'écart technologique grandit, le décrochage menace. Il n'y a pas un seul Google, Apple, Facebook, Amazon (GAFA) en Europe… Nous avions pourtant Nokia et Ericsson dans les années 1990. Nos voitures électriques et hybrides sont moins performantes que leurs concurrentes américaines et asiatiques.

L'UE accuse une perte de vitesse dans des domaines clés. S'agissant de la 5G, nous avons pris du retard sur les États-Unis et la Chine. Il n'y a pas d'acteur européen majeur en matière d'assistance vocale. La guerre des enceintes connectées a commencé entre les États-Unis, la Chine et la Corée Sud… sans l'Europe[87]. Il n'y a pas d'avion chasseur européen de la dernière génération, mais bien un chasseur américain… et un chasseur chinois. Que dire de l'intelligence artificielle ?

Le classement de l'Indice mondial de l'innovation 2021 est sans appel : première, la Suisse ; deuxième, la Suède ; troisièmes, les États-Unis ; quatrième, le Royaume-Uni ; cinquième, la République de Corée. Soit un seul État membre de l'UE, en outre de taille moyenne.

87 M. Courtecuisse, « La guerre des enceintes connectées a commencé… sans l'Europe », *Les Echos*, 23 août 2018.

La composition des investissements en recherche et développement en Europe est édifiante : la part des entreprises et du secteur privé est moins importante que dans d'autres parties du monde, comme le montre la figure 12, ci-dessous.

Figure 12.

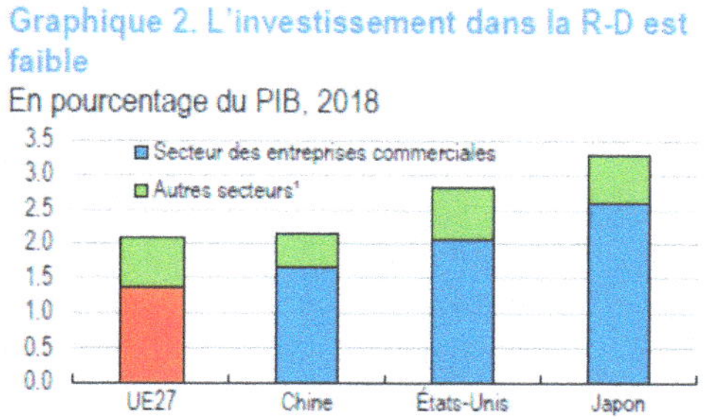

Note : 1. La catégorie « Autres secteurs » comprend les activités de R-D des pouvoirs publics, des établissements d'enseignement supérieur et du secteur privé sans but lucratif.
Source : OCDE (2020), Principaux indicateurs de la science et de la technologie de l'OCDE (base de données).

Il semble que le moindre tissu de PME innovantes en Europe s'explique par des capacités de financement plus faibles. On en revient au déficit de productivité, voire de taille, des PME en Europe, à leur mortalité infantile trop importante, à leur moindre capacité d'autofinancement (cf. encore une fois le contre-exemple Depeche Mode), bref à l'inachèvement du marché intérieur. Réduisant les perspectives de retour sur investissement en RDI[88], celui-ci dissuade de tels projets : l'horizon n'étant ni vaste ni dégagé, pourquoi se lancer dans une aventure au long cours ? L'agrandissement d'un marché augmente, en effet, les rentes et donc les incitations à l'innovation[89].

---

88 V., par analogie, O. Blanchard, D. Cohen et D. Johnson, *Macroéconomie*, Montreuil, Pearson, 6e éd., 2016, p. 82.

89 V. Aghion et coll., *op. cit.*, p. 204.

Mesures d'accompagnement éventuelles à la reconnaissance mutuelle

À la limite, la reconnaissance mutuelle pourrait être assortie de mesures d'accompagnement (pour autant qu'elles n'aboutissent pas à la vider de sa substance). Bien conçues, elles pourraient même en renforcer le dynamisme économique escompté.

L'une de ces mesures serait d'harmoniser non pas la réglementation sur le contenu et la qualité des produits et des services, mais *l'information.* Celle-ci signalerait s'il y a une harmonisation européenne de la réglementation du produit ou du service concerné et, spécialement dans la négative, quelles sont les caractéristiques principales du produit ou du service proposé. Le consommateur prendrait ses décisions en connaissance de cause.

On peut songer aussi ou au lieu à des exigences minimales d'accès et d'exercice des personnes physiques et des sociétés à des activités économiques. Celles-ci seraient applicables aux activités et professions qui demeurent non réglementées sectoriellement. Elles formeraient *un socle commun minimal applicable aux opérateurs.*

Celui-ci pourrait même être de nature à améliorer la qualité de l'organisation et des processus des entreprises, leur fiabilité, leur intégrité, leur écoresponsabilité. Il pourrait avoir une répercussion positive sur la qualité des produits et services offerts ; augmenter à terme la productivité des opérateurs économiques dans l'UE (une nouvelle fois) et faciliter leur croissance, qu'elle soit interne (autofinancement, développement de l'activité) ou externe (fusions, acquisitions, etc.).

Sur ce dernier point, une meilleure comparabilité et une plus grande familiarité des investisseurs potentiels avec les caractéristiques des entreprises lèveraient des réticences d'investisseurs tiers.

L'un des gros problèmes du financement des PME, qui, rappelons-le, représentent l'écrasante majorité des entreprises européennes, est l'absence d'information fiable sur elles (problématique dite de l'« asymétrie d'informations »). Ce type de mesures pourrait aussi faciliter la préparation des opérateurs économiques aux évolutions technologiques.

Ce cadre devrait être de portée horizontale et ne porter que sur le strict nécessaire, d'autant plus qu'il s'appliquerait principalement aux entreprises les plus modestes.

Du côté des consommateurs, on pourrait songer à une *éducation au marché intérieur*, à l'instar de ce qui est de plus en plus prôné en matière de services financiers[90]. Dès lors que le marché intérieur est une facilité mise à la disposition des consommateurs, autant s'assurer que ceux-ci puissent l'utiliser dans de bonnes conditions. Cela réduirait l'utilité de règles de protection des consommateurs généralement paternalistes et déresponsabilisantes. Il faut faire grandir les citoyens, notamment dans leur rôle de consommateurs.

En cas d'abus avérés d'opérateurs économiques en provenance de certains États membres, des mesures ciblées pourraient être prises par l'État membre d'accueil moyennant notification à la Commission européenne et dans le cadre d'une procédure organisée. Celles-ci seraient plus proportionnées que des restrictions unilatérales aux importations s'appliquant aux biens et services en provenance de tous les États membres de l'UE, en ce compris ceux qui ne posent pas problème. Il faut en quelque sorte inverser la logique et que la restriction devienne l'exception, le pis-aller, le dernier ressort. Il faut restreindre les restrictions au commerce intracommunautaire des biens et services.

90 Sur ce sujet, v. *infra*, Titre I, Ch. I, B, 3.

Achever le marché unique est vital pour le modèle social-démocrate européen

Nous ne préserverons pas de manière durable notre système généreux de sécurité sociale et de redistribution ainsi que nos diversités sans moyens financiers considérables et donc sans dynamisme économique.

La générosité et la complexité de notre système doivent être soutenues par une base économique forte, simple, identifiable. Réalisons sans tarder le marché unique en instaurant la reconnaissance quasi inconditionnelle des biens et services. Capitalisons sur sa compacité.

Nous n'avons pas beaucoup d'autres choix : nos pouvoirs publics ont vécu au-dessus de leurs moyens et ne sont pas à même de financer les divers défis auxquels nous faisons et ferons face prochainement. Il est illusoire de penser que nos populations accepteront de moins bien vivre qu'elles ne l'ont fait jusqu'à présent. Pourquoi d'ailleurs les résigner au déclin ?

La suppression de tous les obstacles possibles et imaginables aux échanges intracommunautaires sera un appel d'air bienvenu pour les entreprises et citoyens européens. Ce sera également un message clair au reste du monde : l'Europe a décidé d'aller de l'avant et de faire usage d'un de ses atouts, sans agressivité ni impérialisme.

2. Un grand terrain de jeu où les règles sont mieux respectées

Vers une meilleure répression des mesures protectionnistes

Le grand élargissement de 2004 a probablement réduit la puissance des institutions européennes et notamment de la Commission, gardienne des traités, face aux États. De 15, ceux-ci sont passés à 27. Les effectifs de la Commission européenne, spécialement ceux affectés à la chasse aux infractions au droit européen, n'ont pas crû en conséquence, alors que le niveau moyen de conformité au droit européen s'est dégradé. L'effectivité du droit européen s'en ressent.

La Commission européenne doit intervenir beaucoup plus résolument auprès des États membres qui entravent les échanges et/ou ne transposent pas correctement les directives ; notamment, introduire davantage de recours en manquement et faire usage de ses prérogatives renforcées en matière d'aides d'État.

Il faudrait améliorer aussi la protection juridictionnelle des droits que tirent les opérateurs économiques et les citoyens du marché intérieur. C'est à se demander si le contentieux touchant au marché intérieur ne devrait pas donner lieu à l'harmonisation de certaines règles procédurales et matérielles (à l'instar de ce qui a été fait pour les actions en responsabilité pour violation du droit de la concurrence). Faut-il aller un pas plus loin et confier ce contentieux à des juridictions spécialisées nationales, voire à des juridictions intégrant des magistrats d'autres pays ou des membres des juridictions européennes ? Faut-il transférer ce contentieux à une juridiction européenne ?

Les possibilités d'indemnisation des entreprises et des particuliers victimes de mesures protectionnistes sont réduites, voire théoriques. Si la Commission européenne peut infliger des amendes dissuasives, voire terrifiantes, aux entreprises pour violation du droit de la concurrence, il en va autrement vis-à-vis des États membres lorsqu'ils méconnaissent le droit européen. Ceux-ci s'exposent tout au plus à des astreintes pour violation persistante et, dans de très rares cas, à une obligation d'indemniser les particuliers ou les entreprises lésés. Les sanctions et possibilités de réparation devraient être renforcées. Il est toutefois peu probable que les États membres accepteront de voter des textes en ce sens au sein du Conseil.

Contre la non-transposition des directives, il existe pourtant une solution simple, qui ne nécessite probablement pas l'adoption d'un texte sur le sujet. La directive serait accompagnée en annexe d'une réglementation qui s'appliquerait par défaut à l'échéance du délai de transposition dans les États membres inactifs.

Nécessité d'un changement d'état d'esprit principalement des États membres

Au-delà de la mobilisation par les institutions européennes de l'arsenal juridique à leur disposition, il va falloir s'attaquer à un cancer qui ronge la construction européenne : le cynisme des États membres et la dérive intergouvernementale. L'UE est devenue un fromage que chaque État membre cherche à ronger. Sous couleur de grands projets, la réalité est toute autre : la déseuropéanisation est en cours. Une série de politiques sont renationalisées (la politique agricole commune) ou téléguidées par certaines capitales uniquement aux fins de pousser des intérêts nationaux. Il y a une perte du sens de l'intérêt communautaire et de la volonté d'aller plus avant dans l'intégration.

3. Pour un grand terrain de jeu et pas un mouroir : vers un recalibrage de la réglementation européenne

Les colégislateurs européens que sont le Parlement européen et le Conseil doivent prendre en considération qu'aujourd'hui, les PME sont la norme. En conséquence, les règles européennes doivent être élaborées en fonction d'elles et non leur octroyer de simples dérogations. Il doit y avoir une révolution copernicienne à cet égard.

Cela demande une remise en question des institutions européennes. Celles-ci ont tendance à aborder les choses en termes globaux ; à préférer traiter avec les grandes entreprises et à concevoir les règles en fonction d'elles.

Les PME et les microentreprises sont des oubliées de la construction européenne. C'est probablement l'une des causes de l'euroscepticisme : les « petits patrons » – une expression consacrée dédaigneuse – se sentent autant délaissés que les travailleurs d'industries en restructuration ou de régions en reconversion. L'Europe doit les aider à grandir.

L'harmonisation des règles nationales, afin de créer des conditions non faussées de concurrence (le fameux *level playing field*), ne doit pas aboutir à des réglementations que seules de grosses entreprises peuvent supporter. Sinon, sous prétexte d'une concurrence loyale, on réduit la compétition à quelques mastodontes et l'on démantèle le tissu économique européen, en créant un grand champ de ruines (*level dying field*).

L'idée du « filtre PME » afin d'identifier les propositions qui pourraient être des barrières pour les PME, suggérée par le commissaire Breton, est un bon premier pas[91]. Il faut toutefois aller plus loin et inverser la logique. De telles propositions ne devraient être que des dispositions dérogatoires s'appliquant aux seules entreprises importantes.

4. Vers une dynamique positive au potentiel en cascade insoupçonné

À notre sens, la consécration large du principe de reconnaissance mutuelle, éventuellement couplée avec quelques règles organisationnelles

91 *BQE* n° 12422 du 11 février 2020, p. 13 ; dans le même ordre d'idées, v. le « *Think small first* » (*BQE* n° 12429 du 20 février 2020, p. 11).

applicables à tout opérateur économique, une lutte plus résolue contre le protectionnisme et la modération normative des instances européennes devraient intensifier l'activité économique en Europe et favoriser la participation des PME aux échanges intracommunautaires.

À terme, leur taille moyenne augmentera, elles feront des gains de productivité, pourront mieux payer leur personnel, accroîtront leur capacité d'autofinancement (cf. le syndrome Depeche Mode évoqué ci-dessus), investiront davantage en recherche et développement, seront à même d'attirer plus facilement des capitaux externes, voire d'être introduites en Bourse. Il en résultera plus de richesse produite, de meilleurs salaires (ce qui est essentiel pour résorber la fracture sociale)[92], un tissu plus dense d'entreprises moyennes, une dynamique nouvelle d'innovation et d'investissement.

La croissance des PME et leur élévation dans l'échelle des valeurs sont à notre sens des paramètres essentiels du succès et de la vitalité du marché intérieur. À cet égard, un objectif pourrait être le doublement de la taille moyenne des PME en Europe en cinq ans. Un tissu substantiel d'entreprises employant entre 500 et 3 000 personnes chacune pourrait être un atout exceptionnel pour l'économie et la société européennes.

Au-delà, l'émergence de nouveaux géants, un plus grand renouvellement parmi les grandes entreprises, un accroissement de la capitalisation boursière des entreprises européennes, un progrès dans le top 500 des firmes mondiales, des marchés financiers renforcés, une amélioration du taux d'emploi et des rémunérations de même que du moral de la population seront des retombées positives de la politique esquissée ci-dessus.

Une libéralisation et un achèvement du marché intérieur devraient procurer en quelques années une augmentation du PIB des 27 États

92 La possibilité de créer des start-up et de faire grandir des PME est un moyen privilégié d'assurer le fonctionnement de l'ascenseur social. Si ceux qui ont peu à perdre sont incités à prendre des risques pour gagner beaucoup, il y aura davantage de renouvellement et d'élargissement des catégories nanties.

membres d'environ 5 %, soit 800 milliards d'euros par an. Une manne précieuse pour résorber notre déficit en RDI, verdir l'économie européenne, jeter les bases d'une défense commune.

On objectera que la croissance des PME va les dénaturer. Une PME peut garder son âme tout en grandissant. Elle peut entreprendre dans de meilleures conditions des projets plus ambitieux et poursuivre une plus grande qualité sans renoncer à son identité. N'idéalisons pas la vie dans une petite entreprise. *Small is not always beautiful*, contrairement à une huitième idée reçue. Ne diabolisons pas celles qui grandissent.

Personnellement, j'ai rejoint un cabinet d'une centaine d'avocats après dix merveilleuses années à la Cour de justice de l'Union européenne. Nous sommes aujourd'hui 400 avocats et plus de 1 200 avec les fonctions de support et des activités annexes. Le gain de confort (au départ, j'avais l'impression d'avoir rejoint un dispensaire de campagne) et l'amélioration constante de la qualité nous permettent d'attirer des clients prestigieux et d'entreprendre des projets ambitieux dans de meilleures conditions. Dans le même temps, nous avons gardé les traditions de l'étude et la qualité des relations au sein des équipes restées de taille humaine, où se perpétuent le savoir-faire de l'avocat et sa transmission aux jeunes générations.

En outre, les produits et services se sophistiquent, requièrent davantage d'expertise, en qualité et en nombre, plus de ressources financières et technologiques. La dimension collective de la production va probablement s'intensifier, notamment sous l'influence de l'intelligence artificielle. Nous devons avoir un marché intérieur qui permette à l'économie européenne cette mutation.

Il faut faire confiance aux entreprises, à la population, libérer le potentiel de nos chercheurs, parier sur une société ouverte où un maximum de personnes et d'entreprises prennent des initiatives et affichent une saine ambition. Il faut retrouver de l'appétit, l'envie d'aller de l'avant. Des sources et forces du progrès sont là.

5. Un grand terrain de jeu en dépit de la diversité linguistique

L'Europe est la Suisse du monde en ce que le grand marché unique n'a pas écrasé les identités nationales. Comme nous l'avons déjà mentionné, la diversité, linguistique notamment, est protégée par les traités européens.

Celle-ci a toutefois un prix d'un point de vue économique, car elle a tendance à garder fractionnés les marchés. Un bien ou un service proposé en langue étrangère est généralement considéré, à prix égal, comme coûtant 7 % de plus que le même article présenté dans la langue du client. En conséquence, des *consommateurs* préféreront s'approvisionner à un prix plus élevé dans leur État membre. Corrélativement, un obstacle linguistique à l'exportation existe pour les *fournisseurs*, spécialement les plus petits[93]. Beaucoup de PME hésitent à exporter pour cette raison notamment.

La diversité linguistique est un handicap objectif par rapport aux États-Unis en ce qui concerne le niveau d'intégration du marché unique[94]. Il faut donc le surmonter.

La diversité linguistique est, en outre, une source de difficultés supplémentaires dans la digitalisation de l'Europe. Si nous ne nous y attaquons pas fort, le décrochage avec d'autres blocs économiques ne fera que croître.

Solutions ?

Il y a aujourd'hui des traducteurs vocaux et des applications de traduction performants, tels que Google Translate et DeepL.

93 Dont les produits et services ne bénéficient pas d'une notoriété de nature à vaincre cet obstacle.

94 C'est ainsi qu'elle a retardé de plus de dix ans la création du brevet communautaire.

Le marché des applications linguistiques pourrait être plus développé en Europe, ce d'autant plus qu'aujourd'hui, il permettrait de ne pas porter atteinte à la diversité linguistique. On résoudrait la quadrature du cercle : faciliter les échanges tout en respectant les particularismes linguistiques et culturels, grâce au levier du progrès technique.

N'est-ce pas un domaine où l'UE pourrait donner un coup de pouce ? Une agence européenne[95] telle que le Centre de traduction pourrait être impliquée. L'une de ses missions est en effet de mettre en œuvre le cadre stratégique pour le multilinguisme. On pourrait penser aussi à une initiative impliquant les forces vives de la filière au titre de la politique industrielle[96] afin de susciter la production d'applications adaptées aux spécificités européennes.

Les applications peuvent également accélérer l'émergence d'une réelle société politique européenne, en facilitant l'implication de la population dans les débats européens[97].

Au-delà des solutions, des potentialités

Non seulement nous augmenterions les échanges à l'intérieur de l'UE, mais, en plus, il est probable que nous pourrions exporter nos solutions polyglottes.

Nous sommes en effet un laboratoire pour une série d'États ou de régions multilingues tels que l'Inde ou des pays africains. Si nous parvenons à élaborer une solution viable pour près de 500 millions de personnes parlant 20 ou 30 langues différentes, celle-ci pourra être proposée à d'autres grandes collectivités pluriculturelles. Nous retrouvons la dimension externe et l'idée de standard[98].

---

95 Les agences européennes sont des organismes créés par les institutions européennes afin de développer une expertise ou d'exercer certains pouvoirs dans un domaine précis. Parmi ces dernières figurent les autorités européennes de surveillance dans les secteurs de la banque, des marchés financiers et de l'assurance.

96 Sur la politique industrielle, v. *infra*, Titre I, Ch. I, B, 2.

97 Sur ce point, v. *infra*, Titre IV, Ch. II.

98 V. *supra*, Titre I, Ch. I, « Introduction », sous 1.

B. Un marché unique à renforcer et à améliorer durablement : six axes prioritaires

Comment consolider et pérenniser la dynamique proposée ci-dessus ?

Sans prétendre à l'exhaustivité, abordons six politiques européennes dont le succès est, à mon sens, crucial pour prolonger et amplifier les gains de l'achèvement et des améliorations du marché unique prônés ci-dessus. Il s'agit (1) de la RDI, mère de beaucoup de progrès ; (2) de la réindustrialisation, un autre gage de prospérité et d'une société plus inclusive ; (3) de la politique relative aux services financiers, tout à la fois moteur complémentaire de prospérité et acteur essentiel dans le financement de la transition écologique ; (4) de la mobilité et de la formation des personnes ; (5 et 6) des politiques des transports et de l'énergie.

1. Un cadre propice à la RDI

Mais où sont les produits et services européens de demain ?

Ce matin, vous avez jeté un coup d'œil à votre iPhone, voire à votre iPad. Vous avez allumé l'écran de télévision, probablement japonais ou sud-coréen. Éventuellement, vous avez chaussé des Nike, des Asics, ou des UQ (marque suisse) pour un jogging, avec votre montre connectée… Apple, une nouvelle fois. Avant de partir, vous êtes passé devant votre voiture électrique, hybride ou hybride rechargeable américaine, japonaise ou sud-coréenne, ou vous avez préféré regarder un épisode sur Netflix en faisant du vélo d'intérieur. Le repas vous a probablement ramené à l'Europe, voire à votre voisinage immédiat. Il en va de même de vos habits. Mais si vous avez cherché à communiquer, Facebook, Instagram, TikTok vous ont sorti d'Europe à nouveau. *Idem* en cas de commande *via* Amazon.

Qu'avons-nous créé, dans les vingt dernières années, qui a changé notre quotidien ?

Des activités traditionnelles se pratiquent, elles aussi, avec toujours plus de produits ou de services des pays tiers. Les amateurs de vélos de course ont à l'esprit des noms prestigieux, souvent italiens : Bianchi, Campagnolo, Colnago, Pinarello… Ces marques subsistent, mais leurs produits sont souvent chers. Ils sont égalés, voire dépassés, en agrément et/ou en performance par des vélos… américains. Des sociétés comme Cannondale ou Works fabriquent des cadres en carbone d'une seule pièce, sans renforcement ni soudure, pesant moins d'un kilo, à des prix « raisonnables ». Peloton Interactive a transformé l'entraînement sur vélo d'intérieur en activité ludique et sociale. Pourtant, le vélo est un loisir plus européen qu'américain.

Une carence persistante en RDI

Depuis 20 ans, les investissements en RDI sont trop faibles en Europe.

Au début des années 2000, les États-Unis consacraient 2,8 % de leur PIB à des investissements en RDI[99] contre 2,1 % pour l'Europe des Quinze[100], soit un tiers de plus. L'objectif de 3 % fixé en 2000 en vue de faire de l'Europe la première économie de la connaissance n'a jamais été atteint. Avec l'élargissement, le taux a même baissé, les nouveaux États membres investissant souvent moins en RDI, probablement faute de moyens.

---

99 *Rapport de la BEI sur l'investissement 2019-2020 : accélérer la transformation de l'Europe – Principales conclusions*, p. 8.

100 Defraigne et Nouveau, *op. cit.*, 3e éd., p. 372.

Au passage, soulignons l'utilité de mécanismes de contrôle de l'atteinte des objectifs fixés au niveau européen. La discipline budgétaire en matière de dette et de déficit publics, organisée autour du pacte de stabilité et du semestre européen[101], a beau être relative, elle permet toutefois de parvenir à des résultats en matière d'équilibre des finances publiques moins catastrophiques que ce que l'on constate dans le domaine des investissements en RDI.

Depuis la crise financière (2008), le déficit en investissement de l'Europe par rapport aux autres blocs économiques s'est encore accru, passant à 200 milliards d'euros par an[102]. Il faut se représenter l'importance de ce différentiel : plus que le budget annuel européen, 1,33 % du PIB européen ! Par exemple, en 2016, les dépenses de R&D dans l'UE stagnaient à 2,03 % pour 4,23 % en Corée du Sud, 3,29 % au Japon et 2,75 % aux États-Unis.

Le retard accumulé en une génération fait peur. Ses résultats tangibles sont là : l'omniprésence des produits et services de pays tiers, spécialement dans les domaines novateurs. Et nous ne sommes qu'au début de la déferlante de l'intelligence artificielle avec ChatGPT. Qui n'investit pas, stagne puis recule. Qui ne forge pas l'avenir est condamné à le subir. On note certes un frémissement des investissements en RDI en Europe (2,19 % en 2019 ; 2,31 % en 2020), mais celui-ci ne suffit pas à freiner le décrochage ainsi que l'atteste la figure 13[103] ci-dessous[104].

---

101 V. *infra*, Titre I, Ch. II.

102 Verhofstadt, *op. cit.*, p. 20.

103 Relative à la dépense intérieure brute en R&D, au cours des années 2010-2020. Source : Eurostat, R&D.

104 Et, pour cause, le budget a diminué en 2021 (2,27 %), puis encore en 2022 (2,23 %), alors que dans le même temps, les États-Unis ont atteint 3,5 %, le Japon 3,3 %, la Corée du Sud 4,5 % et la Chine 2,4 % (v. *BQE* n° 13353 du 20 février 2024).

Figure 13.

Gross domestic expenditure on R&D, 2010 - 2020
(%, relative to GDP)

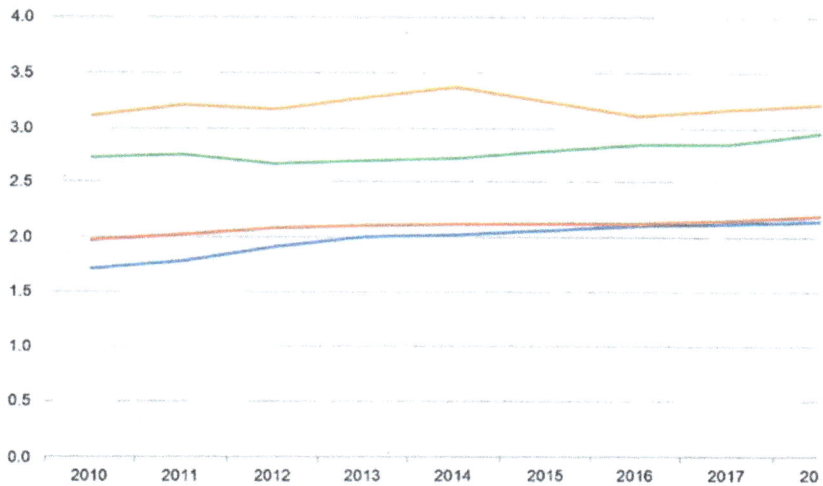

(¹) 2008, 2013 and 2018: break in series
(²) Excludes most or all capital expenditure, definition differs: 2010-2020
(³) 2020: provisional
(⁴) 2010: estimates
Source: Eurostat (online data code: rd_e_gerdtot) and OECD database

Importance cruciale de l'achèvement du marché intérieur pour le progrès scientifico-technologique

Comme nous l'avons déjà signalé, le déficit en RDI des entreprises en Europe est particulièrement élevé, compte tenu de l'inachèvement du marché intérieur et de son cortège de méfaits.

La spirale négative qui menace l'économie européenne est là pour une grande part[105] *: marché unique inachevé, protectionnisme, productivité*

105 D'autres facteurs de dégradation sont notamment le déclassement du secteur financier européen. Sur ce point, v. *infra*, Titre I, Ch. I, B, 3.

insuffisante des entreprises, déficiences en RDI et donc en progrès technique. Avec ses conséquences sociales et sociétales : baisse du niveau de vie, chômage, précarité, absence d'espoir dans un avenir meilleur, diminution de la population.

Le progrès scientifique et technologique améliore la productivité du travail et les rémunérations. Ensuite, il est un facteur essentiel de prospérité, de dynamisme, d'optimisme et de confiance. Il est également crucial pour la réalisation de toutes les politiques de qualité (protection de l'environnement, efficacité énergétique, société de gestion des ressources, agriculture saine et de qualité, société plus inclusive, santé, équilibre vie privée-vie professionnelle, etc.) que nous voulons poursuivre. Ajoutons-y la sécurité européenne (industrie militaire de pointe). *Une Europe plus verte, autonome énergétiquement et plus sûre passe par une Europe à la pointe scientifiquement et technologiquement. La RDI est en outre le meilleur gage d'une croissance durable*[106], l'un des objectifs de la construction européenne.

Les marges dégagées permettront aussi d'affronter les conséquences sociales de certaines évolutions technologiques telles que l'intelligence artificielle et la digitalisation.

Il est révélateur que les cinq États membres qui figurent dans les dix premiers de l'Indice mondial de l'innovation 2021 soient parmi les plus prospères et ceux où les particuliers sont particulièrement heureux : Suède, Pays-Bas, Finlande, Danemark, Allemagne. Quatre des cinq premiers pays au monde dans le classement des pays les plus heureux[107] se retrouvent dans les cinq premières places du palmarès des pays du plus grand nombre de demandes de brevets par habitant à l'Office européen des brevets.

---

106 Sur le rôle clé du progrès technique dans la croissance durable, v. not. M. Burda et C. Wyplosz, *Macroéconomie : une perspective européenne*, Bruxelles, De Boeck, 6e éd., 2014, p. 82 ; E. Phelps, *La prospérité de masse*, Paris, Odile Jacob, 2017.

107 La Finlande (respectivement première et cinquième), le Danemark (deuxième et troisième), la Suisse (quatrième et première) et les Pays-Bas (quatrièmes et cinquièmes).

Ce n'est pas un hasard si l'Europe représentée en souveraine au XVIe siècle comptait dans ses attributs des livres et instruments scientifiques !

Facteurs aggravants

Il est urgent d'agir, car l'innovation technologique galope, requiert des investissements de plus en plus lourds, comme l'illustre l'exemple es vélos.

Une énième révolution – l'industrie 4.0 (automatisation, Internet des objets et intelligence artificielle) – est en cours. Qui aurait pensé il y a cinq ans que l'on ne fabriquerait plus de voitures à moteur diesel voire plus de moteurs thermiques dans moins de quinze ans ? Notre mode de vie va profondément changer au cours des prochaines années, compte tenu des défis environnementaux et énergétiques, notamment. La pandémie n'a fait qu'accélérer le processus[108], avec les visioconférences, le télétravail et les commandes de biens et services *via* internet. À cet égard, il est probable que les États-Unis vont creuser davantage l'écart par rapport à l'Europe[109].

Le Brexit nous a fait perdre beaucoup de scientifiques[110], deux universités de réputation mondiale, une économie davantage tournée vers les nouvelles technologies ; le Royaume-Uni est plus proche des États-Unis que du continent à cet égard. Par exemple, il compte trois fois plus de jeunes pousses et d'entreprises à potentiel de croissance en termes relatifs que l'UE-27[111]. Il figure également parmi les quatre États les plus innovants du monde, ainsi que nous l'avons déjà relevé.

---

108 En ce sens, v. « Innovations : c'est la lutte finale ! », *Le Point* du 10 décembre 2020, pp. 62-68 ; N. Baverez, « En attendant le retour des Années folles ? », *Le Point* du 4 mars 2021, pp. 12-13.

109 Ces lignes ont été rédigées avant l'apparition de ChatGPT.

110 Dans l'UE, 19 % des scientifiques provenaient du Royaume-Uni alors que celui-ci ne représentait que 13 % de la population européenne. En comparaison, avec la même population, la France ne compte que 10 % des scientifiques européens (source : Eurostat).

111 L'écart entre l'UE et les États-Unis dans le domaine est de 1 à 4 (*Rapport de la BEI*, préc., p. 9).

Quelques pistes d'amélioration

L'approfondissement du marché intérieur, prôné ci-dessus, devrait déboucher sur une augmentation des investissements du secteur privé en RDI à moyen terme. En effet, d'une part, il améliorera les perspectives de rentabilité, ce qui renforce l'incitation à innover. D'autre part, la montée en productivité voire en gamme et en taille des entreprises qu'il induira permettra à celles-ci d'investir davantage en RDI.

En complément aux mesures transversales proposées ci-dessus, des actions plus spécifiques à la RDI peuvent être développées. Comme nous le verrons, elles s'inscrivent aussi dans une politique structurelle/moderne de l'offre (voir ci-après, sous C).

Il faut travailler sur tous les maillons de la chaîne, même si certaines initiatives ne produiront des effets qu'à long terme. Dans les lignes qui suivent, j'aborderai en priorité quelques mesures dont les effets positifs prévisibles sont les plus rapides.

(i) Facilitation du dépôt de brevet

L'accès à la protection juridique des inventions devrait être facilité. L'UE ne représente plus que 20 % des demandes de brevets dans le monde contre 30 % il y a une dizaine d'années[112], soit une diminution d'un tiers, comme cela ressort de la figure 14[113].

112 *BQE* n° 12495 du 29 mai 2020 ; dans le même sens, l'Office européen des brevets relève en 2021 que la part des brevets issus de pays européens (en général, non limités à ceux de l'UE) continue de baisser (de 50 % en 2013 à 44 % en 2021).

113 Demandes de brevet par région en 2011 et 2021. Source : World Intellectual Property Indicators (WIPI) 2022 Report.

Figure 14.

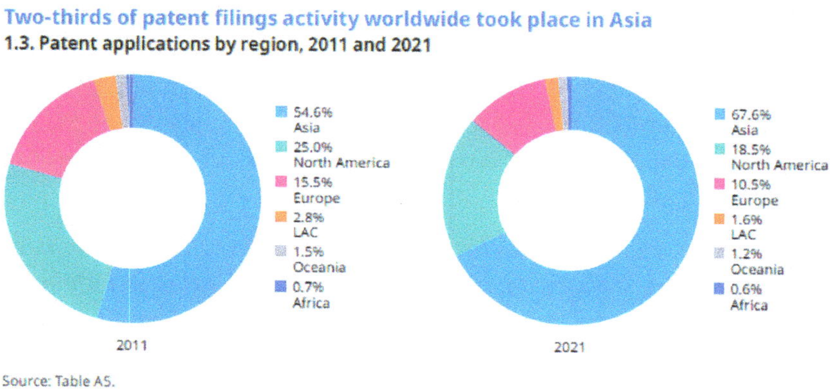

Le dernier classement des entreprises demandant des brevets européens est révélateur, celles des pays tiers occupant les premières places, ainsi que cela ressort de la figure 15 ci-dessous[114] :

Figure 15.

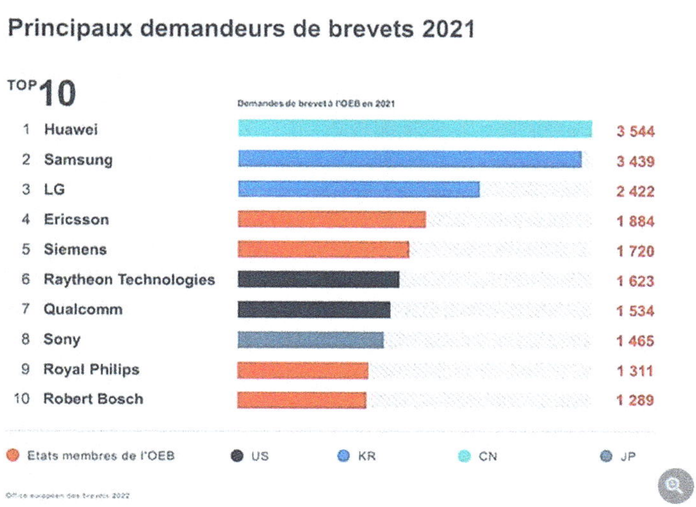

114 Classement des principaux demandeurs à l'OEB en 2022. Source : site de l'OEB.

La procédure de dépôt doit être moins coûteuse, voire plus rapide. Le prix *d'obtention et de conservation de brevets en Europe est prohibitif (près de quatre fois plus cher qu'aux États-Unis*). La déperdition de brevets potentiels est d'autant plus considérable que, compte tenu des imperfections du marché unique, les perspectives de retour sur investissement sont tout à la fois plus aléatoires et faibles, comme nous l'avons déjà souligné.

En conséquence, *le coût des brevets en Europe devrait non seulement être ramené au niveau américain, mais devenir substantiellement inférieur à celui-ci. Dans l'état actuel du marché unique, il devrait être divisé par dix.*

Pour paraphraser Abraham Lincoln, « le système des brevets doit ajouter le carburant des incitations au feu du génie[115] ».

Afin d'accélérer la transition vers une économie plus écoresponsable, compte tenu de la tendance des entreprises en place à favoriser les innovations dans les technologies existantes (ce que l'on appelle la dépendance au sentier dans le jargon économique), au détriment de technologies de rupture nettement plus propres, *le dépôt de brevets écoresponsables devrait voir son coût divisé par vingt*

La matière relève certes de la compétence des États membres, mais l'UE pourrait inviter ceux-ci à élaborer *une fiscalité favorable à la propriété intellectuelle*. Telle a été l'option prise par les pays nordiques il y a 20-30 ans, qui s'est avérée efficace. À nouveau, la fiscalité pourrait être davantage allégée pour les droits de propriété intellectuelle protégeant des technologies propres.

Compte tenu des inefficiences actuelles du marché unique, un rabais fiscal pourrait être consenti, le temps que les améliorations structurelles

115 La citation originaire étant : « Le système des brevets a ajouté le carburant des incitations au feu du génie (« *The patent system* [...] *added the fuel of interest to the fire of genius, in the discovery and production of new and useful things* »). V. Aghion et coll., *op. cit.*, p. 107.

produisent leurs effets. Si le marché unique n'est pas assez porteur, l'incitation à innover peut être fiscalement stimulée. Il en va à plus forte raison des inventions écoresponsables.

(ii) Davantage de financements

En 2020, la Commission européenne a réaffirmé l'objectif fixé en 2000 d'investir 3 % du PIB dans la RDI.

À mon sens, compte tenu du déficit accumulé en une génération, les Vingt-Sept et l'UE doivent consentir un effort plus important d'investissement en la matière, probablement 4 voire 5 % pendant un certain nombre d'années, soit 640 à 800 milliards d'euros par an.

D'où peut provenir ce financement additionnel ?

Les deux premières réponses qui viennent à l'esprit sont : d'une part, de l'achèvement et de la libération du marché unique qui inciteront et les entreprises à investir davantage en RDI – et le leur permettront – tant en termes relatifs (trois quarts des investissements en RDI comme aux États-Unis au lieu de deux tiers) qu'absolus, car leurs perspectives de débouchés et de gains croîtront ; d'autre part, de la croissance qui en découlera et qui procurera davantage de ressources aux États membres et à l'UE pour investir en RDI. En espérant qu'ils puissent résister aux incitations à augmenter encore les dépenses publiques non productives.

Toutefois, ces marges de manœuvre du monde économique et du secteur public n'existeront que dans quelques années, le temps que les mesures structurelles/de politique moderne de l'offre évoquées ci-dessus produisent leurs effets[116]. Quels financements supplémentaires sont envisageables dans l'intervalle ?

116 Sur cette question, v. *infra*, Titre I, Ch. I, C.

Le système financier en général ?

Est-ce dû à la prépondérance des banques dans le système financier européen, à l'insuffisance d'anciens entrepreneurs en son sein, à un certain degré d'aversion au risque de la société européenne ? Toujours est-il que les inventeurs, les start-up, les jeunes pousses prometteuses rencontrent des difficultés de financement, que ce soit lors du lancement du projet ou au cours de la croissance de l'entreprise.

Sur ce dernier point, l'initiative paneuropéenne Scale up, lancée en 2022 par le Fonds européen d'investissement (FEI) en vue de procurer un financement européen aux entreprises innovantes ayant réussi à croître, est à saluer. Toutefois, un écosystème doit être mis en place, ce qui requerra du temps. D'autres sources de financement doivent être trouvées.

Vers des cadres propices à l'investissement privé ?

On pourrait songer à des véhicules d'investissement (collectif) en RDI. Au cours des dernières années, l'UE a créé des véhicules de ce type afin de favoriser l'incubation d'entreprises prometteuses, l'investissement en infrastructures durables, ou encore l'entrepreneuriat social. Dans de tels cas, ni l'UE ni les États membres ne mettent de moyens financiers à la disposition des entrepreneurs, même pas sous forme de garanties. Ils créent simplement un cadre adéquat susceptible d'attirer des investisseurs.

Dans l'état actuel, ces fonds UE dits « labellisés » sont des échecs, car pénalisés par un régime juridique trop lourd. Toutefois, le succès des fonds d'investissement tant grand public (organismes de placement collectif en valeurs mobilières – OPCVM) qu'alternatifs (FIA) laisse augurer des lendemains qui chantent pour certains fonds labellisés moyennant quelques améliorations[117].

117 On peut se demander si un tel type de véhicule ne pourrait pas aussi contribuer à absorber une partie des liquidités excédentaires actuelles sans détruire des ressources financières comme y amène indistinctement une remontée des taux d'intérêt. Ces liquidités seraient investies à long terme afin de rendre plus innovative l'économie européenne. Sans constituer une panacée, une telle initiative serait de nature à réduire la pression sur la Banque centrale européenne (BCE), confrontée à la poussée inflationniste. Elle ferait

De tels acteurs sont cependant mus par des perspectives de rentabilité. Pour surmonter les imperfections actuelles du marché unique, un régime fiscal favorable est à considérer. L'incitant fiscal devrait être plus fort pour les placements dans des innovations propres.

Davantage de financements publics ?

Les pouvoirs publics pourraient donner un coup de pouce dans l'intervalle et aller au-delà de 0,625 % du PIB des Vingt-Sept. Pourvu que leur situation budgétaire le leur permette.

Davantage d'aides étatiques et d'autres financements publics nationaux ?

En principe, je n'appelle pas à davantage de subsides aux entreprises. Ceux-ci sont coûteux pour les pouvoirs publics et, en bout de course, pour les citoyens, nuisent à la concurrence et au dynamisme des entreprises et ne sont pas nécessairement efficaces[118]. L'époque où Jacques Chirac pouvait dire que le moyen pour un ministre de résoudre un problème était de donner une subvention est révolue. La politique économique doit évoluer.

En matière de RDI, la problématique se présente toutefois partiellement de manière différente.

Spécialement, la recherche fondamentale appellerait un financement public, à la fois par manque d'intérêt du secteur privé (trop de risques) et parce que la diffusion des découvertes et inventions dans ce domaine serait plus favorable à l'économie au sens large que la privatisation de leurs fruits. En outre, il semble que, en matière de RDI, il y aurait une tendance foncière à un sous-investissement du marché

partie d'une panoplie de mesures diverses pour lutter contre la hausse de prix tout en cherchant à éviter la récession.

118 Sur les inconvénients des aides aux entreprises, voire leur caractère en principe nocif, v. *infra*, Titre I, Ch. I, C.

(ce qui constitue une défaillance de celui-ci de nature à justifier une intervention publique). Selon la théorie économique, les entreprises n'intégreraient pas dans leurs décisions de RDI les retombées positives des innovations pour la société dans son ensemble.

En conséquence, des financements publics permanents se justifieraient davantage en matière de RDI que dans d'autres domaines. Il serait également particulièrement crucial de les conserver en basse conjoncture, car ce sont les premières dépenses que beaucoup d'entreprises réduisent alors.

Ensuite, compte tenu de la dépendance au sentier, qui conduit à privilégier l'amélioration de technologies existantes plutôt que l'exploration de nouvelles, généralement plus propres, il se justifie d'autant plus que les pouvoirs publics financent la recherche dans ces dernières[119], au vu de l'exigence actuelle d'une économie plus écoresponsable.

Pour autant qu'elles soient conformes aux règles européennes, des aides d'État (c'est-à-dire des financements des États membres en faveur de certaines entreprises) en matière de RDI sont possibles. Diverses catégories sont prévues. La RDI bénéficie d'un *a priori* assez favorable en la matière, pour les raisons expliquées ci-dessus. Celui-ci sera encore plus marqué à l'égard des PME et des projets collectifs impliquant deux États membres au moins (les projets importants d'intérêt européen commun – PIIEC) qui visent à promouvoir l'innovation dans des domaines industriels stratégiques et d'avenir.

À nouveau, on pourrait concevoir un régime plus favorable (taux d'éligibilité des coûts plus élevé) pour de la RDI ou des PIIEC relatifs à des technologies propres.

Ces considérations amènent à s'interroger sur le niveau optimal de contribution des pouvoirs publics à la recherche et, par voie

119 Aghion et coll., *op. cit.*, pp. 218-230.

de répercussion, sur son importance par rapport à celui d'autres dépenses publiques, notamment celles relatives à la protection sociale. En filigrane se pose la question des priorités du budget public et des conditions de l'équilibre entre certains investissements publics et les dépenses sociales.

Le contexte géopolitique actuel et le rôle moteur de ce type d'innovations militent aussi pour le financement de la recherche dans le domaine de la défense de produits et services susceptibles d'applications ou de dérivés civils. Les succès américain et israélien en la matière plaident pour un type de *keynésianisme militaire*.

Davantage de financements publics européens ?

La recherche est devenue le troisième poste du budget européen, derrière la politique agricole commune et la politique de cohésion, avec environ 10-15 milliards d'euros par an (13,5 milliards d'euros en 2022), soit un quinzième/un dixième du budget européen ou environ 0,1 % du PIB européen. Sa part dans le budget européen a quadruplé entre 1985 et 2002.

Parmi les dépenses communautaires, il faut aussi tenir compte de la politique spatiale (2,2 milliards d'euros), les investissements dans ce domaine ayant un effet de levier de 6 sur l'activité économique générale, d'une partie des investissements stratégiques européens (4,9 milliards d'euros) et de la politique de sécurité et défense (1,2 milliard d'euros). En effet, les innovations que cette dernière suscite peuvent donner lieu à des applications civiles.

On notera aussi les partenariats entre l'UE et des États membres, tels que les entreprises communes[120]. Par exemple, les supercalculateurs

120 L'UE peut créer des entreprises communes (généralement entre l'UE, des associations dirigées par le secteur industriel ainsi que d'autres partenaires) en vue de la bonne exécution des programmes de recherche et de développement technologique notamment de l'UE. Il y a, par exemple, une entreprise commune chargée de l'achat des supercalculateurs, des infrastructures multipliant les capacités de calcul de l'industrie et des instituts de recherche, EuroHPC.

font l'objet d'un financement à parts égales entre l'échelon européen et l'échelon national[121]. EuroHPC est chargée de l'achat de ces machines qui augmentent sensiblement la capacité de calcul des entreprises et des universités, essentielle pour le développement de nouveaux produits, notamment.

Le budget RDI communautaire reste largement insuffisant au regard du déficit majeur en RDI. La question se pose de savoir s'il ne faut pas augmenter sa part dans le budget communautaire, par exemple aux dépens de la PAC, voire de la politique de cohésion, qu'il y aurait moyen de rationaliser, de dynamiser et d'améliorer[122].

Financement public d'amorce, levier d'investissements privés

D'autres modes de financement, partiellement publics, devraient être sollicités aussi, car présentant un bien meilleur effet multiplicateur que des subventions.

Tournons les yeux vers la Banque européenne d'investissement (BEI), banque européenne de développement dont les actionnaires sont les États membres, et sa filiale spécialisée, le Fonds européen d'investissement (FEI). Ceux-ci ont montré leur capacité à catalyser des investissements privés. Par exemple, dans le cadre du plan Juncker[123] entre 2015 et 2020, ils ont drainé plus de 500 milliards d'euros, majoritairement du secteur privé, à partir de 21 milliards d'euros publics, dont 16 milliards sous forme de garantie. Ce mode d'intervention est particulièrement intéressant compte tenu de son coefficient multiplicateur important (environ 25) et du fait que le concours public ne donnait pas lieu à décaissement immédiat, puisque consenti sous forme de garanties. En effet, celles-ci ne débouchent sur une dépense publique qu'en cas de défaillance de l'emprunteur.

121 *BQE* n° 11936 du 11 janvier 2018.

122 V. *infra*, Titre II, Ch. I.

123 *Ibid.*

Le plan Juncker a un successeur, InvestEU (2021-2027). L'objectif initial était de mobiliser 650 milliards d'euros d'investissements supplémentaires dans l'UE dans des secteurs technologiques de pointe (notamment la digitalisation) à partir d'une garantie de départ de 38 milliards d'euros. Celle-ci a été majorée de 5,6 milliards d'euros par le plan de relance européen[124], pour atteindre 43,6 milliards d'euros.

Au moins 6,6 milliards d'euros de la garantie de l'UE seront alloués à la recherche, à l'innovation et à la numérisation, ce qui devrait générer au moins 100 milliards d'euros d'investissement, soit 0,8 % du PIB européen par an.

Plus largement, l'expérience montre qu'un investissement public, spécialement dans la matière, suscite ceux du secteur privé[125]. En outre, l'implication du secteur privé dans le financement de la R&D dans un deuxième temps devrait favoriser la recherche de résultats exploitables commercialement[126]. Cette approche est aussi de nature à réduire le fossé entre le monde de la recherche et celui de l'entreprise[127].

(iii) Recherche, esprit d'entreprise et interactions avec le marché

En matière de recherche fondamentale, l'Europe demeure une référence. La plupart des vaccins contre la Covid-19 ont été trouvés par des chercheurs européens.

Toutefois, la concrétisation de notre recherche scientifique en brevets et en applications pratiques est faible.

L'esprit d'entreprise doit être davantage valorisé dans le monde de la recherche. Un moyen de combler le fossé entre les laboratoires et

124 V. *infra*, Titre I, Ch. II, D.

125 Sur la corrélation entre l'importance des montants engagés dans la recherche universitaire et les investissements privés de R&D, v. Defraigne et P. Nouveau, *op. cit.*, 3e éd., p. 374.

126 Sur l'exemple américain, v. *ibid.*

127 Sur ce point, v. *infra*, sous (iii).

les marchés est de prendre en considération, dans l'évaluation des chercheurs (ou au moins de certains d'entre eux), non seulement leurs publications dans des revues de qualité, mais les brevets déposés, les projets économiques menés ou permis par leurs travaux.

Une idée serait de, sans réduire la qualité scientifique des chercheurs européens, les rendre plus complets ou, au moins, de susciter des profils différents[128]. Pour faire une analogie avec d'autres domaines, les joueurs de tennis et les footballeurs sont plus polyvalents aujourd'hui que dans les années 1970-1980. Il en va de même des acteurs et comédiens ainsi que des chanteurs d'opéra. Leur registre s'est substantiellement étoffé. Les premiers chantent et dansent, voire sont capables de prouesses physiques. Réciproquement, le jeu d'acteur des seconds s'est amélioré. De manière comparable, une éducation entrepreneuriale plus poussée des scientifiques serait bienvenue.

On peut songer aussi à des portails et à des forums sur lesquels présenter leurs projets, en vue d'attirer des entrepreneurs et des investisseurs (mise en contact de l'offre et de la demande de projets, amélioration de l'information) ; à des plateformes où se rencontreraient demandes et projets de recherche, appels à projets, prix à l'innovation ; à des émissions où des chercheurs présenteraient leurs projets à des investisseurs professionnels, voire à la population (*crowdfunding*). Tout ce qui peut rapprocher une activité de recherche du marché devrait être tenté.

(iv) Vers un réel espace européen de la recherche (EER)

Nous devons travailler à l'émergence et au renforcement d'un réseau de centres de recherche de qualité mondiale. Le besoin est d'autant plus impérieux qu'avec le Brexit, nous avons perdu deux des universités les plus prestigieuses au monde.

---

128 Une alternative ou, mieux, une mesure complémentaire serait l'émergence de conseils, d'agents spécialisés prenant en charge ces questions.

Cela passe par l'émergence de centres fondés sur une culture de l'excellence, disposant des moyens, de l'autonomie et d'une taille critiques. À cet égard, le regroupement de compétences, de moyens et d'infrastructures de l'université Paris-Saclay va dans le bon sens.

Ces centres doivent être transfrontaliers de préférence ou au moins interconnectés. La RDI est un des domaines, avec les transports, l'énergie, l'aménagement du territoire, la cohésion économique, sociale et territoriale, où il faut davantage penser « européen », global, en termes d'ensemble articulé et non d'une simple juxtaposition de politiques, institutions et réalisations nationales. L'espace européen de la recherche[129], qui est encore en devenir, est un élément clé dans le dispositif.

(v) Promotion des filières scientifiques et technologiques

L'intérêt pour les sciences, les technologies et la recherche doit être suscité davantage. Ces filières jouissent d'un prestige variable d'un État membre à l'autre. Alors que le chancelier allemand fréquente des foires de l'industrie, le Président français réalise un marathon au Salon de l'agriculture. Il n'est pas rare de voir des scientifiques dans les fictions allemandes. En revanche, dans les séries françaises[130]...

Avec l'abaissement des barrières technologiques et économiques à l'innovation, il faut promouvoir une culture scientifique[131] ET l'entrepreneuriat innovant[132]. Cela passe par des parcs d'éveil

129 Sur ce point, v. not. la communication de la Commission,« Un nouvel EER pour la recherche et l'innovation », COM(2020) 628 final, 30 septembre 2020.

130 Sur la capacité insuffisante de la France à former des scientifiques, v. J. de Larosière, *40 ans d'égarements économiques : quelques idées pour en sortir*, Paris, Odile Jacob, 2021, p. 46.

131 Sur le risque de déclassement scientifique, v. not. A. Landier et D. Thesmar, « Science : la France doit se ressaisir », *Les Echos* des 18-19 décembre 2020, p. 11.

132 V. *supra*, sous (iii).

ludico-scientifiques, style Cité des sciences et de l'industrie, des laboratoires d'imprimantes 3D, de modélisation et de maquettes où les inventeurs de tous âges peuvent tester la mise en œuvre de leurs idées, des associations pour adolescents intéressés par les sciences et technologies. De telles infrastructures sont mises à disposition par certains incubateurs, par certains pôles d'innovation (*clusters*). Elles devraient être au programme de visites scolaires[133]. L'enseignement des sciences et des mathématiques doit être restauré et amélioré dans le secondaire, les universités et centres de recherche mis en mesure de poursuivre des programmes de recherche ambitieux et de retenir des chercheurs de haut niveau[134, 135], comme nous l'avons déjà évoqué[136].

À nouveau – et c'est une ligne de force dans l'essai à côté du progrès technico-scientifique, de la productivité, d'une économie ouverte, de la modération normative, de la priorité aux techniques financières sur les subsides classiques, notamment –, *l'éducation et l'adaptation de la formation aux réalités du marché intérieur et à la société d'aujourd'hui et de demain sont des chantiers fondamentaux pour permettre à la population et aux entreprises de grandir*.

(vi) Divers

On rappelle que le fait pour l'économie européenne de rester ouverte sur le monde (investissements directs dans l'UE) et un des principaux acteurs du commerce mondial est de nature à accueillir plus rapidement le progrès technique[137].

---

133 L'UE a un rôle à jouer en la matière, compte tenu de ses compétences en matière de développement humain. Sur ce point, v. *infra*, Titre I, Ch. I, B. 4.

134 Landier et Thesmar, art. préc., p. 11.

135 Sur la fuite des cerveaux (« *brain drain* »), v. not. J. Attali, « Nous devons faire plus pour retenir nos talents », *Les Echos* des 19-20 mars 2021, p. 13.

136 V. *supra*, sous (iii), les développements relatifs à l'espace européen de la recherche.

137 V. *supra*, Titre I, Ch. I, « Introduction ».

On peut également espérer un effet positif sur la RDI d'une politique industrielle (voir section suivante) ambitieuse, axée sur l'amélioration de la compétitivité de l'économie européenne[138].

2. Une politique industrielle pugnace, écoresponsable, respectueuse du droit de la concurrence et avisée

Avantages d'une réindustrialisation

La réindustrialisation de l'Europe est importante, notamment pour des raisons sociales. En effet, l'industrie génère des emplois à plus haute valeur ajoutée, une plus grande productivité (à nouveau cette notion cruciale), avec à la clé des rémunérations supérieures et un PIB par habitant plus élevé.

L'une des raisons à l'écart grandissant entre les pays « du nord » et ceux « du sud » est que les premiers sont souvent les plus industrialisés, comme cela ressort de la figure 16[139, 140]. En outre, l'industrie génère deux fois plus d'emplois indirects que le secteur des services.

138 *BQE* n° 12417 du 4 février 2020.

139 Source : Banque mondiale. Repris par T. Gaudiaut « Combien pèse l'industrie dans l'économie en Europe », Statista, 21 oct. 2022.

140 C'est ainsi que la France a perdu 2,5 millions d'emplois industriels depuis 1974. Voir l'excellent essai de J.-P. Clamadieu, président du Conseil d'administration d'Engie, *L'Europe, avenir de l'industrie française*, Le cherche midi, 2022, p. 19.

Figure 16.

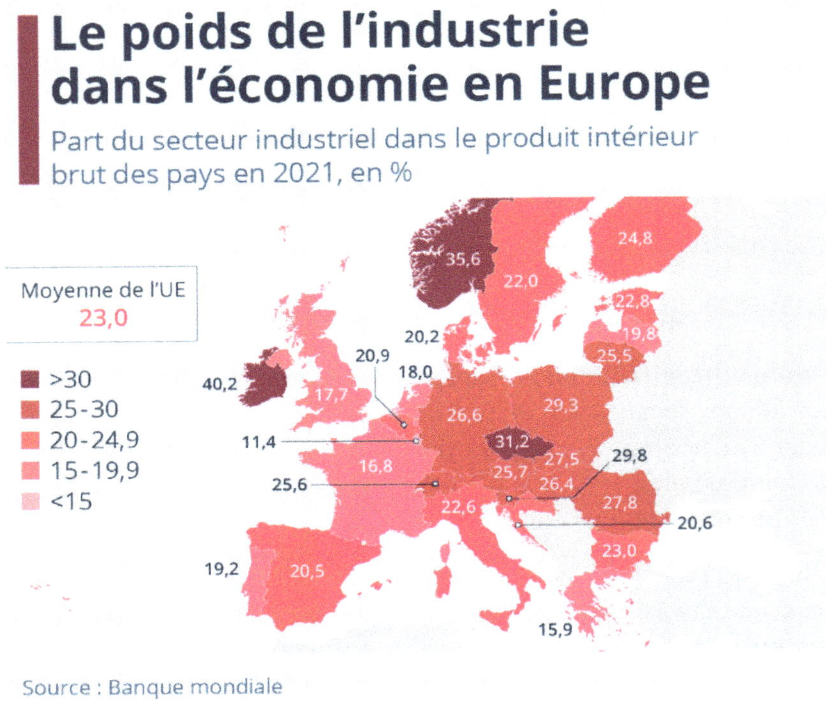

La réindustrialisation devrait avoir une série d'autres effets secondaires majoritairement[141] positifs. Une activité industrielle tout à la fois requiert de la R&D et permet de continuer à innover. Elle facilite en effet la recherche et développement, en plus de permettre le maintien d'une économie diversifiée et robuste. Notamment, elle génère deux fois plus d'emplois indirects que le secteur des services.

141 L'impact de l'industrie sur l'environnement doit également être pris en compte. Cette préoccupation ne doit toutefois pas dégénérer en un dogmatisme obtus et obscurantiste aboutissant à décourager systématiquement toute nouvelle implantation industrielle comme cela peut être malheureusement le cas.

Dès le moment où une économie arrête l'activité industrielle, elle innove moins et perd graduellement la maîtrise technologique au profit des lieux de production. À l'instar du progrès technique, l'industrie est donc aussi un facteur de croissance durable.

La réindustrialisation peut signifier aussi la création d'entreprises dans des secteurs novateurs et/ou dans l'économie verte. Elle est essentielle pour préserver l'autonomie de l'Europe dans une série de domaines critiques comme la pandémie l'a mis en lumière, avec la fabrication des masques, des respirateurs et des vaccins. Elle joue aussi un rôle important dans l'émergence d'une Europe de la défense.

Responsabilités de l'UE en matière de politique industrielle

L'UE a la mission, conjointement avec les États membres, de développer le *cadre* le plus propice possible au développement de l'économie européenne afin d'en garantir la *compétitivité* en respectant *le principe d'une économie ouverte* où la concurrence est libre.

L'accent est mis sur la qualité du terrain de jeu offert aux entreprises. L'UE doit permettre un accès aux marchés des nouveaux entrants (cf. le concept d'« économie ouverte »), créer les conditions propices de l'activité économique et notamment industrielle et puis laisser les opérateurs prendre des initiatives et leurs responsabilités. Cette émulation saine entre une pluralité voire une multitude d'opérateurs est de nature à générer un tissu et une activité économiques vigoureux.

La philosophie est en ligne avec ce que je préconise de manière générale et diffère profondément des subventions, par exemple en matière de politique agricole commune.

Cette nouvelle approche, moins consommatrice de deniers publics et générant davantage d'emplois, de prospérité et de croissance durable, a été appliquée notamment dans les secteurs de la culture et de l'industrie créative (mode). À noter aussi des initiatives comparables dans le secteur du tourisme, fort important pour les pays méridionaux. Une idée est de promouvoir un tourisme de qualité, notamment en vue d'un développement durable et respectueux des régions visitées.

Une nouvelle stratégie

À certains égards, la stratégie en matière de politique industrielle, impulsée par le commissaire Thierry Breton, s'inscrit dans une telle approche. Par exemple, l'alliance européenne pour un hydrogène propre réunit les secteurs public, privé et de la recherche en vue de créer un marché. Citons aussi l'alliance européenne pour les batteries et celle relative aux semi-conducteurs, un secteur essentiel dans le domaine technologique.

Ces initiatives sont non seulement des synergies entre toutes les forces vives, mais aussi des tentatives de créer les conditions propices au développement d'une activité économique. Bref des cadres généraux en vue d'une réindustrialisation[142] au sens large de l'Europe et non des soutiens ponctuels à une ou des entreprises déterminées.

Réindustrialisation et écoresponsabilité

La réindustrialisation ne se fera pas aux dépens de l'écosystème. La croissance recherchée sera propre. La dimension environnementale est intégrée systématiquement dans toutes les politiques européennes. Par exemple, l'initiative européenne en faveur de la filière des batteries cherche à garantir la récupération des batteries usagées[143]. L'hydrogène

142 On notera que la situation des États membres est contrastée en la matière. Alors que l'Allemagne a conservé, voire légèrement augmenté, la part de l'industrie dans son PIB (qui a crû considérablement) entre 1998 et 2018 (24 % au lieu de 23,5 %), la France a accusé une perte de près de 25 % (13 % au lieu de 17 %), ce qui est révélateur d'un problème de compétitivité (sur ces points, v. Larosière, *op. cit.*, pp. 83-90).

143 D. Perrotte, « Bruxelles veut imposer des batteries électriques "propres" », *Les Echos* des 11 et 12 décembre 2020, p. 36.

que l'Europe cherche à promouvoir est vert. La Banque européenne d'investissement, encore elle, finance toujours plus de projets favorables à l'environnement.

L'industrie se prête à un verdissement. L'amélioration du bilan énergétique et environnemental des processus industriels de fabrication et des produits peut être substantielle. Trop de technologies encore en usage sont peu efficientes au regard des possibilités offertes. Songeons aux hauts-fourneaux, qui peuvent utiliser une énergie plus propre et en récupérer, aux lave-vaisselles et aux *car wash*, qui pourraient nettoyer à sec, aux systèmes de conditionnement d'air, etc. La fondation Solar Impulse lancée par Bertrand Piccard a labellisé près de 1 500 nouveaux procédés ou produits respectueux de l'environnement en quelques années[144].

Politique industrielle et droit de la concurrence

Afin de réindustrialiser dans le respect du principe d'une économie de marché ouverte, il faudra éviter les distorsions de concurrence, notamment sous forme de subventions à certaines entreprises, voire à certaines filières.

En outre, il faut disposer d'un certain nombre d'opérateurs européens afin d'assurer une émulation et un dynamisme durables. L'exemple japonais est évocateur à cet égard. Après avoir posé les conditions d'un développement de l'industrie automobile, l'État japonais a veillé à ce qu'il y ait une concurrence vive entre une petite dizaine de constructeurs : Honda, Toyota, Mazda, Mitsubishi, Nissan, Datsun, Suzuki, Subaru[145]... C'est aussi une saine diversification des risques par les pouvoirs publics, une considération à pousser davantage.

---

144 Piccard, *op. cit.*, p. 149. V. la liste sur le site <www.solarimpulse.com>.

145 Combe, *op. cit.*, pp. 217-218.

Cela étant, le droit européen des aides d'État offre une certaine souplesse en autorisant certains types d'aides à condition qu'elles répondent à un besoin réel et présentent plus d'avantages que d'inconvénients. Par exemple, la Commission européenne a autorisé deux projets importants d'intérêt commun[146] visant à soutenir la recherche et l'innovation dans la chaîne de valeur des batteries[147]. L'instrument du PIIEC a également été utilisé par seize États membres pour développer des capacités de production dans le domaine des puces électroniques[148].

Si des aides sont envisageables, il peut être préférable de leur donner une portée sectorielle afin de ne pas favoriser une ou plusieurs entreprises déterminées[149] (tout en intégrant dans l'évaluation globale un coût plus élevé pour les finances publiques et le risque de distorsion avec d'autres secteurs ou filières).

La politique industrielle européenne est un domaine privilégié de réflexion sur l'articulation entre le respect d'une économie de marché et la place et les formes que peuvent prendre des initiatives publiques. Elle peut amener à dépasser des oppositions entre les tenants de l'initiative privée et ceux de l'interventionnisme public pour évoluer pragmatiquement vers une coordination, des synergies combinant le meilleur des deux mondes. Notamment, si une initiative publique permet d'atteindre, avec un minimum de moyens et d'atteintes à la concurrence, des objectifs importants pour l'économie et/ou la société européennes, inaccessibles par les seules forces actuelles du marché, pourquoi s'en priver ? Attention toutefois à ne pas trop

146 À deux États membres au moins.

147 Le second, intitulé « European Battery Innovation », implique douze États membres qui fourniront jusqu'à 2,9 milliards d'euros de financement au cours des prochaines années avec l'objectif de mobiliser 9 milliards d'euros supplémentaires en investissements privés. Il couvrira l'ensemble de la chaîne de valeur des batteries, inclut 46 projets et aboutira au lancement de plus de 300 partenariats (*BQE* n° 12644 du 27 janvier 2021, pp. 15-16).

148 F. Dèbes et D. Perrotte, « L'Europe à la relance pour les puces électroniques », *Les Echos* des 22 et 23 janvier 2021, p. 26.

149 Dans un sens voisin, v. Aghion et coll., *op. cit.*, p. 96.

écorner les principes en matière d'aides d'État, dont la contribution tant à la salubrité des finances publiques qu'à la vigueur économique est éprouvée.

Pugnacité oui, mais avec discernement

À cet égard, l'expérience suisse incite à réfléchir. Ce pays n'a pas connu de désindustrialisation. Non seulement la part d'actifs dans l'industrie reste stable depuis un quart de siècle, mais ce secteur économique a gagné en valeur ajoutée. « Pourtant », la Suisse ne connaît pas de politique industrielle, au sens de la promotion de certaines filières. Elle privilégie les mesures horizontales sans chercher à favoriser un secteur donné[150]. Le maître-mot est, une nouvelle fois, la recherche d'une *productivité* élevée, qui aboutit à ce que les entreprises se spécialisent dans des filières porteuses.

En tout état de cause, nous devons nous garder de ressortir « les vieilles pétoires » des années 1970 de la politique industrielle. Celle-ci a contribué à la stagflation et au creusement des dettes publiques. Évitons un *remake* funeste.

Une défaillance du marché (par exemple une place insuffisante de l'industrie européenne dans un secteur clé) ne suffit pas non plus à justifier toute initiative publique. Encore celle-ci doit-elle être efficace et apte à rattraper les concurrents de pays tiers et à résorber le retard. Sinon, c'est de l'argent public et de l'énergie jetés à l'égout. Le projet doit être soigneusement étudié, centré sur les produits et services stratégiques. Parfois, il est meilleur de « couper ses pertes » et de concentrer ses efforts sur une autre technologie ou une nouvelle innovation[151].

---

150 D. Farman, J. Cosandey et S. Rutz, « Perpétuer le succès de l'industrie suisse : s'adapter au changement structurel plutôt que le combattre », Avenir Suisse, 8 octobre 2021 ; v. E. Garessus, « Non, la Suisse n'est pas victime d'une désindustrialisation », *Le Temps*, 8 octobre 2021.

151 Combe, *op. cit.*, p. 44.

La réindustrialisation de l'Europe supposera aussi un support du système financier. Celui-ci devra prendre sa part de risques dans l'entreprise ainsi que dans d'autres chantiers pour la modernisation de l'économie et de la société européennes. Il devra donc être performant. Comme nous allons le voir, les réformes entreprises depuis la crise de 2008 en la matière n'ont pas amélioré son bilan à cet égard. La politique européenne en matière de services financiers appelle des infléchissements.

3. Un système financier européen plus sûr, plus performant et complété

Première partie : Les avantages d'un système financier fort pour l'Europe

Le grand marché permet de produire davantage de richesses, qui s'accumulent et peuvent être investies. Celles-ci de même que les besoins grandissants des entreprises appellent un espace et un système financiers intégrés. Des centres financiers importants peuvent se développer et notamment attirer des capitaux du monde entier. Plus le système financier européen est performant, plus de moyens financiers sont mis à la disposition de l'économie de l'UE pour un coût réduit.

(i) La finance : un deuxième moteur pour l'économie réelle

Le secteur financier peut amplifier et prolonger dans le temps la prospérité née de la production de biens et de services en Europe. Avec la manne d'argent qu'il draine, l'économie européenne peut financer des projets qui facilitent la croissance de demain.

La finance est donc très importante. Contrairement à un neuvième préjugé, elle ne se substitue pas à l'économie « réelle » ni ne la vampirise, mais la complète et l'augmente[152]. En cas de ralentissement de l'économie réelle, elle peut aussi atténuer le choc et prendre le relais temporairement[153]. Elle opère alors comme le moteur électrique dans une voiture hybride à court d'essence.

Ces points sont mal compris. La finance évoque trop souvent des combinaisons douteuses, des risques excessifs, l'envol en fumée de l'épargne des honnêtes gens, l'impunité des financiers. La finance ne tue pas l'économie réelle, si elle est correctement encadrée. Au contraire, elle en préserve les fruits, les pérennise, voire les augmente.

La finance fournit aussi un nombre élevé d'emplois directs (selon les États membres, le secteur financier peut occuper plus de 10 % de la population active), généralement rémunérateurs[154]. En outre, l'abondance de capitaux permet de bien payer les salariés en général, par un effet de vases communicants, compte tenu des coûts réduits pour financer les entreprises.

Cela a son importance si nous voulons garder notre modèle social-démocrate. Dans la mesure où ce système implique de bien payer les travailleurs, disposer de ressources financières en abondance et à un coût réduit facilite sa viabilité. *La vitalité et l'efficacité du système financier sont d'autant plus cruciales à une époque où d'autres objectifs non économiques doivent être poursuivis dans le même temps (verdissement de l'économie, renforcement de la défense militaire européenne).* La finance peut être un allié du travail, contrairement à un dixième préjugé.

---

152 Songeons à la valorisation boursière de Tesla, dix fois plus importante que celle des deux plus grands producteurs d'automobiles, Toyota et VW.

153 Par exemple, après l'essor économique du XVIe siècle, le système financier des Pays-Bas a permis de surmonter une mauvaise période au XVIIe siècle et de financer leur expansion commerciale dans le monde.

154 À la différence de beaucoup d'emplois dans le secteur des services, la productivité du travail dans le secteur financier est généralement élevée.

(ii) Le système financier : l'équivalent d'un secteur exportateur

Le système financier européen peut également attirer les capitaux du reste du monde. On retrouve une dimension externe : l'intérêt que représente l'UE pour une clientèle des pays tiers.

L'Europe est en effet une région stable, fondée sur la règle de droit. Les personnes qui ont gagné de l'aisance dans les pays émergents redoutent un changement de régime ou de cap. Dès qu'elles le peuvent, elles cherchent à mettre à l'abri leur argent. Pourquoi Miami est-elle si riche ? Parce qu'elle est la porte d'entrée des États-Unis pour les habitants d'Amérique du Sud et centrale. Ils y ouvrent un compte ou, mieux, y achètent un bien immobilier par souci de sécurité. L'Europe peut être un autre refuge pour le patrimoine des classes montantes des pays émergents.

De même, la Banque européenne d'investissement (BEI) lève une proportion grandissante de capitaux dans les pays tiers. Banque multilatérale de développement la plus importante du monde jouissant d'une notation AAA, la BEI se procure 55-60 milliards d'euros chaque année sur les marchés financiers. Aujourd'hui, un tiers de cette somme provient des pays tiers.

Le secteur financier européen est donc comparable à un secteur exportateur en ce sens qu'il peut attirer de l'argent du reste du monde qu'il mettra à la disposition de l'économie réelle européenne. Il peut aussi investir dans le reste du monde, pour en retirer des revenus futurs.

C'est pourquoi il faut dépasser le onzième cliché selon lequel la finance ne doit pas avoir une dimension trop importante par rapport à l'économie réelle. Ce n'est pas une question de proportion entre les deux sphères qui compte (quel pays voudrait réduire la dimension d'un secteur fortement exportateur au motif qu'il est disproportionné par rapport au reste de l'économie ?), mais de solidité du système financier européen et de bonne gestion de ses risques. Pour autant que ces conditions soient respectées, nous avons intérêt à développer un système financier attractif pour le reste du monde. Nous verrons que nous ne l'avons pas fait suffisamment depuis la crise de 2008.

Un système financier européen puissant est essentiel pour le rebond de l'Europe. Il peut être un levier facilitant la réalisation des initiatives privées et publiques, qu'elles soient séparées ou combinées, comme nous l'avons esquissé et l'examinerons plus en détail.

(iii) L'euro : un moteur potentiel supplémentaire

La monnaie unique, l'euro peut constituer un troisième moteur, à côté de celui de l'économie réelle et de l'économie financière. Il peut représenter une valeur ajoutée supplémentaire de l'Union européenne.

D'abord, l'euro a supprimé les risques et coûts de change dans une partie substantielle de l'UE. Ensuite, il a facilité la fusion des systèmes financiers nationaux en un système financier européen. Celui-ci a démultiplié les possibilités de financement des entreprises européennes. Par exemple, elles ont pu émettre des obligations en euros susceptibles d'être souscrites par bien plus d'investisseurs. Le marché obligataire européen a permis en outre à l'Europe de devenir l'un des trois marchés les plus profonds du monde avec les États-Unis et le Japon (on parle de bassin de liquidités). Songeons aux sommes d'argent qui, d'une manière ou d'une autre, entrent de ce fait dans le système financier européen. Si la monnaie européenne est recherchée, l'Europe peut se procurer des moyens financiers à moindre coût. Elle peut donc financer davantage de projets.

Émettre la monnaie dans laquelle une partie des opérations internationales se fait procure aussi des avantages considérables[155]. Le privilège

155 À cet égard, l'émission d'obligations dans le cadre du plan européen de relance va faire de l'UE un acteur majeur sur les marchés financiers. Il devrait renforcer le rôle international de l'euro (v. *BQE* n° 12639 du 20 janvier 2021).

régalien, c'est-à-dire celui de battre une monnaie de référence dans le monde, apporte quelques pourcents supplémentaires de PIB (*via* le droit de seigneuriage[156]). Sans parler de l'ascendant qu'il donne dans une série d'enceintes internationales. En outre, le rayonnement international d'une monnaie suscite toute une série d'opérations qui vont profiter à son économie. Par exemple, davantage d'obligations seront émises dans cette monnaie et seront probablement soumises au droit d'un des États membres de la zone euro. À nouveau, une industrie juridico-financière se développe, génératrice d'emplois, hautement qualifiés, qui plus est. L'innovation financière dans l'UE y gagne aussi. Finalement, l'idée n'est pas très éloignée de celle des standards, déjà évoquée[157], voire de celle des districts marshalliens. Si l'euro devient une référence internationale, c'est la société européenne dans son ensemble qui en bénéficie.

Si l'Europe parvient à développer une politique monétaire prévisible, bâtie sur des fondamentaux sains, et évite les changements de cap dictés uniquement par ses intérêts à court terme, l'euro peut progressivement devenir une alternative au dollar. La dimension internationale pointe son nez à nouveau.

De tels objectifs nécessitent toutefois la réunion de certaines conditions, une rigueur et une exemplarité durables pour gagner et conserver la confiance du reste du monde dans la solidité de notre économie, de notre système financier et de notre monnaie. Les circonstances actuelles montrent que nous sommes encore loin du compte[158]. L'euro a beaucoup perdu de valeur et les sorties de capitaux de la zone euro atteignent des sommets. Par ailleurs, la performance globale de la zone euro n'impressionne pas par rapport à celle des États membres qui n'en font pas partie[159].

156 C'est-à-dire les revenus découlant de l'émission de monnaie.

157 V. *supra*, Titre I, Ch. I, « Introduction », sous 2.

158 V., à propos des tentations conjoncturelles de la BCE, *infra*, Titre I, Ch. II, C.

159 V. *infra*, Titre I, Ch. II, D.

Cette sous-optimalité interpelle. La Suède, qui dispose d'une remarquable école d'économie, a été très avisée, dans l'état actuel, de refuser d'intégrer la zone euro.

Il y a donc une construction à plusieurs étages, dont le fondement est le marché intérieur, sur lequel viennent se superposer notamment un système financier intégré et performant et une monnaie unique à rayonnement international.

(iv) Finance, révolution technologique et autres défis de notre temps

Avec la nouvelle révolution industrielle et technologique, il est d'autant plus vital de disposer d'un système financier européen performant. Nous avons en effet besoin de sommes colossales pour assurer le bien-être des générations futures. Il faut investir beaucoup pour avoir un Apple, un Google, un Tesla européens, conquérir l'espace, prendre le virage du numérique, de la 5G, du verdissement de l'économie, de la défense européenne. Il faut consacrer plus d'argent à la RDI que nous ne le faisons depuis 20 ans si nous ne voulons pas décrocher durablement, voire irrémédiablement. Rien que pour le verdissement de l'économie, on parle de 260 milliards d'euros par an, 1,7 % du PIB européen, soit plus d'un an et demi de budget européen. Au vu de déclarations de l'ancien vice-président de la Commission européenne, M. Timmermans, les besoins pourraient même être plus élevés.

(v) La finance : un secteur relativement propre

Le secteur financier consomme peu d'énergie[160], pollue moins l'environnement que d'autres et n'est pas gourmand en espace. Ce sont des avantages considérables dans le monde d'aujourd'hui et de demain

160 Sous réserve de l'énergie requise par l'informatique et les technologies de communication à distance pour le fonctionnement des serveurs, PC, infrastructures technologiques, systèmes de paiement, compensation-règlement, etc.

et encore plus dans un microcontinent comme l'Europe[161]. La place y est comptée. Il n'y a quasiment plus de zone disponible pour le stockage des conteneurs maritimes dans un rayon de 100 kilomètres à partir des côtes. Nous risquons l'engorgement.

Deuxième partie : Faiblesses de la politique menée depuis la crise financière

(i) Un cancer non éradiqué : les créances bancaires douteuses

Un montant non négligeable de créances douteuses continue à être à l'actif de banques, en dépit de la politique de taux bas de la Banque centrale européenne (BCE), quinze ans après le déclenchement de la crise bancaire. On parlait de 600 milliards d'euros avant la pandémie, en partant d'un sommet de 1 200-1 400 milliards d'euros en 2013-2014. Il a décru jusqu'à 350-360 milliards d'euros (2,6 %) fin 2020. Une recrudescence est redoutée, le taux des prêts sous-performants ayant recommencé à grimper courant 2022, comme cela ressort de la figure 17.

Figure 17.

Graphique 1.12. Les prêts non performants devraient encore augmenter

Instruments de dette non performants bruts en pourcentage du total des instruments de dette bruts

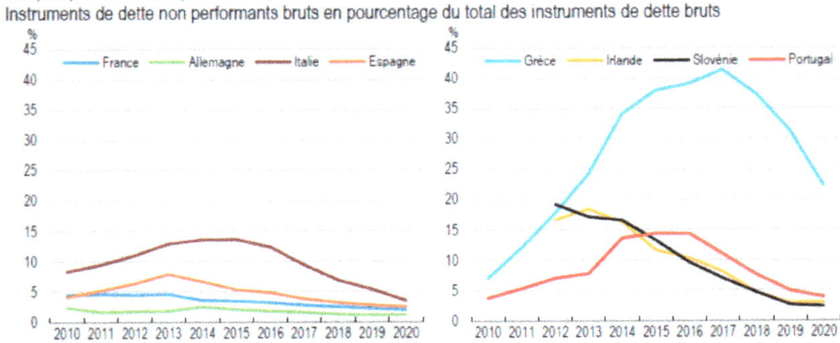

Source : BCE (2020), « Statistiques monétaires et financières », Entrepôt de données statistiques (SDW, Statistical Data Warehouse), Banque centrale européenne.

161 V. *supra*, Titre I, Ch. I, « Introduction ».

Les créances douteuses réduisent la capacité de financement de l'économie par les banques concernées ainsi que de renforcement de leur solvabilité. Elles sont aussi des repoussoirs aux fusions bancaires, surtout transfrontalières. Elles plombent la compétitivité des banques européennes par rapport aux banques américaines, qui affichent un taux de créances douteuses moitié moindre. Elles débouchent aussi sur des charges excessives (réserves obligatoires) pour les banques saines. En outre, elles représentent un risque pour la stabilité du système financier européen. Finalement, elles fournissent un argument aux États-Unis pour continuer à imposer de nouvelles contraintes aux banques européennes.

La santé des banques européennes est préoccupante. Les exigences renforcées de fonds propres, les autres contraintes réglementaires, de même que les taux longtemps sacrifiés de la BCE, ont abaissé leur rentabilité à un taux insignifiant de 1-2 % sur leurs fonds propres. Elles sont en outre confrontées à la concurrence grandissante d'entreprises technologiques (souvent non européennes). Cette situation est grave pour l'économie européenne, que les banques continuent à financer à hauteur de 70 %.

Nous ne réalisons pas toujours que la crise de 2008, d'origine américaine, a eu bien plus d'impact en Europe, compte tenu notamment de la différence de poids relatif des banques dans les économies européenne et américaine.

(ii) Une réglementation exponentielle, mortifère et inefficace en lieu et place

Au lieu de se concentrer sur les créances bancaires douteuses, les colégislateurs européens ont adopté des milliers de pages de réglementation et institué des autorités européennes de surveillance dont l'activité principale consiste à élaborer d'autres milliers de pages de réglementation d'application.

Est-ce à la suite de ce tsunami réglementaire et prudentiel ? Toujours est-il que le secteur financier européen est en perte de vitesse. Il n'y a qu'une banque européenne dans les dix premières du monde, à la neuvième ou dixième place. Il n'y a plus que deux gestionnaires d'actifs européens parmi les dix premiers pour cinq avant la crise de 2008. Une nouvelle fois, l'Europe régresse dans le classement des grandes entreprises mondiales[162]. En outre, avec Londres, nous avons perdu ce qui était la première place financière du monde jusqu'à récemment.

Par exemple, les fonctions de contrôle et de compliance ont pris trop d'importance indifférenciée au cours des dernières années. Le système financier européen est comparable à un être humain dont le système immunitaire travaille trop bien : il s'anémie, se sclérose[163]. Les opérateurs bancaires et financiers et les assureurs consacrent trop de temps et de moyens à s'assurer qu'ils ne violent pas telle ou telle exigence de forme, de *reporting*… La culture change. De partenaire des entrepreneurs et des ménages, le système financier se mue en machine bureaucratique, procédurière et tracassière… qui ne finance plus l'économie réelle. Combien d'entreprises se sont heurtées à une pénurie de services bancaires et financiers ?

Une nouvelle fois, le *level playing field* vanté par la Commission européenne s'avère être un *level dying field*[164]. En violation frontale du principe d'une économie ouverte où la concurrence est libre, l'UE restreint la production et les débouchés des services bancaires et financiers, étranglant l'économie européenne[165]. Elle surdimensionne les autorités nationales et européennes qui, devant justifier leur existence, sombrent dans le zèle réglementaire, prudentiel, voire répressif.

---

162 V. ci-dessus, l'Avant-propos.

163 La sclérose en plaques est causée par une dysfonction du système immunitaire.

164 Sur cette question, v. *supra* Titre I, Ch. I, A, 3.

165 Pour un exemple parmi d'autres, S. Ruche, « La directive MiFID II bouleverse la recherche financière », *Le Temps*, 23 octobre 2023.

En outre, la réglementation lourde tue les petits opérateurs, augmente la concentration du secteur et renforce le risque systémique avec un marché réduit à quelques grands acteurs. Enfin, l'obsession de la protection des investisseurs et des épargnants empêche trop ceux-ci de financer l'économie européenne... et de devenir plus aisés.

À nouveau, les Européens se sont tiré une balle dans le pied[166]. Ils ont manqué de lucidité dans l'identification des problèmes et d'intelligence politique pour définir et défendre des intérêts européens bien entendus.

Troisième partie : quelques suggestions

(i) Pour une approche plus ciblée

Optons davantage pour une *risk-based approach*. Que les législateurs et les autorités prudentielles se concentrent sur les pratiques et les acteurs les plus dangereux pour la stabilité financière, à commencer par les prêts non performants et les établissements qui les détiennent. Ceux-ci doivent faire l'objet d'une vigilance renforcée.

Plus ciblées, les interventions doivent aussi être plus déterminées. Des mesures intrusives et autoritaires se recommandent afin d'assainir durablement le système financier. Sinon, celui-ci ne pourra pas pleinement assurer le financement de l'économie. Le cas échéant, des sanctions exemplaires doivent être prises, y compris à l'encontre des personnes physiques. C'est une question de responsabilisation et de justice sociale.

En revanche, laissons les autres opérateurs bancaires et financiers respirer et mettre de l'argent à la disposition des opérateurs économiques et des ménages. Diminuons drastiquement le volume de la réglementation. Le secteur financier doit recommencer à pouvoir assumer son rôle premier : financer l'économie.

166 Les deux guerres mondiales, qui sont uniquement imputables à la bêtise des Européens, leur ont fait perdre la suprématie mondiale.

(ii) Réhabilitons l'innovation financière et investissons dans l'éducation financière

Davantage de place doit être rendue à l'innovation financière, afin d'améliorer la performance du secteur. Les développements technologiques (digitalisation, intelligence artificielle, etc.) ouvrent des perspectives considérables de progrès.

Proportionnons davantage la protection des investisseurs en facilitant l'accès à des placements certes risqués, mais porteurs et essentiels au dynamisme de l'économie européenne. À cet égard, une partie de la population n'a plus besoin d'une protection paternaliste. Une éducation financière serait tout à la fois plus gratifiante, plus porteuse et plus efficace. La société européenne n'a qu'à gagner de citoyens davantage au fait des réalités financières. En outre, une telle approche permettra de démocratiser les connaissances financières. C'est également une composante d'une société plus ouverte et plus inclusive, qui permet effectivement aux citoyens de se développer, de grandir, de devenir plus prospères.

(iii) Pour une politique structurelle/moderne de l'offre

Nous devons donc assainir le système financier européen, recalibrer la réglementation et les contrôles en fonction du risque que les opérateurs et opérations font courir au système, simplifier et redonner de l'oxygène au moteur. Il faut aussi achever l'espace financier unique – des cloisonnements nationaux subsistant dans ce secteur également[167] –, permettre à davantage de citoyens de devenir des utilisateurs dynamiques et avisés du système financier.

En un mot comme en cent, c'est à nouveau une politique structurelle/ de l'offre adéquate qui doit être poursuivie au niveau européen.

167 Dans le même sens, v. *Rapport de la BEI*, préc., pp. 21-22.

Pour le moment, nous sommes très, très loin du compte. L'UE s'est comportée comme un touriste qui lit la carte d'une ville à l'envers : elle s'éloigne progressivement et méthodiquement des objectifs à atteindre, nouvelle réglementation après nouvelle réglementation. L'erreur est humaine ; persévérer dans l'erreur est diabolique.

(iv) Vers davantage de finance de marché ? Un débat mal posé – Cap vers un secteur financier européen multipolaire

L'union des marchés des capitaux (UMC), un grand objectif de la Commission, visant à évoluer vers une finance plus de marché, est un flop[168]. Il est d'autant plus préoccupant qu'avec le Brexit, l'UE a perdu sa première place financière, comme nous l'avons déjà évoqué.

Si l'UMC doit être relancée, elle doit aussi être repensée. En effet, ce chantier ne doit pas être réalisé au détriment du secteur bancaire. Le moteur des marchés de capitaux doit s'ajouter à celui de la banque, pas le remplacer. Pourquoi se priver d'un atout ? Donc, oui à davantage de finance des marchés, mais tout en conservant un secteur bancaire fort, voire renforcé. On ne gagne pas un match en ayant travaillé uniquement ses points faibles. Il faut continuer à entretenir, voire à améliorer, ses points forts. Un équilibre entre le secteur bancaire et la finance de marché est un objectif louable mais secondaire. La priorité est d'avoir un secteur financier suffisamment grand et performant compte tenu notamment des besoins – grandissants et plus diversifiés – de l'économie européenne.

En outre, la taille moyenne actuelle des entreprises de l'UE et leur incapacité corrélative à bénéficier du marché unique font douter

168 On peut même se demander si, plutôt que d'avancer, l'UMC ne recule pas. En effet, de plus en plus d'entreprises quittent la cote. Une des causes serait une modification réglementaire européenne qui aboutit à ce qu'il y a de moins en moins de sociétés cotées qui font l'objet d'analyses indépendantes, creusant à nouveau l'asymétrie de l'information entre l'émetteur et les cercles qui gravitent autour de lui, d'une part, l'épargne publique, d'autre part. Une autre est que des entreprises européennes préfèrent se faire coter aux États-Unis, comme nous l'avons déjà évoqué à propos de Spotify.

qu'elles aient accès aux marchés financiers par le seul effet de l'UMC. On ne change pas non plus les habitudes (culturelles) de financement des opérateurs économiques par une réforme législative, spécialement en présence de tels problèmes structurels[169].

À cet égard, l'amélioration du fonctionnement du marché unique prônée ci-dessus devrait aider. Notamment, le socle commun préconisé[170] devrait réduire l'asymétrie de l'information entre les entreprises et les investisseurs potentiels. L'approfondissement du marché intérieur devrait aussi déboucher sur davantage d'entreprises moyennes dotées d'une trésorerie supérieure et donc d'une capacité d'autofinancement, comme évoqué ci-dessus[171]. Celle-ci doit être favorisée aux côtés du secteur bancaire européen et de l'UMC.

L'autofinancement est, en effet, une troisième source de financement. Elle est précieuse, la cotation boursière ne présentant pas que des avantages. Notamment, celle-ci peut entraîner une tendance au court-termisme. Par exemple, les entreprises familiales ont tendance à investir davantage et à remettre plus en question des formules gagnantes que celles dont l'actionnariat est largement dispersé et/ou constitué de fonds d'investissement. Cela expliquerait l'avance prise dans les moteurs électriques par BMW sur d'autres marques.

L'UMC ne doit pas faire perdre de vue non plus les potentialités d'une quatrième composante du système financier européen, l'industrie des fonds d'investissement, ces véhicules collectifs d'investissement gérés par des professionnels, dont les avoirs sont confiés à la surveillance d'un dépositaire distinct, et qui, en fonction de la politique d'investissement, sont plus ou moins ouverts au grand public.

---

169 Aggravés par certaines réformes réglementaires européennes qui aboutissent à ce que moins de valeurs cotées font l'objet d'analyses indépendantes ainsi que par la concurrence féroce des places financières américaines que rejoint un nombre grandissant d'émetteurs européens.

170 V. ci-dessus,

171 Larosière, *op. cit.*, pp. 153-160.

Jusqu'à présent, les initiatives européennes en la matière ont été bien plus heureuses que celles relatives aux marchés financiers au sens strict. Les raisons ? À l'instar des banques et à la différence des marchés financiers, les fonds d'investissement représentent une forme d'intermédiation financière plus marquée. L'investisseur ne place pas directement dans les instruments financiers émis par des entreprises (actions, obligations). En lieu et place, il achète des parts de fonds qui se livrent au travail de sélection et de diversification des « cibles ». En quelque sorte, le fonds comble le fossé entre les investisseurs et les entreprises dont il est difficile pour eux de se faire une réelle idée de la valeur. Ses parts sont distribuées par… les banques, qui peuvent les proposer à leurs clients plus facilement que des actions d'une société déterminée, compte tenu de l'avantage de la plus grande diversification des risques inhérente à un véhicule collectif. Le fonds joue le rôle des marchés financiers en mieux, en quelque sorte, puisqu'il est obligé de racheter ou de rembourser les parts de l'investisseur qui veut en sortir, à leur valeur nette d'inventaire.

Le secteur des assurances, voire celui des fonds de pension doivent faire l'objet de soins aussi. Ces opérateurs peuvent procéder à des investissements à long terme, extrêmement utiles et bénéfiques pour l'économie européenne. Plutôt que d'exploiter cette potentialité, le législateur européen a réduit les possibilités d'investissement des entreprises d'assurances depuis 2008[172][173]. Le secteur des fonds de pension pourrait être réactivé, spécialement dans les États membres où le pilier des pensions légales est en déficit[174]. Plus le système financier européen sera diversifié, mieux l'économie européenne se portera.

---

172 Sur cette question, v. B. Spitz, *Merci l'Europe ! Riposte aux sept mensonges populistes*, Paris, Grasset, 2019, pp. 114-115 et 130.

173 Ce n'est qu'en septembre 2021 que l'UE a amorcé un revirement en la matière.

174 Larosière, *op. cit.*, pp. 151-160.

Une sixième dimension est la capacité de l'Europe à attirer des capitaux du monde entier, comme évoqué ci-dessus, en tant qu'espace où prévalent l'État de droit et la sécurité juridique. C'est une autre source de financement qui n'est pas à négliger.

Enfin, en plus d'une structure multipolaire, le système financier européen doit développer l'expertise nécessaire pour accompagner les mutations, notamment technologiques. Le financement d'activités innovantes, quels que soient les techniques et vecteurs utilisés, suppose un savoir-faire particulier (analyse du marché, de la fiabilité et du potentiel de l'opérateur, prise et gestion des risques, vision, etc.).

D'une économie au financement bancaire à 70-80 %, l'Europe pourrait ainsi, tout en gardant, voire en renforçant, son industrie bancaire, évoluer vers un système financier à plusieurs piliers : le pôle bancaire, la finance de marché, celle des fonds, de l'assurance, des fonds de pension, l'autofinancement des entreprises. Elle pourrait chercher aussi à capter davantage les capitaux du reste du monde.

(v) Pour une Europe plus consciente et soucieuse de ses intérêts

L'affirmation du secteur financier européen passe aussi par une conscience claire de l'Europe de ses intérêts et son affranchissement de la tutelle américaine en la matière – intellectuelle notamment. La finance a longtemps été anglo-saxonne, avec Londres, puis New York (à partir de… la fin de la Première Guerre mondiale[175]). L'architecture financière internationale a été construite par les États-Unis après la Seconde Guerre mondiale. Ceux-ci continuent à la dominer.

L'Europe fait trop preuve de suivisme et de naïveté. Donnons quelques exemples.

175 Celle-ci ayant constitué le premier suicide européen.

Premier exemple : après le 11 septembre 2001, les Américains ont réussi à se faire donner des informations sur leurs résidents qui ont des comptes en Europe (système FATCA[176]). La réciproque n'a pas été vraie. En outre, FATCA est une telle usine à gaz qu'une série d'opérateurs en Europe préfèrent ne pas s'adresser à des résidents américains. Le système financier européen a perdu cette clientèle.

Second exemple : la crise bancaire est d'origine américaine. Qui a dicté les mesures à prendre pour éviter une nouvelle crise ? Les États-Unis. Sur quel secteur se sont-ils concentrés ? Celui des banques. Or, celui-ci ne représente que 30 % du financement de leur économie pour 70 % en Europe[177].

4. La mobilité des travailleurs et le développement du capital humain

Mobilité

(i) Un atout contre le chômage – La perspective d'une vie meilleure

Le grand marché est une chance supplémentaire pour la population de décrocher un (meilleur) emploi. Il suffit de traverser non pas la rue[178], mais la frontière.

Beaucoup d'Italiens ont trouvé du travail dans les charbonnages et la sidérurgie en France ou en Belgique dans les années 1960. Après la crise de 2008, les jeunes Espagnols ont fui le chômage de masse dans leur pays et sont partis travailler, par exemple, en Allemagne

176 Pour Foreign Account Tax Compliance Act.

177 En outre, ils se sont gardés de transposer l'entièreté des solutions dégagées au niveau international !

178 Pour paraphraser une déclaration célèbre et polémique du président français Emmanuel Macron.

ou au Luxembourg. Le grand marché n'existe pas seulement pour le capital. Il ouvre des perspectives à des populations qui en manquent dans leur État membre d'origine.

L'Union européenne multiplie par 27 le territoire sur lequel le ressortissant d'un État membre peut travailler, vivre, se déplacer.

Un des meilleurs collaborateurs que j'ai eus – j'ai lancé une pratique de droit européen au Luxembourg (où j'avais moi-même émigré) il y a 20 ans – venait de Montpellier. Je l'ai engagé à durée indéterminée quand il avait 23 ans, au grand étonnement de ses amis. Dans sa région – et même à Paris –, les jeunes diplômés avaient juste accès à des stages précaires, généralement non rémunérés. Dans certains cas, ils n'étaient même pas défrayés. C'était en 2006. Depuis, il vit à Londres, a épousé une Irlandaise, fondé une famille… et continue à entretenir des liens étroits avec Montpellier.

Le chômage est un gâchis à tout niveau : humain, culturel et économique. Ce sont des tranches de vie qui ne sont pas pleinement vécues, des potentialités qui ne sont pas exploitées. Le chômage des jeunes est une plaie, car il retarde leur envol et compromet une série d'étapes essentielles dans la vie adulte, dont la construction d'un couple et d'une famille. Les emplois vacants sont aussi des occasions manquées pour les entreprises[179].

(ii) Mobilité : une liberté insuffisamment utilisée

La mobilité des travailleurs en Europe est dix fois moindre qu'aux États-Unis[180]. Elle ne concernerait que 3,9 % des travailleurs. Les États membres comptent plus de ressortissants d'États tiers sur leur

179 Une plus grande mobilité des travailleurs permettrait aussi à l'eurozone, en tant que zone monétaire, de mieux fonctionner, en réaction à des chocs asymétriques, c'est-à-dire ne frappant que certains États membres de la zone (v. not. P. Krugman, M. Obstfeld et M. Melitz, *Économie internationale*, Montreuil, Pearson, 10e éd., 2015, p. 693).

180 Verhofstadt, *op. cit.*, p. 237.

territoire que de nationaux d'autres États membres, comme l'indique la figure 18 ci-dessous[181] ! Il est vrai que pour les premiers, l'Europe est un paradis, en termes comparatifs. Pouvoir y résider justifie des efforts qu'un ressortissant d'un autre État membre est moins enclin à faire[182].

Figure 18.

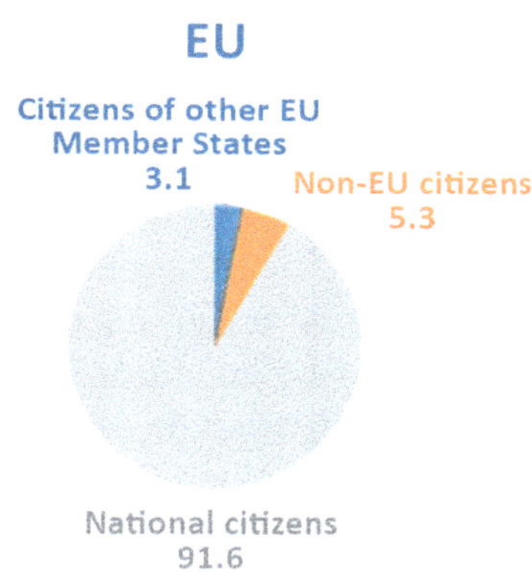

Le point positif est que le nombre d'expats intracommunautaires a doublé au cours des dix dernières années – une évolution comparable à celle de la fraction des PME prenant part aux échanges intracommunautaires[183]. La construction européenne devient une réalité tangible et sensible pour un nombre croissant de gens et d'entreprises, même si elle demeure marginale en raison de l'inachèvement du marché intérieur.

(iii) Mécanismes en faveur de la mobilité des personnes

Afin d'améliorer la mobilité des travailleurs, divers mécanismes sont déjà en place. Ils devraient toutefois être mieux connus du public

181 *Chiffres clés sur l'Europe*, 2022 et 2023, p. 13.

182 Comme dans beaucoup de domaines, la réalité n'est toutefois pas monolithique. D'une part, la jeune génération est probablement mieux armée aujourd'hui pour circuler à travers l'Europe. D'autre part, le talent peut être aussi nomade que l'argent (sur ce dernier point, v. Attali, art. préc., p. 13).

183 V. *supra*, sous A, 1.

(toujours ce manque d'éducation et de sensibilisation de la population aux potentialités du marché intérieur). Ils pourraient être perfectionnés et complétés aussi.

Erasmus, qui permet aux étudiants de l'enseignement supérieur d'étudier six mois dans un autre État membre, est un succès majeur de l'UE[184]. Grâce à ce programme lancé il y a presque quarante ans, et dont le budget s'élève à 3,3 milliards d'euros en 2022 (soit 2 % du budget européen), des dizaines de milliers d'étudiants ont eu l'occasion de découvrir un autre enseignement universitaire et une autre langue ou d'en parfaire la connaissance.

Même si Erasmus leur est ouvert depuis 1995, les apprentis en font nettement moins usage que les étudiants de l'enseignement supérieur. Une plus grande activation de ce mécanisme permettrait aussi à des catégories socioprofessionnelles qui peuvent s'en sentir exclues d'accéder à certains bénéfices concrets de la construction européenne.

Un programme d'aide au financement, organisé par le groupe BEI-FEI[185], réduit par deux le coût du séjour à l'étranger d'un étudiant Erasmus. Il est trop méconnu, à l'instar d'EURES…

EURES (pour *European Employment Services*) est à la fois un réseau et un portail européens sur la mobilité de l'emploi. Lancé en 1994 pour lutter contre le chômage et la crise économique, il a pour but de faciliter la mobilité à l'échelle européenne par la diffusion d'offres et de demandes d'emploi. Il est géré en coopération avec les organismes nationaux de placement de main-d'œuvre et de recherche d'emploi. Chaque année, 1,5 million de personnes trouvent par ce canal un emploi dans un autre État membre. Il y a actuellement 3,5 millions

184 Dont le succès ne se dément pas (v. *BQE* n° 12413 du 29 janvier 2020, p. 17).

185 Banque européenne d'investissement-Fonds européen d'investissement. Sur ces deux organismes bancaires et financiers européens créés par les traités européens, v. *infra*, Titre II, Ch. I.

d'offres d'emploi publiées sur EURES. Malheureusement, trop de gens (en ce compris des fonctionnaires européens) en ignorent l'existence.

On pourrait encore améliorer la coordination des offices nationaux de placement de main-d'œuvre. Les technologies de l'information permettent de répertorier sur une base européenne les demandes et offres d'emploi. Google a lancé une application dans le domaine en 2017, Search Jobs (Google Carrières). Les mécanismes de marché ne sont pas là uniquement pour la finance. Les progrès constants dans les technologies de réseau sont de nature à faciliter la rencontre des offres et demandes d'emploi au niveau européen. À nouveau, la dimension « progrès technique » qui pourrait être renforcée en Europe.

Récemment, une autorité européenne du travail a été instituée afin notamment de faciliter la mobilité transfrontalière régulière des travailleurs. Par exemple, elle doit fluidifier l'accès du personnel, des employeurs et des administrations nationales aux informations relatives aux droits et obligations en cas de mobilité transfrontière.

La carte professionnelle européenne[186] serait un relatif succès ; 1 750 en avaient été délivrées fin novembre 2017[187].

(iv) Suggestions d'autres incitations à la mobilité

On pourrait penser aussi à des primes coups de pouce : l'une de l'État membre d'origine, qui fera l'économie des allocations de chômage, l'autre de l'État membre d'accueil, quant au déménagement... Peut-être faudrait-il réfléchir aux obstacles concrets à l'exercice de la libre circulation des personnes et aux moyens de les vaincre (apprentissage d'une langue étrangère, séjours d'immersion, stages

186 Procédure électronique permettant de faire reconnaître de manière simple, rapide et transparente une qualification professionnelle dans un autre État membre de l'UE.

187 *BQE* n° 11999 du 12 avril 2018.

préparatoires, coûts spécifiques générés par l'exercice de la liberté de circulation, etc.) ? À nouveau, le besoin d'un travail sur toute la chaîne, de sensibilisation, de préparation, d'éducation…

Est-il concevable que l'obligation pour un chômeur de répondre positivement à une offre d'emploi appropriée soit étendue à une offre émanant d'un autre État membre ? Heurtant ? Et si le déplacement était raisonnable (région limitrophe…) ?

Des politiques actives[188] du marché du travail intégrant davantage la dimension européenne peuvent donc être mises en place. On en revient à une politique structurelle/moderne de l'offre[189], au besoin de l'affirmation d'un espace européen des travailleurs.

(v) Liberté de circulation et solidarité

Faciliter la mobilité intracommunautaire des ressortissants des États membres de l'Union est aussi une question de solidarité européenne. Dès qu'un État membre rencontre des problèmes de chômage, des solutions structurelles devraient être envisagées avec l'UE, voire avec les autres États membres, par exemple dans le cadre du semestre européen[190]. Les ressortissants d'un tel État membre passent avant ceux de pays tiers. La justification de l'accueil de migrants de pays tiers par certains États membres, tirée des emplois à pourvoir, interpelle au vu du taux de chômage dans certains autres États membres, spécialement celui des jeunes, la population la plus mobile, mais aussi la plus frappée par le chômage[191]. Cela n'enlève rien à nos obligations internationales ou à notre devoir moral vis-à-vis des migrants. Il ne faut toutefois pas tout niveler ni mélanger.

---

188 P. ex., dans la communication du 30 septembre 2020 relative à un nouvel EER pour la recherche et l'innovation, la Commission cherche à augmenter la mobilité des chercheurs dans l'industrie et le monde universitaire.

189 V. *infra*, sous C.

190 V. *infra*, Titre I, Ch. II.

191 Sous la réserve de l'observation selon laquelle les ressortissants de pays tiers semblent prêts à davantage d'efforts pour accéder à un pays de l'UE que des ressortissants d'un autre État membre !

Développement humain

(i) Responsabilités de l'UE en matière d'emploi, d'éducation et de formation

L'UE doit contribuer à la réalisation d'un niveau d'emploi élevé dans toutes ses politiques et actions. Cet objectif transversal et donc important de la construction européenne[192] constitue, par exemple, une priorité du semestre européen. Les efforts soutenus déployés dans ce cadre ont probablement contribué à la décrue spectaculaire du chômage dans l'UE de 2013 à 2019 (moins 45 %, de 12 à 6,2 %)[193], comme cela ressort de la figure 19, ci-dessous[194].

Figure 19.

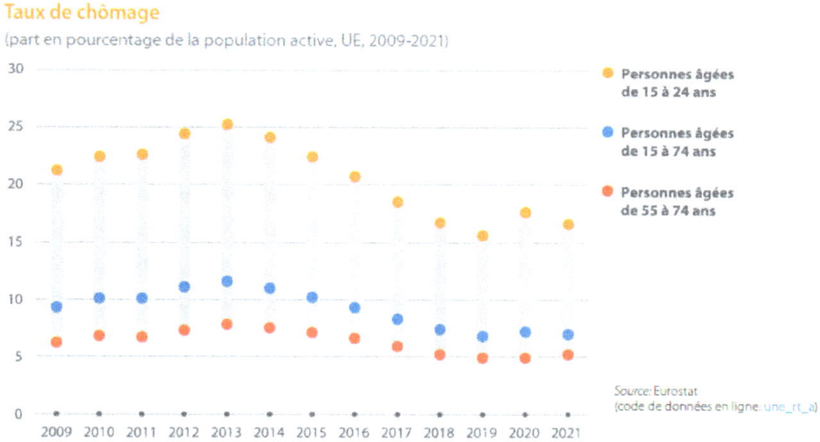

192 V. art. 9 et 147 du traité sur le fonctionnement de l'Union européenne (TFUE).

193 V. *infra*, Titre II, Ch. I ; en décembre 2022, malgré la pandémie et la guerre en Ukraine, ce taux est tombé à 6 %.

194 *Chiffres clés sur l'Europe*, 2022, p. 24.

Un objectif à l'horizon 2030 est par ailleurs qu'au moins 78 % de la population âgée de 20 à 64 ans ait un emploi[195].

Le développement des ressources humaines est identifié dans la construction européenne comme un moyen de permettre un niveau d'emploi élevé et durable[196]. Au-delà de la dimension purement économique, l'Europe a donc un rôle à jouer dans le capital humain, l'épanouissement des aptitudes de la population. C'est aujourd'hui un chantier majeur pour permettre aux personnes de (re)trouver un emploi, correctement voire bien rémunéré[197]. Au vu de la révolution technologique qui se profile, il est essentiel. À propos des qualifications professionnelles liées à la digitalisation de l'économie, « la Commission évalu[ait] à 800 000 le nombre de postes qui pourraient ne pas être pourvus d'ici à 2020 si les programmes de formation ne sont pas adaptés à cette nouvelle demande du marché du travail[198] ».

Un deuxième objectif à l'horizon 2030 est qu'au moins 60 % des adultes participent à des formations chaque année. On constate un décrochage de l'UE par rapport aux États-Unis, qui comptent un pourcentage plus élevé de diplômés[199]. Celui-ci pèse sur un indicateur clé déjà rencontré : la productivité. Notamment, celle-ci ne passe pas seulement par la recherche scientifique et technologique ; le savoir-faire et l'excellence[200] dans tous les domaines sont essentiels.

---

195 En 2022, ce taux est à 74,6 % (*Chiffres clés sur l'Europe*, 2023, p. 22).

196 V. art. 151 TFUE.

197 P. ex., les adultes sous-qualifiés représentent 23 % de la population active en France contre 20 % en Allemagne (Larosière, *op. cit.*, p. 123).

198 Defraigne et Nouveau, *op. cit.*, 2e éd., p. 312. La prévision a été confirmée. En 2020-2021, on parle d'un million de postes vacants en experts en technologie numérique. Soixante-dix pour cent des entreprises reportent des investissements, faute de personnel compétent.

199 Les États-Unis consacrent plus de moyens à l'enseignement supérieur que les pays européens :« En 2007, alors que les États-Unis dépensaient 2,9 % de leur PIB pour l'enseignement supérieur, l'effort des pays de l'Union ne correspondait qu'à 1,4 % de leur PIB, et pour la France à seulement 1,3 %. Vu autrement, les États-Unis dépensaient par étudiant plus du double de l'Europe et plus du triple de la France » (P. Aghion et A. Roulet, *Repenser l'État : pour une social-démocratie de l'innovation*, Paris, Seuil, 2011, p. 19, note subpaginale 3).

200 V. not. Combe, *op. cit.*, pp. 15, 17-18.

Au-delà, cette politique est apte à faire grandir la population européenne.

On peut travailler davantage à l'employabilité de la population… et l'on y travaille[201]. Par exemple, la Commission européenne a adopté en 2020 un plan d'action en matière d'éducation numérique, afin d'adapter les systèmes d'éducation et de formation à l'ère numérique ainsi qu'une communication sur l'espace européen de l'éducation en tant que moteur de création d'emplois et de croissance.

On notera aussi un lien entre la qualité de la formation continue de la population et la réindustrialisation de l'Europe[202].

Enfin, l'éducation formait, avec la recherche et l'innovation, l'un des secteurs sur lesquels le plan Juncker[203] était concentré.

La dimension européenne de l'employabilité et les évolutions technologiques[204] devraient être davantage intégrées dans les politiques nationales en la matière. Sans la maîtrise de celles-ci, la chance de (re)trouver un emploi se réduit[205].

(ii) Vers un meilleur soutien aux travailleurs désireux de fonder une famille ?

Le taux d'emploi de la population européenne (73,1 %) reste en deçà de l'objectif (80 %). Parallèlement, la démographie européenne est en berne avec 1,5 enfant en moyenne par femme alors qu'un taux de fécondité de 2,1 est nécessaire pour assurer le maintien de la population. Trop souvent, l'un des membres du couple, souvent

201 V. le Skills Agenda (*BQE* n° 12386 du 10 décembre 2019).

202 Sur le sujet, v. not. F. Chombar, CEO de Melexis, une entreprise belge dans le domaine des puces, interview à *L'Echo* du 6 février 2021, pp. 26-27.

203 V. *supra*, sous B, 1 (iv).

204 V. not. M. de Lathouwer, « L'algorithmique, l'informatique et la relance économique », chronique à *L'Echo* du 6 février 2021, p. 19 ; L. Berny, « EDTECH : l'heure de la reconnaissance », *Les Echos Week-End*, mars 2021, p. 22 et s.

205 V. Larosière, *op. cit.*, pp. 121-123 et 127.

la femme, doit mettre entre parenthèses ses ambitions professionnelles lorsque viennent les enfants. Aujourd'hui encore, c'est une gageure de continuer à travailler tous deux à temps plein avec des enfants.

Pourquoi ne pas permettre à ceux qui le souhaitent de travailler tous les deux à temps plein et d'avoir deux ou trois enfants, voire plus ? Notre société y gagnerait à tous niveaux.

Cela demande la création d'un cadre adéquat : suffisamment de crèches, de garderies ouvertes plus tard, un cadre juridique et fiscal ne pénalisant pas l'embauche de personnel à la maison, voire le favorisant. Il y a là une mine d'épanouissement personnel des parents, d'emplois et de nouvelles pratiques en termes d'encadrement, de suivi, d'occupation et d'éducation des enfants à explorer et à exploiter. En bout de course, c'est une dynamique économique, démographique, en développement humain considérable qui pourrait être enclenchée.

(iii) Musique, images et langues

La promotion de l'enseignement de la musique serait également une bonne chose. Des études ont montré la contribution de l'apprentissage de la musique au développement du cerveau. Il augmente le QI et le QE. Un pays comme la Suisse l'a inscrit dans sa Constitution, convaincu des aspects positifs de cette éducation pour la maîtrise des émotions, la précision, notamment manuelle, la discipline et la concentration.

En outre, l'apprentissage de la musique facilite celui des langues étrangères. Dans une Union multilingue, favoriser des pratiques – par ailleurs positives – qui permettent de communiquer en dépit de la diversité des langues est important.

Cette dernière considération devrait conduire à promouvoir aussi les arts graphiques et (télé)visuels, les technologies d'imagerie.

Indépendamment des applications de traduction se pose la question – politiquement plus délicate – de l'enseignement des langues étrangères à l'école. Les États membres restent, en effet, les premiers responsables des programmes d'enseignement. Certaines harmonisations ont toutefois été réalisées au niveau européen afin de favoriser la reconnaissance des diplômes et la libre circulation des personnes. Ne serait-il dès lors pas envisageable de requérir de chaque État membre l'enseignement d'une deuxième langue qui serait nécessairement celle d'un État membre ou une langue d'importance internationale ?

À nouveau, c'est l'impact qui doit être pris en considération dans l'identification des mesures à privilégier, leur valeur ajoutée, notamment pour le bien-être des populations et la prospérité européenne.

En filigrane, toujours la même approche, inspirée par une politique structurelle/moderne de l'offre : créer les conditions de fond pour générer plus d'activité, d'emplois, de créativité, de productivité, d'innovation.

(iv) Vers un réaménagement des systèmes éducatifs ?

Une proposition qui pourra susciter des réactions vives, au vu précisément des compétences des États membres, serait d'ouvrir davantage le domaine de l'éducation à la diversité des acteurs. Pourquoi, en effet, réserver l'éducation à l'école publique, à un ministère ? Spécialement en ces périodes d'évolution technologique intense, de *disruption* ? Ne serait-il pas favorable à la société européenne de pouvoir compter davantage sur des acteurs agiles, flexibles, innovants dans l'enseignement ? La leçon dans une série de domaines est qu'un « opérateur historique », surtout lorsqu'il bénéficie d'un monopole, a tendance à s'endormir sur ses lauriers et à freiner voire à dissuader les améliorations et innovations.

Ne serait-il pas envisageable que, au sein des États, on dissocie l'autorité organisatrice, qui fixe les programmes et contrôle la qualité des enseignements dispensés, de l'enseignement proprement dit et que, à côté de celui-ci, il puisse y avoir des instituts, privés ou publics, indépendants, qui seraient agréés et contrôlés ? Tous seraient financés sur la base de critères objectifs, notamment en fonction du nombre d'élèves et de l'atteinte d'une série d'objectifs qualitatifs (en ce compris le degré d'efficience de l'enseignement, à savoir le taux de réussite à niveau d'exigence constant voire accru).

Comme dans d'autres domaines, nous ne pouvons plus nous permettre le gaspillage de potentiels, sans parler de la « casse humaine » de certains systèmes d'enseignement. Une dissociation entre l'autorité organisatrice et les prestataires existe dans une série d'activités dites « de réseau », comme les télécommunications, l'énergie, les transports.

La formule de rémunération pourrait aboutir à la fois à une baisse des coûts de fonctionnement et à une amélioration des services fournis. Notamment, pour autant que les objectifs minimas soient atteints, les prestataires pourraient être récompensés pour des innovations, un meilleur service, etc.[206].

Au vu des apports des nouvelles technologies, du développement des *soft skills*, des progrès de la pédagogie, de la meilleure connaissance du cerveau, l'éventail des possibles en matière d'éducation grandit. L'évolution de l'éducation ne doit pas se régler nécessairement sur le rythme de certains ministères nationaux en la matière.

Comme nous l'avons vu à propos du marché intérieur et de l'éducation financière, il serait bon aussi d'intégrer davantage dans les éducations nationales une sensibilisation, une préparation à l'utilisation de tout ce que la construction européenne est susceptible d'apporter à la population, notamment dans sa vie quotidienne.

206 Nous reviendrons sur ces points à propos des services économiques d'intérêt général (SIEG). V. *infra*, Ch. II, sous D.

5. Transports

Réseaux de transport et prospérité

Pour que les personnes, les biens et certains services circulent avec fluidité en Europe, nous devons disposer des infrastructures de transport adéquates.

Tout le monde a probablement à l'esprit un exemple de région qui a été décloisonnée grâce à une infrastructure de transport ou, au contraire, qui continue d'en manquer. Les rives nord et sud du lac Léman contrastent à cet égard. Dès les années 1970, les Suisses ont construit une autoroute, impressionnante par endroits, de Genève au Valais. En revanche, la Savoie a gardé une route minuscule. Celle-ci traverse les localités de la rive sud, notamment Évian, surnommée, on devine pourquoi, « la belle endormie ». La différence de développement économique entre les deux rives est criante.

Je me souviens d'une conférence d'un ancien commissaire européen aux transports, Jacques Barrot, qui expliquait comment la prospérité était revenue dans une vallée savoyarde à la suite d'une amélioration des communications. Autre exemple, concernant la Belgique cette fois : pourquoi la Flandre a-t-elle attiré beaucoup d'investissements américains dans les années 1960 ? Notamment, parce qu'elle était beaucoup plus accessible que la partie méridionale du pays depuis l'aéroport national où atterrissaient les investisseurs américains. La qualité des transports est essentielle ; elle influence notamment la localisation des entreprises et leur productivité.

Déficiences européennes

À cet égard, l'Europe accuse un retard significatif sur les États-Unis. Alors que sa superficie est 60 % moindre, deux fois moins de marchandises sont transportées d'un État à l'autre. Les frais de fonctionnement des chemins de fer sont 40 % plus élevés qu'aux États-Unis. La réglementation aérienne est inutilement tatillonne en Europe, empêchant le développement de ce mode de transport, notamment pour les régions mal connectées.

En outre, les réseaux continuent à être configurés en termes nationaux. Essayez de rallier les différentes capitales institutionnelles de l'UE en train (Bruxelles, Luxembourg, Strasbourg, Francfort). La liaison Bruxelles-Luxembourg est plus lente qu'il y a 20 ans, alors que son amélioration était jugée prioritaire !

Le protectionnisme et les politiques d'obstruction sont marqués dans ce domaine. On continue à raisonner excessivement sur la base d'espaces nationaux. Voilà un domaine où les compétences de l'UE (notamment d'impulsion) pourraient être renforcées, par exemple en s'inspirant du modèle américain.

Des investissements à programmer et à réaliser

Nous avons l'avantage de vivre dans un microcontinent avec des distances réduites entre les centres d'activité, sans comparaison avec celles à parcourir aux États-Unis et en Asie[207]. Il faut l'exploiter, capitaliser dessus.

Le réseau transeuropéen de transport (RTE-T)[208], représenté ci-dessous dans la figure 20, doit donc continuer à être développé pour relier les États membres, décloisonner certaines régions, assurer l'interopérabilité des différents réseaux terrestres, fluviaux et aériens et intégrer les nouveaux États membres.

207 V. *supra*, Titre I, Ch. I, « Introduction », sous 2.

208 Programme de développement des infrastructures du secteur dans l'Union européenne. Il a pour but de faciliter la connexion entre les réseaux routiers, ferroviaires et fluviaux ainsi que les ports et aéroports des États membres (*Touteleurope.eu*).

Figure 20. Les neuf corridors de réseau central du RTE-T

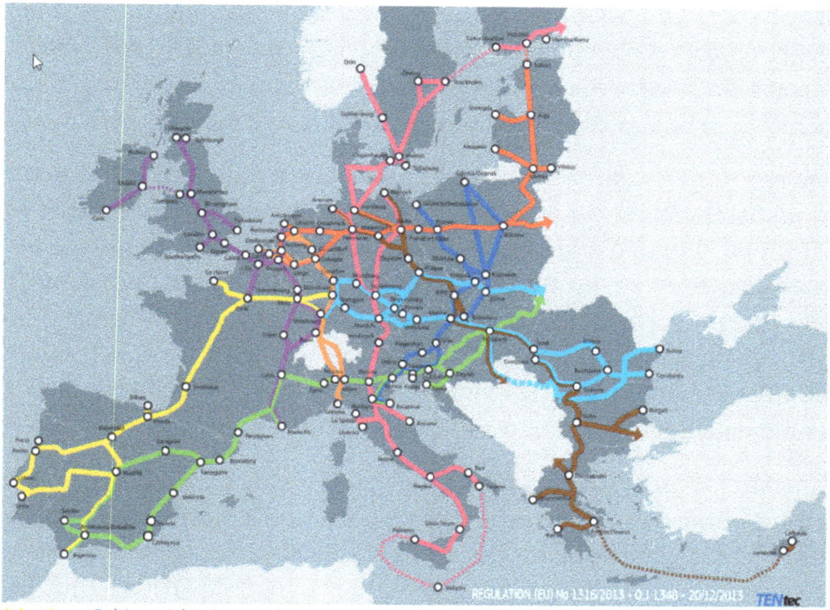

Atlantique, Baltique-Adriatique, Méditerranée, Mer du Nord-Baltique, Mer du Nord-Méditerranée, Orient-Méditerranée orientale, Rhin-Alpes, Rhin-Danube, Scandinavie-Méditerranée

(Source : Commission européenne)

La feuille de route pour un espace européen unique des transports énumère 29 projets à réaliser d'ici 2030 afin de résorber des goulots d'étranglement, qui coûtent 0,5 point de PIB à l'UE-27, soit 72 milliards d'euros. Parmi les chantiers prioritaires du RTE-T figurent le tunnel sous-marin ferroviaire et routier du Fehmarn Belt de 18 kilomètres, qui reliera le Danemark à l'Allemagne, et la future liaison ferroviaire Varsovie-Helsinki. Le premier, qui réduira de près de moitié la durée du trajet entre Copenhague et Hambourg, ne sera financé par l'Europe qu'à hauteur de 5 %. Le reste le sera par le concessionnaire, une filiale de l'État danois, qui remboursera son emprunt par les recettes des péages sur une période d'environ 30 ans[209].

209 M. Chauvot, « Vinci va construire un tunnel géant entre l'Allemagne et le Danemark », *Les Echos*, 7 janvier 2021 ».

Mentionnons aussi le tunnel ferroviaire qui reliera Lyon à Turin, financé à 40 % par l'UE, 34 % par l'Italie et 26 % par la France, qui devrait avoir des retombées économiques mais aussi environnementales considérables. Depuis 2022, le spectaculaire pont de Pelješac, financé à hauteur de 85 % par l'UE, relie la partie principale de la Croatie à la région de Dubrovnik.

De tels projets sont prioritaires. L'impact et la valeur ajoutée de tels investissements sont notables pour le développement économique de l'Europe, voire pour la préservation de l'environnement. À nouveau, il s'agit d'adopter une méthode rigoureuse quant à la quantification de l'impact positif global (dont la ventilation peut être très différente d'un projet à l'autre), des coûts de construction et d'entretien, à la formule de financement, à l'écoresponsabilité du projet, à sa contribution à l'aménagement voire au ménagement du territoire.

Il faudra dégager les moyens financiers nécessaires. La Commission estime que le coût des investissements pour achever le noyau central du RTE-T est de 500 milliards d'euros de 2020 à 2030[210], soit l'équivalent de trois années de budget européen. Pour sa part, la BEI a signé des financements pour quinze milliards d'euros en matière de transport en 2021-2022.

On peut se demander également si le RTE-T ne doit pas être redimensionné à la hausse.

Dimension environnementale

L'intégration de la dimension environnementale est un plus à tout niveau : santé, préservation de l'environnement, avantage compétitif pour l'Europe, réduction de la facture énergétique.

Paradoxalement, le retard actuel en matière d'infrastructures de transport pourrait être un atout en termes de développement durable

210 *BQE* n° 12154 du 7 décembre 2018, p. 12.

et de protection de l'environnement[211]. L'Europe réaliserait un saut dans l'échelle des investissements en retenant les formules les plus novatrices et appropriées aux nouveaux défis environnementaux, énergétiques et d'aménagement du territoire.

L'intégration de la dimension environnementale dans la politique des transports est d'autant plus cruciale que ceux-ci sont responsables pour 20 % environ des émissions de dioxyde de carbone. En outre, c'est le seul secteur dont la pollution augmente en valeur absolue, ainsi que cela ressort de la figure 21, ci-dessous.

Figure 21.

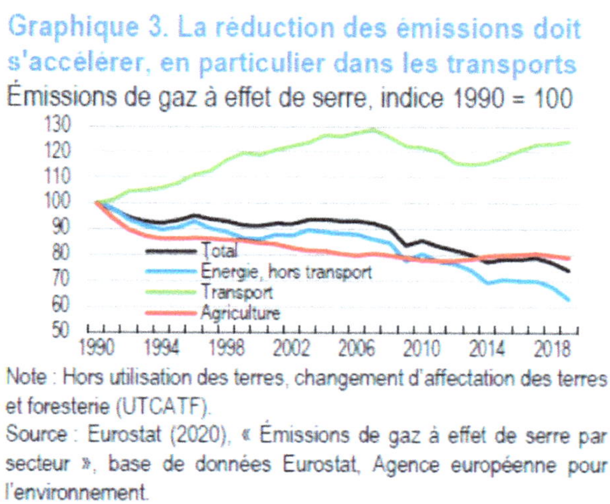

L'un des quatre piliers du programme InvestEU[212] est celui des infrastructures durables. Sont dès lors prioritaires les modes de

211 Les transports représentent un quart des émissions de gaz à effet de serre de l'UE. Cette part ne cesse d'augmenter. Pour parvenir à la neutralité climatique, les émissions du secteur des transports devraient être réduites de 90 % d'ici 2050 (communication de la Commission, « Le pacte vert pour l'Europe », COM(2019) 640 final, 11 décembre 2019 (ci-après, le « Pacte vert pour l'Europe »), section 2.1.5. « Accélérer la transition vers une mobilité durable et intelligente »).

212 V. *supra*, B, 1 (iv).

transport propres, le transport multimodal, le renouvellement et l'entretien des infrastructures ferroviaires et routières. À nouveau, donc, un traitement plus favorable pour les technologies propres. Par exemple, en juin 2022, la Commission européenne a sélectionné 135 projets d'infrastructures de transport auxquels elle a alloué 5,4 milliards d'euros, dont le chantier du Fehmarn Belt, évoqué ci-dessus. La BEI finance les projets verts, innovants et efficaces, sûrs et sécurisés, inclusifs et accessibles.

Des modes de transport plus équilibrés et complémentaires

Parmi les modes de transport à privilégier figurent, dans l'état actuel des techniques (je reviendrai sur cette réserve), les transports par voies navigables et ferroviaires[213]. Ceux-ci permettent en effet de réduire substantiellement les émissions de gaz carbonique[214].

(i) Le transport par voie navigable

Le transport par voie navigable émet trois à quatre fois moins de gaz carbonique que le transport routier, désengorge les routes, occasionne moins d'accidents. Des innovations technologiques permettent la navigation – respectueuse de l'environnement – sur des cours d'eau à petit gabarit : des barges, d'une capacité allant jusqu'à 1 500 tonnes (l'équivalent de 50 camions), sont propulsées par de petits bateaux pousseurs (remorqueurs)[215]. Le cas échéant, le creusement de canaux, de dérivations, etc., permettrait de prévenir les inondations, dont le nombre devrait augmenter avec les modifications climatiques. D'une pierre, deux coups ! Une variante de l'effet démultiplié d'une initiative.

213 Quatorze fois moins émetteur de gaz carbonique que l'avion (*BQE* n° 12407 du 21 janvier 2020, p. 23).

214 Le Pacte vert pour l'Europe évoque le déplacement vers le rail et les voies navigables intérieures d'une part substantielle des 75 % du fret intérieur passant actuellement par la route (section 2.1.5 « Accélérer la transition vers une mobilité durable et intelligente »).

215 Le FEDER (Fonds européen de développement régional) a apporté un concours de 50 % à un projet en la matière.

Le canal Seine-Nord-Escaut reliera Rouen au Canal du Nord et, plus largement, au réseau très dense des voies navigables du nord-ouest de l'Europe et devrait être ouvert à la navigation en 2027. L'UE a apporté une contribution substantielle à son financement. Un autre projet, bloqué en son temps par la ministre… écologiste Dominique Voynet, est le canal Rhin-Rhône, plus précisément Rhin-Saône. Sa rentabilité pose peut-être problème dans un contexte strictement hexagonal. En tant qu'élément du réseau navigable européen, il aurait davantage sa raison d'être[216].

Il faudrait examiner dans quelle mesure la péninsule Ibérique, qui comptait de nombreuses voies navigables, ne pourrait pas en réactiver.

(ii) Les autoroutes ferroviaires et le transport combiné

Le fret ferroviaire a un bilan carbone quatre fois meilleur que le transport routier de marchandises. Plus généralement, le rail a un encombrement moindre que le transport routier, un avantage notable dans un microcontinent densément peuplé comme l'Europe. La durée de vie du matériel ferroviaire est particulièrement longue aussi.

Une formule intéressante est celle des autoroutes ferroviaires. Les conteneurs, utilisés dans le commerce maritime et fluvial (de même que routier), voire des semi-remorques ou des ensembles routiers, sont transportés sur des voies ferrées, à partir de terminaux ferroviaires. En France, les autoroutes ferroviaires représentent 4 % du trafic à longue distance. Ce mode de transport est plus rapide que la route.

La complémentarité et l'intermodalité entre les transports par voies navigables et ferroviaires doivent être davantage exploitées. L'UE a mis sur pied le programme Mécanisme pour l'interconnexion en Europe (MIE), dans les secteurs des transports, de l'énergie et

216 Dans le même ordre d'idées, dans le secteur ferroviaire, il est question de remettre en fonctionnement la somptueuse gare de Canfranc qui permettait de relier Pau à Saragosse (v. F. Delétraz, « Canfranc, la renaissance d'une gare fantôme au cœur des Pyrénées », *Le Figaro*, 3 avril 2020).

des services numériques. Vingt-quatre milliards d'euros étaient à disposition pour le développement des réseaux de transport entre 2014 et 2020, 25,81 milliards d'euros pour le septennat[217] suivant, soit environ 3,5 milliards d'euros par an. Une partie non négligeable a été affectée au transport combiné.

(iii) Et les transports routier et aérien ?

Cela étant, ne soyons pas définitifs avec le transport routier, dont il faut souligner qu'il s'est beaucoup développé du fait de l'insuffisance du secteur ferroviaire à innover et à transcender les espaces nationaux. Il n'est pas exclu que des progrès techniques diminuent la nocivité du transport routier, notamment son niveau d'émission (avec l'hydrogène, l'électricité, de nouveaux carburants). Il est tout à la fois de bonne politique et loyal de lui laisser une chance (*principe dit de « la neutralité technique ou technologique »*). Pour les mêmes raisons, n'excluons pas le transport aérien *a priori*, où des progrès technologiques majeurs devraient se produire au cours des prochaines années[218].

La solution ne sera pas nécessairement le tout au rail et/ou au transport fluvial, mais une combinaison des divers modes de transport.

Mesures complémentaires et alternatives

Les marchés des transports devraient continuer également à s'ouvrir afin d'améliorer la mobilité en Europe. Des efforts de libéralisation doivent encore être entrepris, en matière de transport maritime, fluvial, ferroviaire, aérien, voire routier. Les gains qui pourraient découler

217 Durée de la planification budgétaire de l'UE.

218 Le kérosène pourrait faire place à des carburants non polluants dans les années à venir (biocarburants, kérosène synthétique). Sur ce point, v. Piccard, *op. cit.*, p. 123. Airbus planche sur une nouvelle forme d'aile moins gourmande en carburant. Une firme française vient d'annoncer un avion de 19 places fonctionnant avec des moteurs électriques, idéal pour des liaisons de 500 kilomètres environ en termes tant de pollution de l'air que de pollution sonore (*Les Echos*, 26 mai 2023).

d'une libéralisation des ports et de l'activité portuaire ne sont pas à sous-estimer, notamment au vu du bilan carbone favorable de la navigation maritime et fluviale.

L'amélioration des transports au sein de l'UE ne doit évidemment pas dispenser d'un effort de réduction des besoins de transport, grâce au progrès technologique (technologies à distance telles que les téléconférences, digitalisation), de l'amélioration de la coordination des flux (*smart cities*, 5G, etc.), voire de la promotion des circuits courts (par exemple dans l'alimentation).

6. L'énergie

Enjeux

Aujourd'hui, la politique européenne de l'énergie doit tout à la fois sécuriser l'approvisionnement de l'UE, à un coût abordable pour les ménages et compétitif pour les entreprises, tout en polluant et en gaspillant le moins possible (deux exigences d'efficience)[219].

En conséquence, elle doit assurer une autonomie énergétique grandissante de l'UE, une diversification de ses sources d'approvisionnement, la promotion de la production et de la consommation d'énergie verte, une énergie au coût le plus faible possible, une efficacité toujours meilleure dans le captage, le stockage, la distribution et l'utilisation voire la réutilisation de l'énergie.

On ne mesure pas suffisamment à quel point ces paramètres déterminent la prospérité de nos populations, la bonne santé de notre écosystème et l'aménagement du territoire[220].

---

219 Dans ce sens, v. le Pacte vert pour l'Europe, section 2.1.2. « Un approvisionnement énergétique propre, abordable et sûr ».

220 V. Jancovici et C. Blain, *Le monde sans fin*, Paris, Dargaud, 2021, not. p. 45.

Autonomie énergétique

L'autonomie énergétique de l'Europe est préoccupante. Le taux de dépendance énergétique, c'est-à-dire le pourcentage d'énergie importée par rapport à celle consommée, est de près de 60 %[221]. De plus, les tensions actuelles avec la Russie rendent tangible le risque d'une trop grande dépendance vis-à-vis d'un seul État tiers.

Ce taux tombe à 44 % au Danemark, du fait de son programme éolien maritime. Le taux de la Suède est meilleur encore avec 33,5 %, le meilleur score étant celui de l'Estonie (10,5 %)[222]. La France signe une belle performance (44 %) grâce à son parc nucléaire. Celle-ci incite à réfléchir au regard de la prestation moyenne en la matière de l'Allemagne (63,5 %), en dépit de tous les efforts – techniques et financiers – déployés par celle-ci.

Des efforts doivent être entrepris afin d'éviter une trop grande dépendance de l'UE vis-à-vis de certains producteurs externes ou de certaines voies d'acheminement.

Soixante-seize pour cent du gaz consommé dans l'UE est produit en dehors. Il est fourni principalement par la Russie et l'Algérie, et depuis la guerre en Ukraine, de manière grandissante par la Norvège. Cette dépendance est d'autant plus problématique que, dans le cadre de la lutte contre le réchauffement, le gaz présente des avantages sur le pétrole, à tout le moins aux fins d'une utilisation par de grosses infrastructures (usines...). D'où la conclusion d'un accord entre la Grèce, Chypre et Israël à propos de la construction d'un gazoduc.

---

221 *Chiffres clés sur l'Europe*, 2021, p. 59 ; 55,5 % en 2023, *Chiffres clés sur l'Europe*, 2023, p. 67.

222 *Chiffres clés sur l'Europe*, 2022, p. 64.

Diversification de l'approvisionnement

Aujourd'hui, on recense une grande variété de sources d'énergie à côté des hydrocarbures. Outre le gaz, sous ses diverses variantes, peuvent être cités notamment les biocarburants, spécialement de la deuxième génération, la biomasse, l'énergie hydraulique, l'hydrogène, le nucléaire, le solaire, le charbon, l'éolien, en ce compris l'éolien maritime, la cogénération, le stockage hydroélectrique par pompage, l'énergie marémotrice et les piles à combustible, l'énergie osmotique, etc.[223].

L'UE cherche à exploiter les ressources énergétiques maritimes au sens large et à mettre à profit la diversité des mers l'entourant.

Dans une politique de diversification des sources d'énergie, la promotion des petites unités productrices d'énergie est à envisager : chauffage collectif à base de bois dans les régions forestières, petites centrales hydroélectriques, petites éoliennes, moulins à eau et à vent, énergie hydraulique et ses variantes, maisons productrices d'énergie nette, biomasse…

Place et rôle du nucléaire ?

La question délicate et passionnée du nucléaire se pose également. En dépit de ses risques (traitement des déchets, accidents), le nucléaire offre beaucoup d'avantages : l'autonomie énergétique, l'absence de pollution au carbone, la continuité de production (elle n'est pas intermittente contrairement aux énergies solaire et éolienne), le caractère dual, un faible encombrement. En outre, la fission nucléaire peut conduire à la fusion nucléaire. Pour ce motif, de plus en plus de voix, dont celles de certains écologistes, plaident pour son maintien temporaire[224].

---

223 Énergie produite par la rencontre entre deux eaux présentant une salinité différente.

224 En ce sens, v. l'explorateur Jean-Louis Etienne, *Les Echos* du 31 décembre 2019, p. 5.

C'est aussi un domaine dans lequel les Européens ont (eu ?) une avance technologique, mais qu'ils sont en passe de perdre. Pourquoi y renoncer ? Par exemple, le traitement des déchets peut être amélioré[225]. Plus globalement, des progrès techniques sont possibles. Une entreprise genevoise, Transmutex, projette de créer une centrale sûre, qui fonctionnerait au thorium, un métal beaucoup plus répandu que l'uranium, et qui ne rejetterait presque pas de déchets radioactifs[226]. On parle aussi de petites centrales.

L'énergie nucléaire apparaît également importante dans un processus de transition énergétique dont on ignore tant la durée que l'issue. Autant donc conserver une source d'énergie fiable, le temps qu'il faudra. À cet égard, il est hasardeux de fixer des dates de sortie. Tout doit être mis en œuvre pour pouvoir se passer le plus vite possible de la fission nucléaire, dans son état actuel de développement, mais la rapidité de la transition vers d'autres sources d'énergie sera fonction du rythme des progrès technologiques (y compris en matière nucléaire). Elle ne se décrète pas.

Il est également préférable de garder en Europe les spécialistes qui y ont été formés plutôt que de les voir travailler pour des puissances qui ne sont pas de grandes amies de la démocratie et des droits de l'homme.

Dans le cadre de la future stratégie de décarbonation de l'économie à l'horizon 2050, la Commission a avancé des scénarios envisageant une part plus importante de l'énergie nucléaire[227]. Le Groupe d'experts intergouvernemental sur l'évolution du climat (GIEC) admet qu'une petite part de nucléaire pourrait contribuer à lutter contre le

---

225 V. à cet égard *L'Echo* du 9 janvier 2021 à propos des progrès majeurs réalisés par la société Myrrha en Belgique, pp. 18-19. Ils permettraient de réutiliser les déchets radioactifs pour produire de l'énergie et diviseraient par 1 000 leur durée de toxicité.

226 *Le Temps* du 23 décembre 2021.

227 *BQE* n° 12163 du 20 décembre 2018, p. 9.

réchauffement climatique dans une phase transitoire. Dans le projet de taxonomie d'investissements[228], certains États membres sont parvenus à faire inscrire le nucléaire comme un placement vert.

Si l'Allemagne n'avait pas tourné le dos au nucléaire de manière aussi brutale après la catastrophe de Fukushima, en serait-elle réduite à augmenter sa dépendance vis-à-vis du gaz russe et à s'exposer aux sanctions américaines menaçant le projet Nord Stream 2 ? Par ailleurs, n'est-il pas paradoxal de fermer les centrales nucléaires pour des motifs environnementaux et de réactiver les centrales au charbon hyperpolluantes (mais très rentables), comme l'Allemagne l'a fait et comme la France y est maintenant contrainte après la fermeture de Fessenheim ? À nouveau, cette tendance européenne à couper la branche sur laquelle on est assis, à tomber de Charybde en Scylla, à faire la bête à force de jouer à l'ange.

Maintenir et développer le nucléaire[229] est un moyen d'augmenter notre autonomie énergétique vis-à-vis de la Russie comme des États-Unis (sans prêter le flanc à la critique américaine), en plus d'améliorer le bilan carbone.

En outre, soyons réalistes. Le risque de catastrophe nucléaire menace l'Europe, que celle-ci compte ou non des centrales. Il suffit de répertorier les centrales nucléaires au bord de son territoire, qui ont été construites et fonctionnent selon des standards de sécurité inférieurs aux exigences européennes.

Le nucléaire est un atout dans le jeu des Européens. Autant le conserver et l'entretenir, voire le développer, tant qu'il n'apparaît pas clairement inutile, spécialement dans des temps aussi incertains où l'Europe fait face à des défis de nature différente.

---

228 Classification européenne des activités économiques contribuant à la réalisation d'objectifs environnementaux.

229 Qui connaît des progrès technologiques, tels que les petits réacteurs modulaires.

Pour autant, la filière nucléaire ne doit bénéficier ni de passe-droits ni de blancs-seings. Elle doit être astreinte à des contrôles indépendants et stricts quant à sa sécurité[230] tout comme ses coûts de construction, de production et d'entretien. Ni damnée, ni sanctifiée, mais admise et administrée sous de strictes conditions.

En tout état de cause, il importe de mener un débat rationnel et serein sur ce sujet. La Suisse, qui a décidé d'abandonner le nucléaire, à une majorité faible (les cantons comptant des centrales nucléaires ont voté pour son maintien), y est parvenue récemment.

Dans ce débat, il faut aussi envisager les conséquences de ses choix et les assumer. Le nucléaire est en cela un peu comparable au Brexit. Beaucoup veulent en sortir sans en payer le prix. Puis ils regrettent leur décision.

Sécurité de l'approvisionnement et caractère pilotable ou non des sources d'énergie

La sécurité de l'approvisionnement inclut la pilotabilité d'une source d'énergie. Le solaire et l'éolien ne garantissent pas une quantité donnée d'énergie à tout moment, à la différence d'autres sources dont on peut, en plus, moduler la quantité disponible.

Pour un principe de neutralité

À l'instar de ce qui a été relevé en matière de transports, un principe de neutralité doit prévaloir. Une source d'énergie ne doit pas être condamnée irrémédiablement, par exemple sur la base de son bilan environnemental actuel. À la suite de progrès techniques, une source d'énergie peut l'améliorer.

230 Sur cette question, v. not. H. Murakami, *Profession romancier* (trad. H. Morita), Paris, Belfond, 2019, pp. 135-136.

Un exemple topique est le charbon, source d'énergie la plus répandue dans le monde et présente dans l'Union européenne. La perspective d'un *clean coal* n'est pas une chimère. Par exemple, le procédé Bluegas mis au point par la société US Great Point Energy permet de transformer le charbon en gaz. La société suédoise Alfa Laval développe une technique séparant le soufre du carbone de charbon[231].

Coût de l'énergie

Le coût de l'énergie est plus important pour les entreprises européennes que pour leurs homologues américaines. On parle d'un surplus de 60 % pour l'électricité. L'énergie ne serait plus chère qu'au Japon. Eu égard au poids de l'énergie dans les charges des entreprises, des États et des particuliers, la problématique est importante. La moitié des importations en provenance des États tiers consistait dans la facture pétrolière et gazière, dès avant la guerre en Ukraine.

Les sources d'énergie diffèrent également par leur coût. En fonction des progrès techniques notamment, elles seront plus ou moins compétitives.

Réalisations européennes en matière d'énergies renouvelables et d'efficacité énergétique

L'Europe n'est pas inactive en la matière. Le programme 20-20-20 visait notamment à parvenir en 2020 à :

- porter à 20 % la part des énergies renouvelables dans la consommation d'énergie de l'UE, un résultat atteint en 2019[232] ;
- améliorer l'efficacité énergétique dans la même proportion[233].

231 R. Etwareea, « Et s'il fallait dédiaboliser le charbon ? », *Le Temps*, 19 janvier 2023.

232 *Chiffres clés sur l'Europe*, 2021, p. 60.

233 En plus de réduire les émissions de gaz à effet de serre de 20 % par rapport aux niveaux de 1990.

Il y a désormais un programme 30-30-30 à l'horizon 2030, visant à au moins respectivement 32 % et 32,5 % d'amélioration[234]. Le cadre 30-30-30 ajoute un objectif de 15 % d'interconnexion électrique, c'est-à-dire la possibilité de transporter 15 % de toute l'énergie produite dans l'UE vers d'autres pays de l'UE[235], dans un souci d'allocation efficace des ressources. Un espace européen de l'énergie s'amorce, une tendance à saluer.

Comme nous l'avons déjà vu, on ne pense pas suffisamment « européen » dans une série de domaines stratégiques (recherche, transports, emploi, éducation, aménagement du territoire, cohésion économique, sociale et territoriale, etc.).

Figure 22.

Graphique 1.17. Les grandes économies de l'UE manquent d'interconnexions électriques transnationales

Taux d'interconnexion des réseaux d'électricité, %

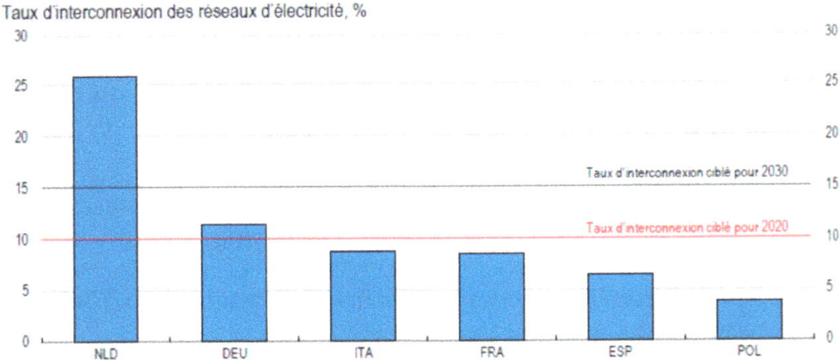

Note : Le taux d'interconnexion des réseaux électriques est calculé en établissant le rapport entre la capacité d'importation et la capacité de production nette installée (taux calculé au 8 janvier 2020). Les objectifs d'interconnexion 2020 et 2030 ont été fixés par le Conseil européen pour assurer un pilotage politique commun du développement et de l'intégration des infrastructures électriques des États membres de l'UE dans le cadre de la politique des réseaux transeuropéens de l'énergie (RTE-E). Ces objectifs ne sont pas assortis de sanctions.
Source : ENTSO-E Winter Outlook (2019-2020), European Network of Transmission System Operators for Electricity (ENTSO-E), rapport semestriel, https://www.entsoe.eu.

234 Quarante pour cent pour les réductions des émissions de gaz à effet de serre.

235 V. p. ex. l'accord belgo-danois de février 2021 permettant d'importer en Belgique l'électricité des parcs éoliens danois via une liaison à haute tension sous-marine (*L'Echo* du 6 février 2021, p. 6).

Les États membres ont traîné les pieds dans la mise en œuvre de l'objectif fixé par le Conseil européen de 2014 de 10 % d'interconnexion électrique à l'horizon 2020, comme le confirme la figure 22 ci-dessus. Toutefois, la guerre en Ukraine semble sortir certains milieux nationaux de leurs calculs étriqués de protection de leur marché. C'est ainsi que le projet de RTE (France) et de REE (Espagne) d'une interconnexion à courant continu, de 370 kilomètres, majoritairement sous-marine, entre les environs de Bordeaux et de Bilbao, a été accepté comme projet important d'intérêt européen commun (PIIEC)[236]. Il augmentera considérablement les capacités d'échanges d'électricité entre ces deux pays.

Les États devaient soumettre pour la fin 2018 leurs projets de plans nationaux intégrés en matière d'énergie et de climat et pour le 1er janvier 2020 des stratégies nationales à long terme. La cohérence doit être assurée entre ces plans et stratégies.

Certains États membres cherchent à faire mieux encore. Par exemple, la politique volontariste de l'Allemagne depuis la catastrophe de Fukushima en 2011[237] commence à porter ses fruits. Aujourd'hui, ce pays produit davantage d'électricité à partir d'énergies renouvelables (solaire, éolien, biomasse et hydraulique) que de charbon et de lignite. En 2019, il a adopté un plan de transition écologique d'un montant de 100 milliards d'euros (grâce aux marges de manœuvre que lui donne sa bonne gestion des finances publiques[238]). Le Danemark vise à réduire de 70 % ses rejets de CO_2 en 2030. Il mise beaucoup sur l'éolien en mer. Certains jours, la production éolienne y couvre 130 % de la demande en énergie électrique[239]. Les mines de charbon étaient en train de fermer dans la plupart des États membres, avant la guerre en Ukraine.

236 Sur cette notion, v. *supra*, B, 1 (iv).

237 On peut toutefois s'interroger sur sa sortie du nucléaire au regard des émissions de gaz carbonique générées par la remise en fonctionnement des centrales au charbon et au lignite.

238 Sur ce point, v. *infra*, Titre I, Ch. II.

239 *Les Echos* du 9 octobre 2019, p. 7.

La décarbonation, l'efficacité énergétique, la transition vers l'énergie renouvelable sont des objectifs transversaux, intégrés dans une série de politiques européennes. Par exemple, ils sont pris en compte dans l'attribution de financements par les fonds structurels. La Banque européenne d'investissement finance particulièrement les projets visant à améliorer l'efficacité énergétique[240] ou la production d'énergie verte.

RDI et énergie

On peut songer à un investissement R&D particulier dans ce secteur afin d'améliorer l'autonomie énergétique de l'Europe et sa compétitivité ainsi que le bilan carbone tous azimuts des énergies. L'industrie européenne des batteries (notamment au lithium) fait l'objet de projets volontaristes, par exemple de l'Allemagne et de la France, agissant conjointement[241]. L'hydrogène, spécialement celui produit à partir d'énergies renouvelables, est aussi perçu comme une solution d'avenir, en particulier pour les secteurs où les batteries électriques seront insuffisantes (industrie lourde et chimique, camions, navires, etc.). Dans le cadre du plan européen de relance[242], l'Allemagne et la France envisagent d'investir massivement dans la filière de l'hydrogène verte. La perspective d'une autonomie énergétique européenne fondée sur le binôme hydrogène-électricité semble ne plus être une utopie.

Des dizaines de projets importants d'intérêt européen commun en matière d'« infrastructures énergétiques », d'un montant global de 90 milliards d'euros environ, sont également programmés[243]. Les progrès dans ces infrastructures sont essentiels à la bonne distribution de l'énergie à travers l'Europe[244].

---

240 Celle-ci doit devenir une priorité, la production et la consommation d'énergie de l'ensemble des secteurs économiques représentant plus de 75 % des émissions de gaz à effet de serre de l'UE (Pacte vert pour l'Europe, section 2.1.2.).

241 V. *supra*, sous 2, Politique industrielle.

242 V. *infra*, Titre I, Ch. II, D.

243 *BQE* n° 12294, du 12 juillet 2019, p. 12.

244 V. le Pacte vert pour l'Europe, section 2.1.2.

On peut songer aussi à davantage d'ouverture des marchés et de libéralisation.

Un autre indice clé : le taux d'intensité énergétique

S'agissant de l'optimalisation de l'utilisation des ressources, un indice est de plus en plus important : la quantité et le coût de l'énergie primaire nécessaire pour générer de la richesse (productivité énergétique, intensité énergétique). À un moment où les ressources sont de plus en plus rares et chères, ce paramètre gagne en importance.

À cet égard, les pays nordiques, dont l'écosystème est plus fragile, sont à la pointe. Notre voisin suisse, dont l'environnement alpestre requiert aussi beaucoup de soin, n'est pas en reste. Ce paramètre de compétitivité est de plus en plus essentiel. Comme l'atteste la figure 23 ci-dessous la performance des États membres en matière d'intensité énergétique est contrastée et des efforts doivent être entrepris :

Figure 23.

Indicateur d'intensité énergétique de l'économie des États membres de l'Union européenne (UE) de 2005 à 2014, par pays (en kilogrammes d'équivalent pétrole par 1.000 euros)

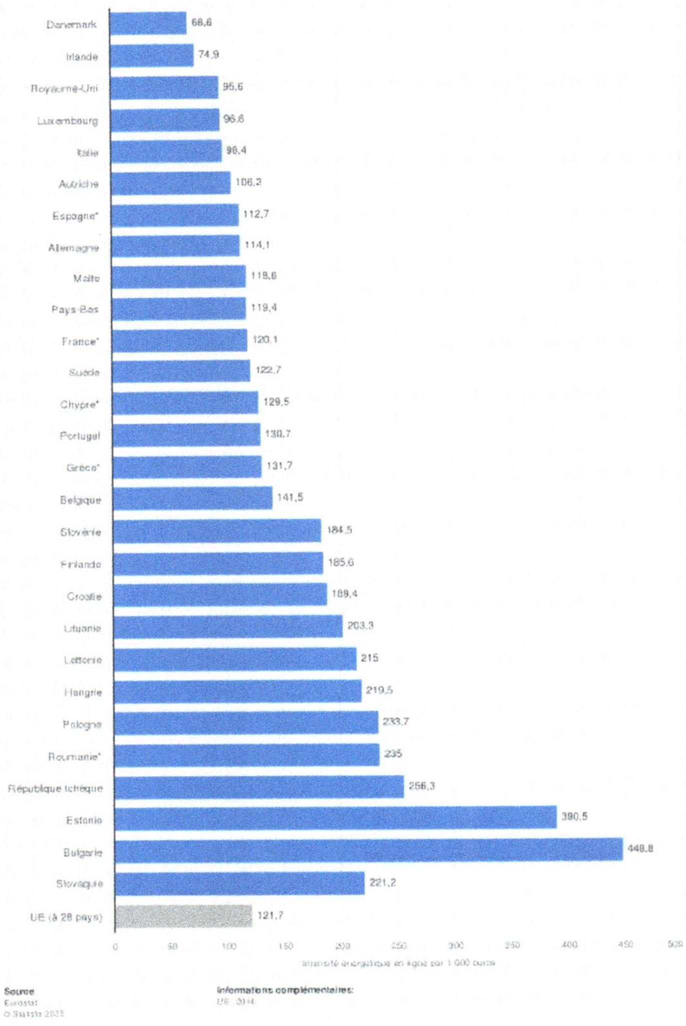

À nouveau, la concentration spatiale de l'Europe est un avantage. Celle-ci a besoin de moins d'énergie que les États-Unis et les pays asiatiques pour produire la même quantité de richesses. Nous pouvons encore améliorer fortement notre performance. L'incitation faite au secteur financier de financer en priorité des projets écoresponsables, dans le cadre plus large de la finance responsable (ESG[245]), pourrait avoir un effet indirect non négligeable à cet égard.

Certaines technologies de communication à distance (les visioconférences) permettent de tenir des réunions à distance et de faire l'économie de trajets. Certes, elles ne sont pas aussi efficaces et instructives qu'une réunion physique, qui reste irremplaçable pour les discussions délicates. La rationalisation des infrastructures collectives, spécialement dans les villes, par la technologie (*smart cities*), est prometteuse d'économies d'énergie aussi.

Nous avons la sensibilité et les moyens technologiques (ou nous pouvons nous les procurer par la recherche). Nous avons aussi de grands opérateurs dans l'énergie, ce qui est un atout dans la transition énergétique. Par exemple, l'UE compte une des dix plus importantes capitalisations mondiales, qui est active dans le secteur de l'énergie : Total.

L'intensité et l'efficacité énergétiques : une implication de tous

L'amélioration des performances en matière d'intensité et d'efficacité énergétiques est l'affaire de tous : individus, ménages, municipalités, niveaux de pouvoirs intermédiaires, États, entreprises, dans la mesure de ses possibilités et capacités. Les progrès en la matière peuvent être facilités par la prise de conscience du défi climatique

245 Pour Environment, Social and Governance.

et la pression sociale, médiatique et réputationnelle, mais aussi par les bonds technologiques et des instruments de mesure. Il est aujourd'hui possible de diminuer sa consommation domestique d'énergie substantiellement sans réduire son confort, moyennant des applications d'un coût modéré (sans comparaison avec celui de la domotique).

À côté des progrès techniques, davantage de sobriété sera donc requise afin de réaliser la décarbonation et d'améliorer le bilan environnemental. À nouveau pointe la nécessité d'une sensibilisation, d'une implication, mais aussi d'une éducation appropriée des différents acteurs de la société européenne.

C. Méthode à privilégier : pour une politique structurelle ou moderne de l'offre et une recherche systématique de valeur ajoutée

1. Un travail sur les facteurs dits « manquants » : une politique structurelle ou moderne de l'offre

Pour mieux performer, un sportif a le choix entre le travail foncier ou le dopage. Le premier vise à remédier à ses lacunes, une à une, et à travailler ses points forts. Par exemple, pour concurrencer Nadal et Djokovic, Roger Federer a privilégié le revers frappé ou lifté au revers slicé, augmentant considérablement sa vitesse en retour de service. Afin de mieux contrer les balles giclantes, il a opté pour un tamis plus grand et pris la balle davantage au bond. Il a continué à travailler son extraordinaire réactivité. Djokovic suit un régime alimentaire strict sans gluten. Avant eux, Andrés Gómez, un gaucher équatorien très doué mais nonchalant, a finalement gagné Roland-Garros après s'être astreint à une préparation physique drastique. Celle-ci a notamment permis à ce grand gabarit de mieux plier les jambes sur balles basses et de réduire les erreurs. En football, l'attaquant belge Romelu Lukaku a fortement amélioré son jeu dos au but à l'Inter de Milan grâce à l'entraîneur Conte.

Ce travail foncier demande des efforts, mais ceux-ci procurent des fruits de manière durable. Tout le contraire du dopage, qui est efficace et indolore dans un premier temps, mais généralement nocif à terme pour les performances et la santé.

En économie, les deux options sont sur la table. La solution de facilité est de stimuler le tissu économique en injectant de l'argent (souvent fabriqué de toutes pièces). On ne travaille pas sur le moteur et ses qualités intrinsèques de puissance, de couple, de consommation modérée. On introduit plus de carburant, crée une euphorie passagère, encrasse le moteur et… creuse la dette publique, pour le malheur des générations futures. Bref, on officie davantage comme un pompiste que comme un ingénieur ou un metteur au point[246].

Une *politique structurelle ou moderne de l'offre est un travail foncier sur les conditions de l'activité économique*. Il s'agit non seulement de libérer celle-ci, mais aussi de construire un environnement optimal pour son déploiement. On cherche à améliorer l'efficacité des marchés des biens, des services et des capitaux, par des mesures structurelles et non des stimuli conjoncturels. Pour filer la comparaison avec une automobile, l'effort porte sur la qualité de conception du moteur, du châssis et du freinage, de manière à la rendre intrinsèquement et durablement plus performante et plus sûre.

246 Cela étant, comparaison n'est pas raison. Une stimulation conjoncturelle, tant qu'elle reste limitée dans le temps et exceptionnelle, peut avoir un effet positif sur l'économie en contribuant à relancer la machine. Tout est toutefois dans le dosage… et le sevrage.

Dans cette approche, une attention particulière est réservée aux *facteurs manquants*, c'est-à-dire aux maillons qui font défaut ou sont insuffisants dans la chaîne de la prospérité : marché réellement intégré, infrastructures matérielles, technologiques et de communication[247], protection de la propriété, des innovations et du processus d'innovation, incitation à l'innovation et au progrès technique, niveau de formation des travailleurs, qualité de l'information, rencontre de l'offre et de la demande, amélioration du fonctionnement des institutions (meilleur ratio efficacité-poids de la réglementation, principe *fitness* – mieux et plus avec moins –, digitalisation de l'administration, accélération du cours de la justice, diminution de son coût, etc.), éducation des consommateurs, des épargnants et investisseurs, de la population. En agissant sur eux, on augmente à terme le potentiel de prospérité et de croissance.

Cette approche amène à travailler par *objectifs intermédiaires*. Les pouvoirs publics ne se substituent pas aux opérateurs. Une fois mis dans des conditions favorables, à ces derniers de jouer et d'assumer leurs responsabilités[248], conformément au principe européen d'une économie de marché[249]. La confusion des genres doit être évitée.

Une politique moderne de l'offre peut également aider aux transitions (digitale, agricole, énergétique, etc.) par le développement d'un cadre porteur, une assistance dans les premières phases, tout en laissant, une nouvelle fois, la responsabilité finale aux entreprises et à la population.

247 Ces dernières sont appelées à jouer un rôle de plus en plus important. L'information est essentielle dans une économie de marché, car elle permet de rapprocher l'offre de la demande, que celles-ci soient existantes ou simplement en germe. La technologie d'aujourd'hui permet une diffusion de l'information de plus grande ampleur et à moindre coût que dans le passé. Un exemple de réalisation de plus en plus fréquente dans le domaine est celui des portails et plateformes. Par exemple, en vue de soutenir les jeunes pousses dans l'UE, la Commission européenne a lancé une plateforme en ligne en vue de favoriser le développement des activités de start-up partout en Europe (*BQE* n° 12418 du 5 février 2020).

248 Une autre ligne de force de cet essai. Le principe de responsabilité, des opérateurs économiques, des États et de l'Union européenne, en ce compris d'un organisme européen distinct comme la BEI, est un des fondements de la construction européenne.

249 Sur ce principe, v. *infra*, sous C, 5 et Ch. II, F.

Il s'agit aussi de les faire grandir en les mettant en mesure d'adapter à un contexte nouveau l'exercice de leur liberté d'entreprendre et de consommer.

En un mot, il s'agit d'améliorer le terrain et les conditions de jeu, la formation des joueurs par un travail foncier ; pas de doper ceux-ci par des mesures conjoncturelles à durée indéfinie, de fausser la concurrence par des subventions, de défausser les entreprises de leurs responsabilités, notamment financières.

Politique structurelle ou moderne de l'offre : confusions à éviter

Ce travail sur les fondamentaux se distingue nettement de ce que l'on entend parfois par politique de l'offre, à savoir la réduction de la pression fiscale sur les entreprises et les particuliers, souvent les plus nantis. Celle-ci ne fait pas partie de mes préconisations.

En outre, l'approche foncière proposée peut améliorer la demande et le pouvoir d'achat, de manière durable et sans stimuli conjoncturels. Relèvent d'une politique structurelle des mesures telles que l'interdiction du *roaming*, afin de réaliser effectivement un espace continu en Europe pour les utilisateurs de portable, une modération des prix par la combinaison d'une politique monétaire axée sur la stabilité des prix et d'une politique de concurrence vigoureuse, une politique énergétique de qualité qui abaisse le coût de celle-ci non seulement pour les entreprises, mais aussi pour les ménages, etc.

Aptitudes de l'UE à poursuivre une politique structurelle/moderne de l'offre

L'UE est bien placée pour mener une politique structurelle/moderne de l'offre.

D'abord, la création et le bon fonctionnement du marché unique supposent de lever les obstacles aux échanges et de favoriser ces derniers (par exemple, par la proclamation de la reconnaissance mutuelle des biens et services). Le projet européen appelle un travail sur la structure des marchés.

Ensuite, comme elle n'est chargée ni de la politique économique au quotidien[250] ni des services publics de proximité, l'UE peut davantage se concentrer sur les réformes et évolutions structurelles à long terme. En outre, elle est moins exposée à l'instabilité et au tumulte que les gouvernements nationaux. Or, une politique moderne de l'offre requiert du travail de fond et un certain temps pour déployer ses effets puisqu'elle opère indirectement, par le biais des acteurs économiques[251].

Elle se concilie aussi avec la répartition des compétences entre l'Union et les États membres : élaboration du cadre général à l'échelon européen, visant à optimiser les potentialités et avantages d'un grand marché, définition par les États membres de leur offre de services publics, de leurs politiques sociale, sociétale et économique, voire de mesures de relance conjoncturelles. Elle se concilie aussi avec la répartition des rôles entre les pouvoirs publics et les acteurs économiques, qu'ils soient privés ou publics (principe de neutralité de la propriété). Les premiers doivent respecter le principe d'une économie sociale de marché ouverte où la concurrence est libre.

La construction européenne est en outre axée sur le long terme. Elle vise à renforcer et à pérenniser les démocraties nationales, en les préservant contre leurs démons, a pour objectif la recherche d'une croissance durable au travers d'une économie sociale de marché hautement compétitive et de finances publiques soutenables.

---

250 Et échappe donc à son « cliquetis pernicieux », pour paraphraser la romancière Colette (*La maison de Claudine*).

251 Sur le succès de la politique de l'offre menée en France de 2015 à 2019, v. E. Le Boucher, « En revenir vite à la politique de l'offre », *Les Echos*, des 18 et 19 décembre 2020, p. 12.

L'UE présente à ces égards de précieuses complémentarités avec les États membres. Il serait dommage de ne pas les exploiter pleinement. *L'UE n'est pas un super-État et doit donc assumer ses missions en partie autrement.*

En toute hypothèse, l'UE n'a ni le budget ni un pouvoir taxateur qui lui permettraient de mener une politique classique de relance de la demande, par la distribution d'argent. Il faut donc que – sans donner de cadeaux à certains opérateurs économiques donnés et, dans la mesure du possible, sans créer de charges pour les contribuables – elle facilite la vie des entreprises et des citoyens par des mesures générales et leur permette ainsi de contribuer effectivement et sainement à la croissance.

Vice-versa, il est opportun que l'UE ne devienne pas un doublon des États membres. Sinon, les critiques contre la bureaucratie « bruxelloise » deviennent fondées. L'Europe doit augmenter les potentialités, faire office de levier et ne pas imposer un second carcan, comme elle a de plus en plus tendance à le faire.

Pas mal des suggestions ébauchées ci-dessus et dans le reste de l'essai se rattachent à une politique structurelle/moderne de l'offre. Il ne s'agit pas d'un *a priori* dogmatique de ma part. Une série des propositions faites, inspirées par mes expériences professionnelles diverses (assistant de juge à la Cour de justice européenne, avocat, professeur d'université), ont été élaborées avant que je ne prenne conscience qu'il s'agissait, sur le plan théorique, de mesures relevant d'une telle politique structurelle. L'UE doit faire grandir, de manière durable et non pas conjoncturelle, les Européens, leurs entreprises et les États membres. Une politique structurelle/moderne de l'offre est, dans l'état actuel de la construction européenne et des théories économiques, un instrument approprié à ces fins.

2. Toute initiative européenne doit être porteuse de valeur ajoutée significative

L'ADN de l'Union est d'augmenter les marges de manœuvre de ses États membres, la qualité de vie des populations et la santé des entreprises européennes. C'est la finalité de l'intégration économique qu'est en premier lieu l'UE : rendre plus forts et prospères les peuples européens afin de contribuer à leur bien-être.

Son objectif principal est, en effet, de permettre une *croissance durable* (qui intègre une dimension environnementale aujourd'hui) et le *bien-être de ses peuples* au travers d'une « *économie sociale de marche hautement compétitive* ».

L'UE doit donc être un levier pour les États membres, leurs populations et leurs entreprises, un rehausseur. Elle doit les faire grandir.

Corrélativement, il est dans la logique de l'UE que toute réglementation européenne apporte un plus incontestable. Elle doit être synonyme de *valeur ajoutée*, avoir un *impact positif significatif.*

Notamment, l'UE doit faciliter le développement économique. En conséquence, une directive ou un règlement européens ne devraient être adoptés que s'ils améliorent le cadre des activités économiques[252]. Le Parlement européen et la Commission ont parfois tendance à l'oublier, se rêvant investis d'un mandat illimité. Ils doivent recentrer leurs initiatives.

Spécialement au vu du décrochage de l'Europe, aggravé par la pandémie, la guerre en Ukraine et le conflit palestino-israélien, une

---

252 Les députés européens devraient davantage être conscients de cette priorité. Ils devraient réfréner leur tendance à se comporter comme des parlementaires nationaux. L'UE n'est pas un État jouissant d'une plénitude de compétences et de souveraineté. Sa finalité est plus spécifique. Elle doit assurer la prospérité économique d'aujourd'hui et de demain, une économie sociale de marché hautement compétitive. Il convient que le Parlement européen s'emploie d'abord et surtout à ces tâches.

priorité systématique doit être donnée à la prospérité, à la compétitivité et donc, comme déjà vu, à l'innovation, au progrès technique et à l'éducation. La poursuite d'autres objectifs est possible (pour autant que l'UE soit compétente), pourvu que ce ne soit pas au prix d'une économie sociale de marché HAUTEMENT compétitive et d'une croissance durable qui conditionnent tous les autres progrès.

Vers un contrôle plus exigeant du respect du principe de subsidiarité

Le principe de subsidiarité n'autorise l'UE[253] à s'occuper d'un problème que s'il ne peut pas être résolu efficacement au niveau national.

À mon avis, cette condition mise à l'intervention européenne ne devrait pas être simplement négative (insuffisance de l'action nationale). Une mesure européenne mal calibrée peut en effet être tout aussi insatisfaisante. Une plus-value *qualitative* intrinsèque de l'action européenne devrait être requise en plus de l'effet de masse ou de taille. La mesure européenne devrait présenter des mérites propres et clairs en termes de VALEUR AJOUTÉE.

Cette plus-value intrinsèque devrait être appréciée rigoureusement. Notamment, l'impact économique positif des mesures européennes devrait être évalué systématiquement. Entre deux mesures poursuivant de manière aussi efficace les objectifs secondaires, la plus efficace pour l'économie devrait être privilégiée. La recherche de la mesure la plus efficiente (c'est-à-dire celle atteignant le mieux les objectifs poursuivis au moindre coût au sens large) devrait être promue aussi.

Cet impact ne devrait pas être mesuré uniquement en termes de coûts pour les pouvoirs publics, le contribuable et les opérateurs économiques. Le retour sur investissement, direct et indirect, devrait être calculé également. Il faudrait déterminer la contribution nette d'une

253 Dans les matières qu'elle partage avec les États membres.

mesure à l'économie européenne, son coefficient multiplicateur : quel surcroît de prospérité, quelles retombées positives est-elle susceptible d'engendrer ?

Peut-être faudrait-il même requérir de la part des institutions européennes le respect d'un certain niveau de coefficient multiplicateur ou au moins les contraindre à calculer celui de la mesure envisagée. L'UE doit grandir aussi. Sa raison d'être l'oblige à mieux ; sa situation privilégiée (à l'abri des vicissitudes de la gestion quotidienne)[254] le lui permet, les circonstances actuelles l'y obligent.

Le contrôle par la CJUE du respect du principe de subsidiarité et d'une réelle contribution à l'amélioration de l'économie européenne devrait donc être substantiellement renforcé. Notamment, que celle-ci n'ait jamais censuré un texte européen pour violation du principe de subsidiarité interpelle.

À notre sens, une approche plus dynamique, plus exigeante vis-à-vis des institutions européennes, car requérant la démonstration d'une plus-value positive significative, devrait aussi être de nature à atténuer l'obsession des États membres du juste retour à leur contribution budgétaire. Ceux-ci bénéficient déjà d'un dividende en nature, à savoir les retombées positives de la participation à l'UE, dont nous avons vu qu'elle est déjà un multiple de leur contribution[255]. Si la valeur de leur participation à la construction européenne augmentait par des initiatives tournées davantage vers le développement, ils se soucieraient moins de la récupération immédiate de leur contribution budgétaire.

Une approche plus dynamique et exigeante économiquement pourrait aussi être de nature à réduire les réticences des États membres dits « frugaux » (Pays-Bas, Allemagne, Autriche, pays nordiques) face à une éventuelle augmentation du budget de l'Union.

254 V. *supra*, sous C, 1.

255 V. *supra*, Introduction.

Il serait donc utile de pouvoir déterminer non seulement les effets généraux positifs de la construction européenne, mais aussi la contribution de chaque nouveau projet européen, son retour sur investissement.

3. Le principe du respect d'une économie de marché ouverte où la concurrence est libre

En sport, un bon arbitre est celui qui ne se fait pas remarquer, tout en assurant le respect des règles et la sécurité des joueurs, par des interventions proportionnées et à bon escient.

De manière analogue, davantage de poids pourrait être donné à un principe européen : celui selon lequel l'action de l'Union (mais aussi celle des États membres ; nous y reviendrons dans le Chapitre II) respecte le principe d'une économie de marché ouverte où la concurrence est libre, où les facteurs de production circulent librement et peuvent rechercher une affectation efficace.

La non-interférence intempestive des pouvoirs publics dans l'économie de marché, l'interdiction de perturbation indue du jeu de l'offre et de la demande sont, finalement, tout aussi fondamentales que les libertés de circulation. Elles leur sont indissociablement liées et conditionnent leur effectivité, de même qu'un régime de concurrence non faussée.

Un grand marché ne sert à rien s'il est trop réglementé. Celui-ci perd de l'intérêt, voire devient moins attractif qu'un marché local plus libéralisé. À quoi bon se mouvoir dans un vaste environnement si celui-ci est pauvre en oxygène ?

L'économie devrait être aussi libre que possible et l'intervention publique n'être autorisée que lorsqu'elle est nécessaire et proportionnée à la poursuite d'une finalité d'intérêt général[256]. Le potentiel de créativité, d'initiatives, de production ne doit pas être inutilement réduit.

En conséquence, l'UE devrait établir une défaillance du marché avant de poser des initiatives. Elle devrait prouver que la situation est insatisfaisante et que, sans intervention de sa part, elle le demeurera.

Ce principe est étroitement lié à la responsabilité des opérateurs économiques. Qu'on les laisse tenter des choses, développer des technologies et des projets. Ils sont mieux placés que les politiques et l'administration pour déterminer ce qui est faisable, économiquement et technologiquement.

À cet égard, la proposition initiale de la Commission de bannir à l'horizon 2035 les moteurs thermiques était une erreur. Il est plus judicieux de fixer des objectifs et de laisser les opérateurs économiques développer les moyens d'y parvenir. Comment l'UE peut-elle décréter aujourd'hui que le moteur thermique est une impasse à un horizon de plus de dix ans ? N'est-ce pas léger et contreproductif alors qu'il y a une quinzaine d'années tant VW que GM avaient développé des prototypes ne consommant qu'un litre au cent ; que les biocarburants de la deuxième génération sont très prometteurs, notamment en matière d'émission de CO_2 ; que des carburants synthétiques sont en train d'être développés ? Ce n'est pas le moteur à combustion qui pollue, mais l'énergie utilisée jusqu'à présent[257] ! Il est bienvenu que la proposition ait été corrigée *in extremis* sur ce point.

256 Sur cette question, v. *infra*, Titre I, Ch. II, F, relatif aux politiques budgétaires, monétaires et économiques.

257 En ce sens aussi, v. B. Piccard, *op. cit.*, p. 114.

Pour un principe plus contraignant du respect d'une économie de marché ouverte

De manière discutable, la CJUE a considéré que le principe du respect d'une économie de marché ouverte où la concurrence est libre était dénué de portée contraignante[258].

Les réglementations européennes et nationales gagneraient en qualité et en efficacité économique si les législateurs devaient justifier leurs interventions attentatoires à la liberté économique en établissant leur nécessité et leur caractère proportionné pour poursuivre des objectifs d'intérêt légitime.

Oui à un level playing field, *non à un* level dying field *européen*

La priorité doit être donnée à un cadre juridique propice au développement de l'activité, simple, sûr, stable, ingénieux.

L'une des causes du succès américain est que les États-Unis ne surréglementent pas. Ils laissent de la liberté aux acteurs économiques. Donald Trump a été beaucoup critiqué. Il a toutefois pris une mesure « toute simple » au début de son mandat : pour une nouvelle réglementation, trois devaient être abrogées. Une telle contrainte oblige le législateur à aller à l'essentiel et à concevoir des cadres offrant le meilleur compromis avantages-charges pour les entreprises, la population, voire le secteur public. Plus près de nous, la Suisse a encore été primée comme le pays européen respectant le plus la liberté économique. Son succès n'est plus à démontrer. Donc, non à la rage réglementaire, aux usines à gaz, à l'étranglement. Oui à des cadres porteurs et féconds, sur lesquels doit déboucher

---

258 CJCE, 3 octobre 2000, *Echirolles*, aff. C-9/99, ECLI:EU:C:2000:532, pt 25.

une politique moderne de l'offre avisée. Dans *level playing field*, il y a « *playing* », qui évoque le jeu, le mouvement, le plaisir, pas « *dying*[259] », pas l'asphyxie.

La commission Juncker a veillé à réduire le nombre de propositions et à se concentrer sur les questions stratégiques. Ce cap doit être maintenu et l'effort amplifié. Les institutions européennes doivent être empêchées de succomber à la facilité. Elles aussi doivent grandir.

L'option de ne proposer une nouvelle mesure de réglementation que si une autre est supprimée (règle dite du « *one in, one out*[260] »), avancée par la commission von der Leyen, est donc un premier pas dans la bonne direction. Il faut probablement être plus radical, notamment pour inciter à une refonte plus substantielle de la réglementation européenne qu'un simple jeu arithmétique de sommes nulles. L'effort devrait donc être accentué : deux à cinq normes devraient être abrogées pour l'adoption d'une nouvelle.

En cette période de grands progrès technologiques, il n'est pas exclu que les législateurs puissent faire l'économie de certaines lourdeurs. Finalement, le monde politique est confronté à un défi comparable à celui de l'industrie : il faut se débarrasser des processus inutilement polluants pour parvenir à une plus grande efficience, c'est-à-dire à une efficacité qui s'accompagne de moins de dommages collatéraux que par le passé.

Le sevrage régulatoire devrait être d'autant plus marqué que, comme nous l'avons vu[261], dans l'état actuel des choses, la majorité écrasante des entreprises européennes sont des PME, voire des

259 Sur les causes de la tendance de l'UE à surréglementer, v. S. Schepers, « Comment sauver l'innovation industrielle en Europe », *Le Journal de l'école de Paris du management*, 2016/5 (nº 121), pp. 23-28.

260 Chaque proposition législative qui génère une nouvelle charge doit délester les citoyens et les entreprises d'une charge équivalente au niveau de l'Union dans le même domaine d'action (Comm. eur., communiqué IP/19/6657 du 4 décembre 2019, « Les méthodes de travail de la Commission von der Leyen : une Europe plus ambitieuse chez elle et sur la scène mondiale »). Sur le sujet, v. aussi *BQE* nº 12423 du 12 février 2020 et nº 12430 du 21 février 2020, respectivement pp. 5 et 7.

261 V. *supra*, sous A, 1.

microentreprises[262]. En conséquence, c'est en fonction d'elles que la législation européenne doit être élaborée aujourd'hui. Je n'exclus pas que, si la taille moyenne des entreprises en Europe augmente, à la suite par exemple des mesures préconisées dans cet essai, l'aiguille de la boussole puisse bouger. Mais, sapristi, dans l'intervalle, un peu de sens de la mesure et de « *Bodenhaftigkeit* » (conscience de la réalité du terrain) !

4. Vers un triangle vertueux de l'économie sociale de marché écoresponsable

Un douzième canard à qui tordre le cou : « the race to the bottom »

Lorsqu'elle harmonise, l'Europe le fait souvent par le haut. Elle se cale sur les meilleurs standards, voire crée des exigences inédites (par exemple, REACH à propos des substances chimiques). Rarement, elle s'est alignée sur la moyenne ou le moins-disant. Par là aussi, elle élève le niveau.

Chaque État ou groupe d'États apporte ses trésors, qui s'imposent comme le « meilleur produit », la « meilleure pratique ». La France a amené sa tradition administrative et la taxe sur la valeur ajoutée (TVA) ; l'Allemagne, les droits fondamentaux, une banque centrale indépendante, l'ordolibéralisme[263] ; les pays nordiques, la transparence.

En outre, point ignoré de beaucoup, la mise en commun d'expertises et d'approches diverses n'aboutit pas nécessairement à des compromis

262 Et que le droit européen accuse une sévère surcharge réglementaire.

263 Élaboré en réaction au nazisme dès les années 1930 par des intellectuels allemands en exil, l'ordolibéralisme est une doctrine qui attribue à l'État le rôle de garantir une concurrence libre et non faussée et de poser le cadre général des activités, tout en s'abstenant de davantage de dirigisme ou d'interventionnisme ponctuel. Il implique aussi une banque centrale indépendante du gouvernement, œuvrant à la stabilité financière et au maintien d'une inflation faible, ainsi qu'une politique budgétaire équilibrée.

laborieux ou à des solutions bâtardes. Elle peut donner lieu à des sauts qualitatifs, à des approches inédites, meilleures, plus ingénieuses. Songeons notamment aux OPCVM que nous envient les États-Unis, au RGPD[264], aux techniques de financement élaborées par la BEI et le FEI, à Airbus.

Ces points ne sont pas anecdotiques. Ils touchent aussi bien la richesse et à la diversité de l'Europe qu'à un des avantages d'un grand marché. Les marges que dégage un grand marché pour les entreprises (en tout cas, pour certaines d'entre elles[265]) permettent ce surcroît de qualité, dans des domaines aussi divers que la composition des produits, la protection des consommateurs et des données personnelles, les droits fondamentaux, les véhicules financiers…

Plus le marché unique sera effectif, plus nous pourrons monter dans la gamme des standards sociaux, environnementaux et sociétaux[266]. *La libération des énergies génère un surplus de richesses qui permet de financer davantage de politiques généreuses et ambitieuses.*

La priorité donnée au marché unique n'est donc pas incompatible, loin de là, avec des politiques sociale et environnementale ambitieuses, contrairement à une douzième idée reçue.

Il faut chercher à générer une spirale positive, une dynamique ascensionnelle entre les pôles économique, social et environnemental, ce qui suppose de ne pas se tromper sur l'ordre de la séquence et les proportions entre les composantes. Comme Gaston Leroux le faisait dire au journaliste Rouletabille, il faut prendre la raison par le bon bout.

---

264 Règlement général sur la protection des données.

265 Sur le fait qu'aujourd'hui encore, les bénéfices du grand marché sont réservés, pour l'essentiel, aux grandes entreprises, v. *supra*, sous A, 1.

266 Ce, contrairement à l'idée fixe de certaines mouvances politiques selon lesquelles le marché est synonyme de jungle et de moins-disant (et l'interventionnisme étatique de paradis). Non ! Si un grand marché permet de dégager plus de marges financières, il ouvre davantage d'espace à des politiques d'intérêt général non économiques.

À cet égard, le défi environnemental qui vient s'ajouter aux attentes sociales contraint également les États membres et l'UE à plus d'efficacité et d'efficience dans la poursuite des politiques qualitatives, désormais plus nombreuses. Si l'on additionne à cela la compétition internationale grandissante et le chantier de la défense militaire européenne, nous allons devoir redoubler d'ingéniosité et d'excellence. Notamment, nous ne pourrons plus nous permettre d'être indulgents vis-à-vis de l'Europe.

Pour une approche astucieuse et bien tempérée

Tant qu'elle ne compromet pas la compétitivité de l'économie européenne, l'intégration d'ambitions qualitatives est à approuver.

À cet égard, le défi qu'une nouvelle réglementation plus exigeante représente pour les entreprises peut, de manière paradoxale, leur conférer à terme un avantage comparatif. C'est en quelque sorte l'idée de la contrainte féconde chère au théoricien de l'histoire, Toynbee : face à un obstacle raisonnable, les sociétés humaines se surpassent. Encore faut-il que la réforme ait été bien conçue et que les efforts d'adaptation soient supportables.

Le sujet excède les limites de cet essai : comment distinguer les nouvelles réglementations contraignantes excessivement préjudiciables à l'économie de celles qui sont supportables, voire bénéfiques à terme, pour elle ? Quelles contraintes recèlent un potentiel de développement ? Par exemple, j'ai suggéré l'idée d'un socle organisationnel minimal pour les entreprises, qui pourrait augmenter leur productivité et faciliter leur croissance[267].

Un « label de qualité » bien étudié répondant à un besoin du marché, présentant un bon rapport coût-bénéfice pour les opérateurs économiques, des mesures d'accompagnement et de facilitation (à nouveau

267 V. *supra*, Partie générale, sous A, 1.

l'idée de la politique moderne de l'offre), un calendrier réaliste, etc., permettent-ils de faire la différence entre les bonnes et les mauvaises « contraintes » ?

L'inventivité et le soin avec lesquels le politique et l'administration élaborent ce cadre sont essentiels, de même que le phasage dans leur entrée en application.

Vers un partage équitable des fruits d'une nouvelle réglementation

On peut également songer à une répartition équilibrée des produits d'une réforme entre les sphères économique, sociale et environnementale. Le profit découlant d'un nouveau cadre ne devrait pas être capté par une composante de la société. L'idée est de nature à préserver, voire à augmenter, la cohésion sociale. Mais l'UE devrait s'assurer que son initiative est de nature à générer un surcroît de prospérité, sans lequel la poursuite d'objectifs non économiques est illusoire[268]. Par ailleurs, la pondération entre les différents pôles doit être fonction des priorités du moment.

5. Un atout important pour la société européenne : les standards

La dynamique entre l'activité des opérateurs économiques et l'action publique peut donner lieu à des produits reconnus, à des standards, comparables aux appellations d'origine dans les secteurs agricole et alimentaire.

268 À cet égard, on peut s'inquiéter du flou entretenu dans le Pacte vert pour l'Europe, à propos du sens dans lequel seront réglés les « possibles arbitrages entre des objectifs économiques, environnementaux et sociaux » (v. section 2.1.).

Loin d'empêcher l'activité économique privée ni même l'innovation, l'action publique vient lui ajouter une qualité distinctive par rapport à d'autres produits et services, leur conférer un surcroît de halo de qualité. La reconnaissance par le marché, éventuellement aidée par une promotion avisée (*branding*), peut en faire des *musts* susceptibles de conquérir des marchés externes.

Les progrès dans le marché unique peuvent donc déboucher sur davantage de produits européens d'exportation. Nous verrons dans la section suivante à quel point la politique commerciale commune est le prolongement externe du marché unique[269].

L'Europe peut devenir la référence mondiale, compte tenu de la taille de son marché. Les voisins de l'UE suivent de près les réglementations européennes. La Suisse veille à ce que ses produits soient eurocompatibles, voire *euro-compliant*. Il est à parier que, au-delà des vantardises de son ex-Premier ministre Boris Johnson, le Royaume-Uni fera de même.

Par l'atout qu'ils procurent aux entreprises européennes, des standards bien conçus[270] peuvent s'analyser comme relevant aussi d'une politique moderne de l'offre.

Quelques exemples de standards européens

L'Europe a été capable de créer certains standards ou produits de référence. Par exemple, ses fonds d'investissement grand public, les OPCVM, sont un succès mondial que les États-Unis nous envient. Ils sont commercialisés notamment en Asie et ont permis à l'Europe de compter parmi les plus importantes places financières du monde

269 V. *infra*, D, 1.

270 Malheureusement, la Commission européenne semble surtout songer à établir des normes mondiales en tirant profit du marché unique (« Une nouvelle stratégie industrielle pour l'Europe », préc.). Plutôt que de raisonner en termes de pouvoir et de rapport de forces, elle devrait s'atteler à élaborer un cadre juridique porteur qui constitue une griffe prestigieuse et un levier pour les productions européennes et relève davantage du « *soft power* ».

dans ce domaine. L'industrie des fonds (l'expression est révélatrice) a généré des dizaines voire des centaines de milliers d'emplois en Europe. Elle draine en outre des milliers de milliards d'euros du monde entier. Ceux-ci profitent à l'économie européenne. Le secteur de l'*asset management* permet de financer à des conditions avantageuses une série de projets en Europe[271]. En 2011, l'Europe a en quelque sorte étendu ce cadre aux gestionnaires de fonds d'investissement dits « alternatifs », qui investissent dans des sociétés dont les titres ne sont pas (encore) cotés en Bourse.

REACH est un système intégré d'enregistrement, d'évaluation, d'autorisation et de restriction des substances chimiques. Dans un premier temps, ce système de certification exigeant a soumis les entreprises européennes à des règles plus strictes que leurs concurrents de pays tiers. Aujourd'hui, il est devenu un label de qualité. Les entreprises qui n'y répondent pas se trouvent exclues d'une série de marchés[272]. Depuis 2015, la Corée du Sud a institué un système de contrôle des produits chimiques ouvertement inspiré du modèle européen : K-REACH[273].

Un autre exemple de standard européen qui s'exporte est celui de la taxe sur la valeur ajoutée. Les impôts n'étant pas les mécanismes préférés des citoyens, le côté indolore de la TVA a charmé les pays du Golfe. Des cabinets d'avocats et d'audit européens forment les fonctionnaires des Émirats arabes unis. À la clé, des emplois, de l'activité et aussi des rentrées fiscales en Europe.

Le RGPD est en train de devenir le standard le plus exigeant du monde en termes de protection des données et de la vie privée.

---

271 Sur la contribution d'un secteur financier européen efficace à la prospérité, v. *supra*, B, 3.

272 Defraigne et Nouveau, *op. cit.*, 3e éd., p. 370.

273 Defraigne et Nouveau, *ibid.*, p. 262.

Standards : implications pour le législateur européen

La dimension internationale doit être intégrée dans l'activité législative européenne. Dans le monde globalisé d'aujourd'hui, l'UE a un intérêt bien entendu à tenir compte du reste de la planète. Si le compromis acceptable pour 27 États membres peut aussi être un modèle pour des États tiers, c'est une valeur ajoutée supplémentaire de l'Europe.

La question devient cruciale avec l'émergence de la Chine. Il y a aujourd'hui trois blocs et potentiellement trois systèmes en concurrence. Les entreprises dans le monde adopteront une voire deux nomenclatures, pas trois. Par conséquent, il faut que l'Europe puisse dégager le plus rapidement possible un standard, susceptible de rallier le plus d'États tiers différents. Il y a aussi une prime à la rapidité en matière de standards, ainsi que l'illustre la compétition jadis entre les systèmes VHS, Betamax et VCR pour magnétoscopes : ce n'est pas la meilleure technique qui l'a emporté alors.

6. Vers l'autolimitation et davantage d'évaluation

Pour un cadre juridique concis

Une règle d'autolimitation serait la bienvenue. On reconnaît le maître dans la contrainte. Pourquoi ne pas limiter le nombre de règlements et de directives, le nombre de pages, tendre à l'essentiel ? La concision demande du travail. Une contrainte en la matière serait un aiguillon vers davantage de qualité de conception.

Un autre avantage d'une telle proposition est qu'elle renforcerait le débat et donc la transparence et la légitimité démocratique. Qui peut aujourd'hui prendre intelligemment position sur une proposition kilométrique de la Commission européenne ? La masse tue le débat démocratique. Elle empêche l'échange de vues et l'amélioration des propositions. Elle soustrait à l'examen contradictoire les vrais enjeux, en violation du principe européen d'ouverture, qui veut permettre d'associer le plus possible la population à la prise de décision.

Elle exclut de la discussion les petits opérateurs (on retrouve cette Europe peu accessible aux PME) et, en tout état de cause, renforce le coût de la participation des grands à celle-ci. Elle implique dès lors des charges excessives pour les entreprises et les citoyens, en violation du principe de proportionnalité, dès le stade de l'élaboration des propositions de directives et de règlements.

Vers des études d'impact indépendantes

Dans la fixation des objectifs européens et des mesures envisagées, l'UE devrait pouvoir s'appuyer sur des centres de recherche économiques indépendants de qualité. Toutefois, souvent les études d'impact sont faibles et servent à cautionner des choix politiques préalables.

Les instituts économiques indépendants sont importants en Allemagne. Ils sont un élément clé dans la doctrine et le dispositif d'ensemble qui ont constitué la matrice de la politique économique et monétaire allemande depuis plus d'un demi-siècle avec le succès que l'on sait. Par exemple, c'est le président de l'un des centres économiques allemands qui a tiré la sonnette d'alarme sous le chancelier Schröder[274].

Ces centres prennent part au débat public en Allemagne. Ils sont en partie des contrepouvoirs face aux tentations démagogiques[275].

Au niveau européen, il n'y a rien de comparable. C'est un signe de l'absence de société politique européenne au sens large[276].

274 H.-W. Sinn, *Ist Deutschland noch zu retten?*, Munich, Econ, 2004.

275 Notamment, ils sont associés à la vérification du caractère réaliste des prévisions de recettes budgétaires au sein de la « Commission des évaluations fiscales » (Larosière, *op. cit.*, p. 64).

276 Sur ce thème, v. *infra*, Titre IV, Ch. II.

Par ailleurs, il manque un examen systématique de l'efficacité et de l'efficience des mesures adoptées dans le passé[277], comme si l'UE estimait que des rapports critiques porteraient atteinte à sa crédibilité. Par exemple, ils font cruellement défaut dans le domaine de la politique agricole commune[278]. Toute réglementation qui s'avère inefficace ou inefficiente devrait être rapportée après quelques années.

7. Conclusion : vers une politique structurelle/ moderne de l'offre pour le marché intérieur

La pandémie et l'invasion russe en Ukraine ne font que renforcer l'urgence d'approfondir et d'améliorer le marché unique, de sorte à générer de la croissance supplémentaire, pourvu qu'elle soit écoresponsable et socialement équitable. Une prise de conscience semble se faire en ce sens[279]. À mon avis, une politique structurelle/ de l'offre moderne est une approche efficace que peut déployer l'UE compte tenu de ses compétences et de ses moyens d'action limités.

Quels gains en PIB peut-on escompter des propositions formulées ci-dessus ?

Une telle évaluation est ardue. Toutefois, sur la base des études récentes et au vu du fait qu'il est proposé ci-dessus des mesures non envisagées par ailleurs, on peut tabler sur 5 % du PIB au moins rien que pour la défragmentation et l'achèvement du marché unique et 2 % pour son amélioration durable, soit près de *1 120 milliards d'euros.*

---

277 De tels contrôles *a posteriori* existent (Fit for Future, Refit ; mais ils ne sont pas pratiqués systématiquement.

278 V. *infra*, Titre III, Ch. II.

279 V. les conclusions du Conseil de l'Union européenne du 11 septembre 2020, « Un marché unique approfondi en vue d'une reprise forte et d'une Europe compétitive et durable » : v. aussi les priorités de la présidence suédoise pour le premier semestre 2023.

Par exemple, la suppression des barrières aux services intracommunautaires devrait augmenter le PIB de l'UE-27 de 575 milliards d'euros, de celles aux échanges de biens de 228 à 372 milliards[280]. Une étude du Parlement européen de 2015 aboutit à des chiffres comparables : 1 030 milliards d'euros, dont 615 milliards pour le marché unique pour les consommateurs et les citoyens et 415 milliards pour le marché unique numérique[281]. La même étude, actualisée en 2019, évoque près de 900 milliards d'euros[282]. Selon un rapport du centre de réflexion *Centre for European Policy Studies* (CEPS) publié le 5 février 2024, le PIB européen pourrait croître de 9 % avec un marché unique pleinement exploité[283], soit de près de 1 440 milliards d'euros.

Les besoins considérables d'investissement (i) en R&D (entre 320 à 500 milliards d'euros supplémentaires par an), (ii) aux fins de la transition écologique (on parle d'au moins 260 milliards d'euros par an, ce qui correspond à près de 2 % du PIB européen en 2020[284]) et (iii) de la révolution numérique, (iv) en infrastructures de transport (50 milliards d'euros par an, soit plus de 0,3 % du PIB), (v) pour notre défense commune (l'ancien président Trump évoquait une contribution de 2 % à l'OTAN) et (vi) pour une société plus inclusive plaident pour une action décidée en faveur de davantage de prospérité[285].

À cet égard, il faut aussi plus de détermination que celle affichée aujourd'hui contre les protectionnismes de tous ordres. En général, l'UE

280 E. Prouzet, « The cost of non-Europe: Impact on the internal market », *Open Access Government*, 1er décembre 2022.

281 Parlement européen, *Évaluer le coût de la non-Europe 2014-2019*, Bruxelles, Parlement européen, avril 2015 ; se fondant sur la version 2019-2024 de l'étude du Parlement européen, la Commission avance, en mars 2020 un chiffre limité aux biens et services de 480 à 560 milliards d'euros, soit 3 à 4 % du PIB.

282 Parlement européen, *Un gain potentiel de 2 000 milliards d'euros pour l'Europe : évaluer le coût de la non-Europe 2019-2024*, Bruxelles, Union européenne, avril 2019.

283 V. *BQE* n° 13348 du 13 février 2024.

284 V. le Pacte vert pour l'Europe, section 2.2.1. « Promouvoir la finance et l'investissement verts et assurer une transition juste ».

285 V. en ce sens aussi *Rapport de la BEI*, préc., p. 7.

est trop molle. L'Europe est engourdie. On peut même se demander si son détricotage insidieux et méthodique n'a pas été lancé depuis une vingtaine d'années. Il faut la réveiller et inverser la tendance.

Pour en revenir au mythe d'Europe, inspirons-nous de la statue à Athènes : un taureau puissant, conquérant, bien campé, conduit d'une main légère et assurée par une Europe en amazone accomplie.

D. Postface : deux piliers à entretenir, les politiques commerciales commune et de la concurrence

Disons quelques mots de deux politiques étroitement liées au marché unique. La première, la politique commerciale commune, en est le prolongement en direction des pays tiers. La seconde, la politique de la concurrence, en constitue une pierre angulaire. Leurs contributions essentielles ne sont pas toujours bien comprises et perçues par la population.

En guise d'introduction commune, il semble que les échanges internationaux et un régime de concurrence vigoureux favorisent l'innovation, la productivité et la croissance. Un exemple emblématique est celui de la Corée du Sud. Celle-ci a été amenée à accepter les investissements directs étrangers et a suscité davantage de concurrence dans son économie après 1998. Alors qu'au début des années 1990, elle déposait huit fois moins de demandes de brevets que l'Allemagne à l'office des brevets américains, 20 ans après, elle soumettait 30 % de brevets de plus que l'Allemagne. Sachant qu'elle compte 50 % de moins d'habitants, la croissance est spectaculaire (12,5 à 130 %)[286].

286 Aghion et coll., *op. cit.*, p. 185.

1. Politique commerciale commune

Un prolongement du marché unique est la politique commerciale commune de l'UE, à savoir ses relations avec le reste du monde en matière d'échange de biens et de services. Il s'agit tout à la fois d'assurer des débouchés aux produits européens et de régler le régime des importations des pays tiers dans l'UE.

Au cours des dernières années, sous l'impulsion de la Commission européenne et spécialement de son ex-commissaire suédoise, Mme Malmström, l'UE a mené une politique judicieuse d'accords de libre-échange. Celle-ci a privilégié des relations commerciales avec des États tiers « socio-compatibles », c'est-à-dire dont le niveau de vie de la population et les standards de protection sociale (mais aussi les valeurs) sont relativement comparables aux nôtres.

En conséquence, les avantages économiques de ces accords ont été moins compensés, voire occultés, par de la casse sociale (par exemple, les constructeurs automobiles français ont réalisé de très belles exportations en Corée du Sud, contre l'attente d'une série de milieux français). À nouveau, la politique européenne a eu un impact positif, créé de la valeur ajoutée.

2. Les apports du droit européen de la concurrence

Le samedi, j'achète un journal étranger et son supplément hebdomadaire. Une fois sur deux, ce dernier n'est pas joint. En revanche, il m'est toujours facturé. La faute au distributeur, qui est en situation de quasi-monopole, et de ce fait, se fiche comme d'une guigne de la qualité du service. Dans le cadre d'un projet immobilier, un ami a été choqué par le prix des offres des électriciens. Peu de temps après, une enquête de l'Autorité de la concurrence était ouverte contre un cartel dans ce domaine. À trois reprises, la Commission européenne a refusé l'acquisition d'Aer Lingus par Ryanair, car la fusion créerait une situation de monopole sur 46 liaisons aériennes. Récemment, la collectivité territoriale de Corse a été condamnée à plus de 80 millions d'euros de dommages-intérêts. Elle avait octroyé un traitement favorable et des subventions à la SNCM alors qu'un opérateur privé, Corsica Ferries, pouvait assumer le même service sans subside.

Une composante essentielle du marché intérieur est un régime de concurrence libre et non faussée. Il est important que, pour les autres entreprises et les consommateurs, des entreprises mais aussi les États ne limitent pas ou ne distordent pas la concurrence. Le droit de la concurrence comporte plusieurs volets. Les premiers s'adressent avant tout aux entreprises (contrôle des concentrations, droit antitrust). Le contrôle des aides d'État et un sous-ensemble de celui-ci, la discipline des services d'intérêt économique général (SIEG), quant à eux, font peser des obligations surtout sur les États membres. Nous les aborderons dans le Chapitre II, relatif à la contribution actuelle et possible de l'UE à une meilleure gestion publique.

Rôles et valeurs ajoutées du droit antitrust et du contrôle des concentrations

Les entreprises sont libres de se concurrencer, pour leur bien, celui des consommateurs, de l'innovation et de la croissance. La liberté économique des entreprises est protégée contre certains agissements illicites des autres entreprises (ententes, abus de position dominante). En outre, le contrôle préalable des concentrations vise à préserver une certaine dose de concurrence sur les marchés et une structure saine de ceux-ci.

Le droit de la concurrence vise à protéger le principe d'une économie ouverte, fondée sur l'initiative privée et la liberté d'entreprendre, contre les abus, les excès des entreprises. Il apparaît comme un corollaire d'un grand marché unique. À quoi bon ouvrir les frontières si les entreprises, agissant isolément ou ensemble, peuvent maintenir ou restaurer des obstacles aussi redoutables au commerce intracommunautaire que le protectionnisme étatique, si elles peuvent empêcher les nouveaux entrants ?

Le droit de la concurrence exerce une pression à la baisse sur les prix, favorise une offre plus diversifiée, incite à davantage d'innovations. Une série de biens et de services sont moins chers comparativement (c'est-à-dire en tenant compte de l'inflation) aujourd'hui que dans le passé. Un bon côtes-du-rhône coûtait 5 euros en 1994. Aujourd'hui, la même bouteille est à 6,5 euros : à peine 30 % de hausse en 25 ans. On ne buvait du champagne qu'aux très grandes occasions, et l'on se contentait du produit générique. En 50 ans, en dépit de deux chocs pétroliers et de l'hyperinflation des années 1970, ce produit a seulement doublé ou triplé de prix et s'est démocratisé. L'offre est en outre beaucoup plus diversifiée aujourd'hui : cuvées spéciales, blancs de blancs, extra-bruts, champagnes de viticulteurs, champagnes rosés, etc.

Voyez les innovations au niveau des voitures : les progrès aérodynamiques avec la première voiture familiale de série à 0,30 de coefficient de pénétration dans l'air, l'Opel Omega au début des années 1980, la généralisation des quatre roues motrices, les airbags, l'espacement des entretiens, l'hybride et la voiture électrique, les instruments d'aide à la conduite, la diminution considérable de la consommation (dans les années 1970-1980, il fallait compter un litre d'essence par quintal ; on fait beaucoup mieux aujourd'hui[287]). La Commission a aussi mis le holà à une entente entre constructeurs allemands qui cherchaient à freiner le rythme de l'innovation en matière de pots catalytiques.

---

287 Même si le poids des voitures a trop augmenté.

Plus généralement, elle veille à ce que les entreprises ne s'endorment pas sur leurs lauriers et n'abusent pas de rentes de situation. Par exemple, elle a salué les systèmes de cartes de paiement et de crédit au départ, comme une nouvelle facilité pour les commerçants et les consommateurs. Puis, elle s'est montrée plus regardante pour finir par proscrire certaines commissions. Une telle approche maintient une pression à la baisse des prix et en faveur de l'innovation.

Par ailleurs, ce ne sont pas les entreprises qui dictent à l'UE les règles. Le cadre est défini par les autorités européennes, qui sont davantage à l'abri des pressions des milieux économiques que les responsables nationaux ou régionaux, que ce soit vis-à-vis des grandes entreprises américaines (Microsoft, Google, Apple) ou européennes (Alcatel Alsthom et Siemens).

La proximité vis-à-vis des citoyens et des entreprises n'est pas toujours un avantage pour le bon exercice des activités publiques. Un exemple est celui de la libéralisation réussie de la Pologne, réalisée sous le contrôle de la Commission européenne. Il contraste avec la corruption qui a caractérisé les privatisations en Ukraine et la situation insatisfaisante du point de vue de la concurrence qui y règne[288]. Conséquence : le niveau de prospérité de la Pologne a crû bien davantage que celui de l'Ukraine au cours des vingt dernières années.

La puissance des entreprises peut aussi se retourner contre la population et le pouvoir politique et, à terme, menacer la démocratie et plus globalement notre société pluraliste. Historiquement, le droit antitrust a bridé l'excès de puissance de certaines entreprises (Rockefeller aux États-Unis, IG Farben, le grand konzern allemand dans la chimie). Par leur technologie et leurs moyens financiers, certaines entreprises sont susceptibles de faire peser une menace

288 V. J. Tirole, *L'économie du bien commun*, Paris, PUF, 2016.

sur notre société de libertés, sur le déroulement des élections démocratiques[289]. Le droit de la concurrence peut être un garant de la démocratie.

Une politique à revoir ?

Éventuellement, la politique de concurrence doit subir certaines modifications, compte tenu notamment de la nouvelle donne mondiale. Songeons à la concurrence particulière venant de Chine avec des entreprises incubées, voire dopées, par les pouvoirs publics. Le refus de la fusion Siemens-Alstom par la Commission européenne ouvre un débat de fond à cet égard.

Il reste cependant à voir si la réaction doit prendre la forme d'une adaptation des règles de concurrence ou se faire sur le plan des relations commerciales avec les pays tiers concernés (Organisation mondiale du commerce…). Ce sont donc des questions délicates qui demandent travaux et réflexions.

À cet égard, les réactions à chaud des politiques (comme celles à la suite de la décision de la Commission européenne de s'opposer au projet de fusion Alsthom-Siemens) ne sauraient être des solutions, juste des incitations à un travail de fond. La suite du feuilleton Alcatel le confirme. La Commission a autorisé une fusion d'Alstom avec la société canadienne Bombardier moyennant des engagements qu'Alcatel avait refusés initialement dans le cadre du projet avec Siemens. Finalement, beaucoup de bruit pour rien ?

Il pourrait être de l'intérêt de l'UE de compter davantage d'entreprises disposant de la taille critique pour devenir des acteurs globaux (plutôt que des champions européens). Cette considération pourrait militer pour une évolution des critères d'appréciation des fusions-acquisitions,

289 Sur ce point, v. not. « Tim Wu, l'avertissement de Biden aux géants du net », *Les Echos Week-End*, mars 2021, pp. 32-33.

qui sont peut-être trop centrés sur l'affectation de la structure du marché européen, voire des marchés nationaux[290]. Sans être exclusive d'une telle évolution du contrôle des concentrations, une autre solution, nous l'avons vu, serait d'améliorer le fonctionnement du marché intérieur, de manière à augmenter la taille des PME, le nombre des entreprises moyennes et d'opérateurs usant des libertés de circulation et à accélérer l'émergence de nouveaux géants. Dans ce cas, la dimension géographique des marchés pourrait s'élargir. Il ne sera peut-être pas nécessaire de changer les critères d'appréciation[291]. À nouveau, la question du remède adéquat se pose.

En ces temps de grande évolution technologique et de retard de l'Europe en la matière, il est encore plus essentiel de favoriser et de préserver le processus innovatif[292]. En clair, la Commission européenne ne doit pas chercher uniquement le bien-être immédiat des consommateurs. Elle doit lutter de manière résolue contre les acquisitions de nouvelles technologies prometteuses par des majors afin de les neutraliser (acquisitions prédatrices) et toute manœuvre visant à freiner le rythme des innovations. Un premier mouvement en ce sens a été le fait pour la Commission d'inviter les autorités nationales de concurrence à lui renvoyer pour examen des concentrations sans dimension communautaire portant sur des technologies avancées ou des domaines sensibles. L'initiative a été prise à propos de l'acquisition par une société californienne d'une autre société californienne qui avait mis au point une technique révolutionnaire de détection de certains cancers (affaire *Illumina/GRAIL*)[293].

290 La délimitation des marchés régulièrement sur une base nationale confirme la prédominance des PME dans le tissu économique européen et le cantonnement de leurs activités au territoire national.

291 La vitesse à laquelle la Commission européenne pourra abandonner une définition nationale de marchés de produits et de services sera un très bon indicateur du succès de l'achèvement et de l'approfondissement du marché intérieur prôné dans cet essai.

292 En ce sens, v. égal. Aghion et coll., *op. cit.*, not. pp. 25 et 80.

293 Qui s'est soldée par l'interdiction de l'acquisition, déjà réalisée, de GRAIL par Illumina, par la Commission européenne le 6 septembre 2022, l'imposition à l'acquéreur de 432 millions d'euros d'amende pour ne pas avoir respecté l'obligation de notification préalable à la Commission européenne, et l'obligation pour Illumina de céder GRAIL dans les plus brefs délais, imposée le 12 octobre 2023.

Les règles actuelles en droit de la concurrence ne sont pas indépassables. Elles peuvent être améliorées ou adaptées à des circonstances changeantes. Elles sont toutefois éprouvées et constituent un progrès par rapport au régime économique qui les a précédées[294]. Gardons-nous d'une régression ; d'une forme de nostalgie et de paresse intellectuelle. Oui à la critique constructive du droit de la concurrence et à son amélioration ; non à la tentation des (fausses bonnes) idées qui ont fait faillite. Il y a, en droit public de l'économie, des pendants aux nostalgiques de la monarchie !

294 Par exemple, l'injection d'une dose de concurrence dans le système de santé allemand explique partiellement sa meilleure performance dans le traitement de la pandémie que le système de santé français, pourtant doté du même budget en termes de pourcentage du PIB.

Chapitre II

Prospérité et secteur public

Au début du Titre I, il avait été fait état de deux cornes d'abondance sur lesquelles Europe s'appuyait dans une représentation du XVIe siècle.

Aujourd'hui, le marché intérieur constitue la première. Nous avons montré qu'il pouvait donner plus de fruits encore dans le premier chapitre.

La deuxième corne sur laquelle il convient de se pencher aujourd'hui est celle des secteurs publics.

Jusqu'à présent, des ferments de progrès ont été semés par la construction communautaire dans ce champ. Depuis la crise bancaire de 2008, l'UE, avec l'aide des États membres, en a fait germer. *Elle a probablement cherché plus à faire progresser la gestion publique que le marché intérieur au cours des quinze dernières années.* Elle pourrait faire encore beaucoup mieux. Les levains publics pourraient devenir un autre levier puissant de développement.

En effet, dans la mesure où environ la moitié de l'économie européenne est sous contrôle public, l'amélioration de la performance du secteur public en Europe aura des conséquences substantielles. Ensuite, le chômage reflue de sorte que les États membres ne doivent plus maintenir des emplois fictifs. Enfin, au vu de l'ampleur des défis économiques, sociaux, environnementaux et militaires, il est essentiel que le secteur public devienne davantage un moteur de l'économie et de la société européennes.

Passons donc en revue les instruments à la disposition de l'UE pour *booster* les secteurs publics : salubrité des finances publiques, gouvernance budgétaire, politiques économiques, politique monétaire, relance de l'économie européenne après la pandémie, contrôle des aides d'État et des SIEG, respect du principe d'une économie ouverte de marché où la concurrence est libre. Compte tenu de leurs spécificités, nous évoquerons les investissements publics dans le Titre suivant.

A. Salubrité des finances publiques et responsabilité budgétaire

Des piliers de la construction européenne

La soutenabilité des finances publiques est une clé de voûte de l'UE.

D'une part, l'UE ne peut être en déficit et accumuler de la dette publique, ce qui est classique pour une organisation internationale. L'avantage le plus tangible est sa notation AAA, que peu d'États membres possèdent, et qui lui permet d'emprunter à de meilleures conditions.

D'autre part, l'Union économique et monétaire (UEM) a introduit des règles de discipline budgétaire, les plafonds de 60 % de dette publique et 3 % de déficit public.

La responsabilité budgétaire des pouvoirs publics, européens et nationaux, est en ligne avec la responsabilisation de chaque composante de la société européenne, notamment celle des opérateurs économiques. Chacun doit veiller à sa viabilité financière et ne peut tabler sur le secours d'autrui en principe. C'est aussi une caractéristique d'une économie de marché, elle-même un autre fondement de la construction européenne.

Des limites mises à l'endettement des États membres constituent aussi une protection des Vingt-Sept contre la démagogie, la mise en péril des chances des générations futures et le court-termisme. C'est une condition de la soutenabilité de nos démocraties et du bien-être des populations, deux des missions fondamentales de l'Europe. La discipline budgétaire imposée par l'UE est une valeur ajoutée supplémentaire de celle-ci.

Une discipline respectueuse des diversités nationales

Les États membres demeurent largement libres de définir leur politique économique, sociale, sociétale, voire environnementale, sous réserve du respect des grands principes européens, dont la soutenabilité de leurs finances publiques. Il leur appartient dès lors de fixer en conséquence le niveau des impôts. Celui-ci peut varier considérablement d'un État membre à l'autre (du simple au double, 22,7 % en Irlande pour 47,4 % en France en 2019). Une nouvelle fois, les exigences européennes sont respectueuses des spécificités nationales.

Ces écarts sont mal compris de la part de certains, qui les assimilent à de la flibuste, du dumping fiscal, une treizième idée reçue. En fait, ces différences de niveau d'imposition – que l'on rencontre à l'intérieur de beaucoup d'États sur le plan local, voire régional – sont la conséquence de l'autonomie des États membres (et des attentes différentes des populations) dans une série de politiques, mais aussi de leur plus ou moins grande qualité de gestion. Pourquoi obliger un État membre à prélever 50 % d'impôt s'il couvre ses coûts de fonctionnement avec 35 % ? Par ailleurs, en raison de leur situation géographique ou de leur moindre attractivité, certains États membres ne peuvent pas pratiquer le même niveau d'impôt que des pays qui apparaissent plus naturellement comme des paradis sur terre.

Perception de la discipline budgétaire au sein des États membres

Les États germaniques, nordiques, baltes et slaves considèrent qu'il s'agit de règles de bonne gestion. Par exemple, des États aussi sociaux-démocrates que la Suède, le Danemark et la Finlande sont sous les 60 % de dette publique, voire nettement en dessous, alors que leur niveau de prélèvements publics est comparable à celui de la France. Ils envisagent de réduire encore leur endettement pour mieux affronter les défis d'aujourd'hui et de demain[295]. L'Allemagne, dont la dette publique était passée de 80 % après la réunification (un effort immense) à 58 % avant la pandémie, voulait ramener la dette publique à 40 % en 2040[296]. Les Pays-Bas étaient à 52,4 %. En dépit de la crise bancaire de 2008 qui l'a frappée de plein fouet, l'Irlande était à 64,8 %. Le Luxembourg était à 22 %.

On note aussi une modération du déficit public et de la dette publique dans les nouveaux États adhérents en général. Prompts à leur faire la leçon sur une série de sujets, certains pays occidentaux devraient examiner leurs chiffres[297].

Les pays latins sont généralement plus fermés aux avantages d'un endettement modéré. Avant la pandémie, la Grèce était à 181,1 % du

295 À 42 % en 2016, la Suède vise les 35 %. Fin 2018, elle avait ramené sa dette à 38,8 %. Le Danemark était à 34,1 % et la Finlande à 58,9 % fin 2018.

296 Larosière, *op. cit.*, p. 65.

297 La Hongrie est à 70,8 % ; la Slovénie à 70,1 % ; la Pologne et la Slovaquie à 48,9 % ; la Lettonie à 35,9 % ; la Roumanie à 35 % ; la Tchéquie à 32,7 % ; la Lituanie à 32,4 % ; la Bulgarie à 22,6 % ; l'Estonie à… 8,4 %. La modicité de la dette publique des États membres d'Europe centrale et orientale est probablement due à une financiarisation moindre de leur économie.

PIB ; l'Italie à 132,2 % ; le Portugal à 121,5 % ; Chypre à 102,5 % ; la Belgique à 102 % ; la France à 98,4 % ; l'Espagne à 97,1 %, ainsi que cela ressort de la figure 24 ci-dessous[298].

On notera toutefois les progrès spectaculaires de la Grèce où, en 12 mois, la dette publique est passée de 195 à 171 %, est au plus bas depuis 2012 et s'est accompagnée en 2022 d'un excédent budgétaire primaire (c'est-à-dire hors charge de la dette) de 0,1 %[299].

Figure 24.

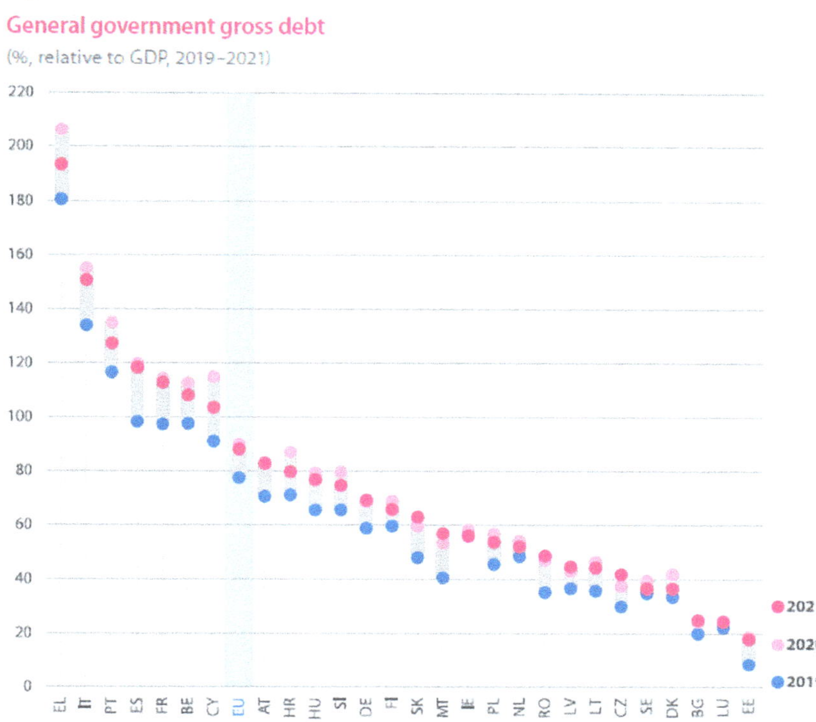

298 Dette publique brute (% du PIB, 2021 et 2022), *Chiffres clés sur l'Europe*, 2022, p. 41. Source : *Eurostat*.
299 *Les Echos*, 19-20 mai 2023, p. 6.

Quoi qu'il en soit, les pays latins doivent réaliser qu'ils sont largement minorisés dans l'UE des Vingt-Huit ou, encore plus, des Vingt-Sept, en ne représentant plus qu'un quart des États membres. En effet, avec la sortie du Royaume-Uni, dont la dette publique était alors supérieure à la moyenne européenne de 80 %, le niveau moyen serait tombé sous ce seuil, aux alentours de 78 %, en l'absence de pandémie.

La salubrité des finances publiques : un atout ou une faiblesse pour l'Europe ?

Quelles que soient les opinions en la matière, il est généralement considéré qu'un niveau d'endettement public au-delà de 70 à 90 % est contreproductif[300]. Bien sûr, je compare des pommes avec des poires, un stock (la dette) avec un flux (le produit national). Toutefois, généralement, les États qui présentent une grosse dette publique n'ont pas l'économie la plus dynamique, spécialement ceux qui comptent un secteur public important. Leur besoin d'argent accapare l'épargne et réduit d'autant les investissements du secteur privé, potentiellement plus productifs. La majorité de leurs dépenses publiques ne sont pas (souvent) des investissements[301]. En outre, quelle est la rentabilité des investissements publics ?

Une dette élevée peut aussi avoir un effet dissuasif sur les opérateurs économiques, qui redouteront de futures hausses d'impôts[302]. Le paiement des intérêts sur la dette est le deuxième ou troisième poste du budget de la France, à peu près au niveau de celui de l'éducation nationale. Autant d'argent qui n'est pas affecté à des politiques d'intérêt général. Un sujet de préoccupation grandissant à l'heure de la remontée des taux. Par exemple, le service de la dette publique représentait 1,5 % du PIB en France contre 0,5 % en Allemagne…

300 J. de Larosière, *Les lames de fond se rapprochent*, Paris, Odile Jacob, 2017.

301 En France, « [l]es dépenses de fonctionnement, les prestations sociales et la charge de la dette représentent plus de 90 % du total » (Larosière, *40 ans d'égarements économiques…*, *op. cit.*, p. 55).

302 Sur la question, v. *ibid.*, p. 54.

et 3 % en Italie avant la remontée des taux. La qualité du débiteur amène certes à nuancer le propos. Il n'en reste pas moins que 1 % de déficit de différence du PIB au niveau des Vingt-Sept représente 160 milliards d'euros.

S'il connaît une croissance forte du PIB, un État peut se permettre un niveau d'endettement plus important. Cela fait relativiser le déficit et la dette publics des États-Unis qui, grâce notamment[303] à leur politique d'investissement dans la recherche et le développement (sans parler de leur privilège régalien et de leur rente militaire ainsi que de la propension à consommer de leur population), connaissent une croissance plus importante.

Mais peu d'États membres, voire aucun, spécialement parmi les pays latins, sont dans la situation des États-Unis.

La modération de la dette publique s'accompagne de déficits publics réduits, voire d'excédents. Elle procure des marges de manœuvre en cas de difficultés imprévues ainsi que pour mener des politiques d'intérêt général.

C'est ainsi que l'Allemagne a dégagé des milliards d'euros de boni public en 2019 et s'était dite prête à une relance budgétaire pour contrer la menace de récession. Elle a lancé un programme de verdissement de son économie de 100 milliards d'euros. En 2022, après l'invasion de l'Ukraine par la Russie, elle a annoncé un effort de la même ampleur pour renforcer sa politique de défense. Récemment, elle a montré sa capacité à protéger ses entreprises contre l'augmentation du coût de l'énergie. Sa rigueur budgétaire par temps normal et pendant les phases de prospérité lui permet de mener une politique conjoncturelle contracyclique pendant les crises, spécialement lorsqu'elles sont graves.

303 La consommation privée est aussi un moteur de la croissance américaine.

On ne sera pas étonné que les pays nordiques soient particulièrement à même de mener des politiques contracycliques, à la différence de la Grèce et de l'Italie, comme l'indique la figure 25[304] ci-dessous.

Figure 25.

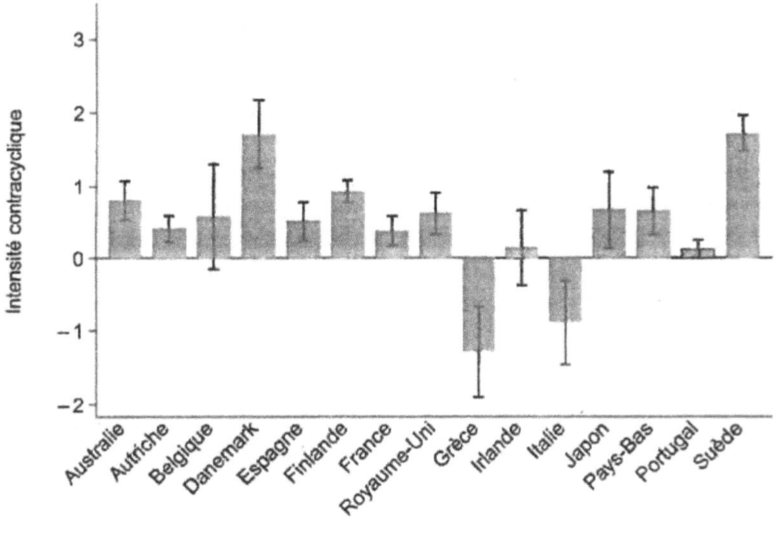

Figure 14.3. Mesure de l'intensité contracyclique de la politique budgétaire, 1980-2005.
Note : un signe positif reflète une politique budgétaire contracyclique, alors qu'un signe négatif montre une procyclicité de la politique budgétaire.
Source : Aghion, Hémous, Kharroubi (2014).

On notera aussi une tendance à une meilleure qualité de gestion publique dans les États membres en bonne situation budgétaire, ainsi que l'a révélé la crise de la pandémie. Alors que l'Allemagne et la France consacrent le même pourcentage du PIB aux dépenses de santé, la performance allemande a été nettement supérieure. L'Allemagne

304 Tiré d'Aghion et coll., *op. cit.*, p. 355.

compte trois fois moins de postes d'encadrement dans le secteur de la santé que la France. Elle a aussi accepté une dose de concurrence dans le domaine.

En outre, les États membres à endettement public contenu investissent davantage. Les taux d'investissement en RDI y sont généralement plus élevés. On relève aussi un meilleur niveau de croissance, des gains de productivité plus importants, un taux de chômage inférieur, un meilleur taux d'emploi, ainsi que cela ressort de la figure 26 ci-dessous[305].

Figure 26.

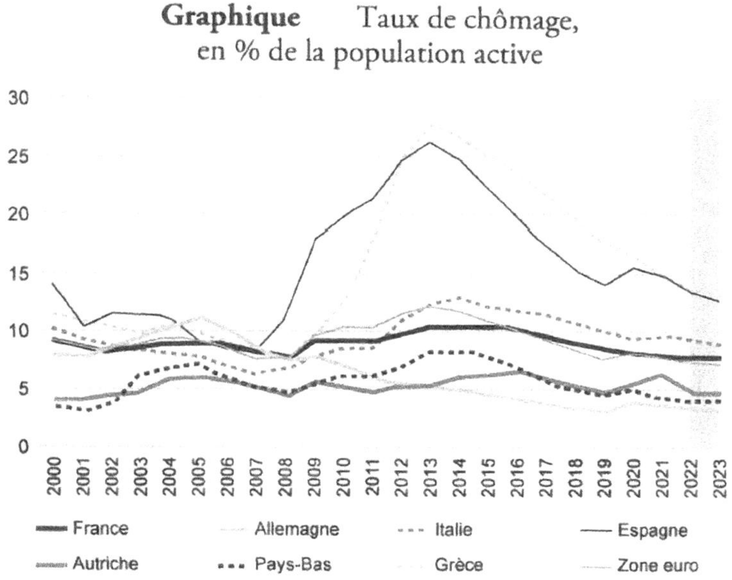

Sources : Commission européenne, Eurofi Macroeconomic Scoreboard, septembre 2022.

305 J. de Larosière, *En finir avec le règne de l'illusion financière : pour une croissance réelle*, Paris, Odile Jacob, 2022, p. 60.

La discipline budgétaire permet aussi d'être... plus généreux vis-à-vis du reste du monde. Les États membres ont adhéré à l'objectif de consacrer 0,7 % de leur PIB à l'aide au développement. La moyenne atteinte n'est que de 0,48 %[306]. Quels pays dépassent l'objectif ? La Suède (1,14 %), le Luxembourg (1,02 %), le Danemark et l'Allemagne (0,73 %), soit quatre parmi les États membres les plus performants en matière de salubrité budgétaire.

Donc, tant que les États membres n'auront pas une croissance plus importante, les astreindre au respect d'une certaine orthodoxie budgétaire se recommande s'ils veulent garder des marges de manœuvre pour mener des politiques ambitieuses et affronter les défis d'aujourd'hui et de demain (digitalisation, intelligence artificielle, verdissement de l'économie, politique de défense, etc.).

La salubrité des finances publiques est vitale pour un régime politique. L'Empire romain est mort de gabegie financière. Il est essentiel de maintenir une certaine proportion entre les recettes et les dépenses publiques ; de disposer en outre de marges de manœuvre, de coussins pour affronter les coups du sort comme la pandémie, les catastrophes naturelles, les mutations et, comme les événements ukrainiens nous le rappellent, les conflits internationaux. « Gouverner, c'est prévoir. » Le dicton bien connu renferme une double signification : outre la capacité de se projeter dans le futur et d'avoir une vision, il s'agit de faire montre de prévoyance par rapport aux épreuves, bref d'avoir des réserves.

Les critères de Maastricht : pas si ineffectifs que cela

Grâce au pacte de stabilité et au semestre européen[307], l'endettement des États membres a diminué de 10 points de 2013 à 2019, passant

306 V. *supra*, Introduction.

307 V. *infra*, sous B, 1.

de 90 à 80 %. C'est probablement une tendance à prolonger, tant que nous n'arriverons pas à des appréciations plus fines de la soutenabilité des déficits et dettes publiques.

En outre, pour la première fois depuis l'introduction de l'euro en tant que monnaie physique (2002), aucun des États membres de la zone euro n'était en déficit excessif avant la pandémie. La règle des 3 % n'est donc pas aussi ineffective que d'aucuns le clament. Un quatorzième bobard ! Il ressort de la figure 27[308] ci-dessous que, parmi les États de l'UE, seule la Roumanie, qui ne fait pas partie de la zone euro, présentait un déficit budgétaire supérieur à 3 % en 2019. En outre, juste avant la pandémie, treize États membres étaient en excédent budgétaire, soit près de la moitié[309].

Figure 27.

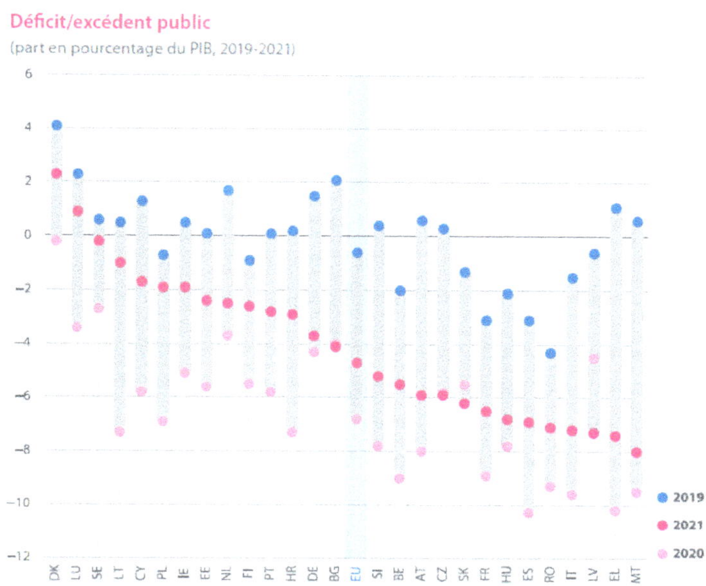

308 *Chiffres clés sur l'Europe*, 2023, p. 40.

309 Ces lignes ont été écrites avant la pandémie.

Ces marges de manœuvre ont été utiles pour amortir le choc de la Covid-19 en 2020.

Vers une évolution des règles budgétaires européennes ?

S'il y a moyen d'arriver à un réglage plus fin en la matière, qui procure de manière soutenable davantage de richesses aux États et aux populations de l'UE, tant mieux[310]. Les taux de 3 et 0 % ne sont pas des fétiches indépassables ni des paramètres monolithiques. Mais il vaut mieux des cotes claires, mal taillées, que plus de repères ou des méthodologies opaques !

Il est régulièrement proposé que certaines dépenses publiques ne soient pas soumises à ces critères, telles que celles en vue de lutter contre le réchauffement climatique. L'enfer est pavé de bonnes intentions. Il ne suffit pas de qualifier d'investissement une dépense pour qu'elle soit apte à produire des fruits. La démarche doit être sérieuse[311, 312].

Par ailleurs, si l'on commence à prévoir des exemptions à la règle budgétaire au nom de certaines urgences, celle-ci sera vidée de sa substance. Un sou est un sou et certains équilibres sont fondamentaux. Les projets et rêves sont illimités, à la différence des moyens. Voilà pourquoi l'économie est une science dite « lugubre ».

En conclusion, de même que les règles de concurrence, celles relatives à la dette publique et au déficit public sont susceptibles d'améliorations. Toutefois, il faudrait éviter que les changements envisagés ne soient des régressions, inspirées par des idées qui ont fait faillite.

---

310 Voir à cet égard la réforme du pacte de stabilité intervenue dans la nuit du 9 au 10 février 2024, qui introduit davantage de flexibilité dans la trajectoire d'ajustement des finances publiques nationales.

311 Sur cette notion, v. *BQE* n° 12412 du 28 janvier 2020.

312 À cet égard, les considérations développées par la Commission européenne dans sa communication « Le pacte vert pour l'Europe » du 11 décembre 2019 à propos des investissements publics verts et de budgétisation verte sont rassurantes. Tout à la fois le souci d'améliorer la gouvernance budgétaire de l'UE et celui de préserver les garanties contre les risques pesant sur la viabilité de la dette sont évoqués (section 2.2.2. « Verdir les budgets nationaux et envoyer les bons signaux de prix »).

Construction européenne, responsabilité budgétaire et mécanismes de solidarité

Comme il a été indiqué, chaque État membre est responsable de ses finances. Il demeure à cet égard un État souverain, un sujet du droit international avec les obligations financières qui en découlent. Réciproquement, les autres États membres ne répondent pas de ses dettes. Une raison en est qu'un homme politique est élu par une population, la représente et l'engage. Ce n'est pas à la population d'un autre État membre de supporter les conséquences de ce choix plus ou moins heureux.

Les risques de déséquilibre, d'instabilité, de difficultés dans un ou plusieurs États membres soulèvent néanmoins la question de l'opportunité de certains mécanismes d'accompagnement au grand marché intégré. La disparition des frontières intérieures, l'impossibilité de les rétablir, la communauté de destins, la solidarité amènent à réfléchir à une intervention collective en cas de perturbation grave dans un État membre. Par exemple, les dernières années ont mis en évidence les difficultés de financement de certains États, avec l'envolée des taux d'intérêt qui leur étaient demandés (*spread*).

Compte tenu du gain que représente le grand marché pour tous, des mécanismes de solidarité, temporaire et conditionnelle, peuvent être envisagés[313]. Ils ne doivent toutefois pas exonérer les uns et les autres de leurs engagements. On retrouve le principe de responsabilité, qui est fondamental dans la construction européenne et s'applique tant à l'Union européenne, aux États membres, aux entreprises qu'à la population. Par ailleurs, les secours ne doivent pas mettre à mal l'ensemble de la construction. Il y a une proportionnalité à respecter : la solidarité, ce n'est pas tous couler ensemble.

---

313 Ils n'excluent évidemment pas d'autres solutions, qui peuvent avoir la priorité. Par exemple, la BCE a, sous Mario Draghi, pu résoudre le problème des *spreads* en pratiquant une politique différenciée d'achat d'obligations des États membres qui y étaient le plus exposés au nom de la nécessité de maintenir l'unicité de la politique monétaire et donc son efficacité.

L'Europe est une valeur ajoutée, un complément à l'échelon national : elle ne s'y substitue pas ni ne le libère de ses engagements. En revanche, elle peut l'aider dans une certaine mesure et sous certaines conditions. « L'Europe t'aide, mais aide-toi aussi[314]. » C'est aussi faire office de levier.

Prenons le cas d'un dérapage du déficit et/ou de la dette d'un État membre. Afin de discipliner les États prévaut une règle dite du « *non-bail out* » : ni l'Union ni les autres États membres ne peuvent répondre des engagements d'un État membre ou les prendre en charge. Cela n'empêche toutefois pas une assistance financière conditionnée. On concilie de la sorte la responsabilité individuelle des États, un secours temporaire et le souci d'une valeur ajoutée, d'un progrès durable (les difficultés doivent demeurer exceptionnelles, ne pas se reproduire, l'État membre secouru devant prendre des mesures structurelles pour améliorer sa gestion).

C'est sur la base de ces principes qu'a été institué le mécanisme européen de stabilité (MES), un traité entre les États membres de la zone euro.

Cette logique conduit à préférer aux euro-obligations des alternatives qui n'engagent pas les États membres pour la dette des autres[315].

On pourrait, par exemple, imaginer que, au fur et à mesure des progrès enregistrés dans la gestion de ses finances publiques (mesurables au niveau du solde budgétaire primaire[316]), une fraction de la dette accumulée par un État membre puisse bénéficier de conditions de refinancement favorables *via* un mécanisme impliquant l'ensemble

314 Une version moins rude du « *fördern und fordern* » (aider et exiger) allemand.

315 C'est une question fondamentale de respect de la démocratie et de responsabilité des populations. Les électeurs d'un pays ne désignent pas les élus d'un autre État membre. En conséquence, ils ne sauraient être tenus responsables de la mauvaise gestion de ces derniers. C'est aux électeurs de ces derniers États membres d'assumer.

316 Situation budgétaire avant le service de la dette. Par exemple, la Grèce présentait un solde primaire positif de 2 % en 2023.

des États membres (ou des membres de la zone euro), voire l'UE, tant que ces améliorations subsistent[317]. Le service de la dette continuerait toutefois à être assuré par l'État membre concerné seul. En quelque sorte, le mécanisme prendrait le relais du MES sur la route du retour à des finances soutenables. Après le sauvetage, il contribuerait à la restructuration des finances publiques d'un État membre.

Il s'agit non pas d'assumer des obligations ou un rôle à la place de quelqu'un d'autre ou de s'y substituer, mais de l'aider à les remplir. À nouveau donc les idées de levier, de valeur ajoutée, de facilitation et de synergie. Serait instaurée une solidarité non déresponsabilisante et non anesthésiante. Aider[318] celui qui trébuche à se relever et le faire grandir durablement.

B. Gouvernance budgétaire et surveillance macroéconomique

1. Le semestre européen

Le semestre européen est un exemple de coordination étroite entre les États membres, la Commission européenne et le Conseil. Les premiers élaborent leur projet de budget, qui est soumis pour observations à la Commission européenne. Celle-ci l'examine à la lumière d'une série d'objectifs et de priorités européennes.

Le semestre européen a été instauré en 2011, en réaction à la crise bancaire de 2008 puis budgétaire. L'exercice a un effet disciplinant sur les États par le fait qu'ils ont à réfléchir à une série de problématiques, à formaliser un projet, à l'exposer à la contradiction. Progressivement,

317 En cas de nouvelle détérioration, les États membres perdraient l'accès à ce mécanisme pour le futur, tant que leur solde primaire n'est pas positif.

318 Sans mettre sous tutelle, ce qui serait la conséquence logique d'une mutualisation des dettes.

une culture européenne en matière budgétaire se développe, avec un échange des meilleures pratiques. À travers cet exercice mené dans un cadre et selon un calendrier précis, renouvelé chaque année, un apprentissage mutuel des États membres et des institutions européennes prospère (« *learning by doing* »). La démarche est empirique.

Le semestre européen est un autre mode d'intervention de l'UE. Celle-ci ne légifère pas, mais donne un éclairage technique aux États membres sur leur projet de budget. Elle coopère avec eux en vue de l'amélioration de pratiques budgétaires en Europe. Sans préjudice des options de politique économique et sociale des États membres, elle mène un dialogue afin d'aboutir à plus d'efficacité.

Sur les plans économique et budgétaire, il s'agit notamment d'améliorer la résilience aux chocs économiques externes, de contribuer à une économie prospère à long terme (on en revient à une politique moderne de l'offre, à une politique structurelle), d'assurer la soutenabilité des finances publiques des États membres et de prévenir les déséquilibres macroéconomiques excessifs par des ajustements de compétitivité.

Le semestre européen contribue aussi à ce que certains thèmes importants pour l'ensemble des 27 États membres fassent l'objet d'une attention suivie.

Parmi les objectifs pris en considération par la Commission, outre les critères budgétaires de 3 et 60 % évoqués ci-dessus, figurent l'amélioration du taux d'emploi et la lutte contre le chômage, déjà rencontrés[319].

Même si le niveau de suivi des recommandations de la Commission par les États est inégal[320], après quelques années, les points faisant l'objet d'une vigilance particulière de l'UE ont connu des progrès

319 V. *supra*, Titre I, Ch. I, B, 4 (ii).

320 Il est toutefois en nette augmentation (de 52 % en 2021 à près de 69 % en 2023, v. *BQE* n° 13356 du 23 février 2024).

considérables. La lutte contre le chômage est un domaine où les recommandations européennes sont particulièrement intégrées dans les politiques actives du marché du travail[321]. Or, le chômage a reflué de plus de 45 % entre janvier 2013 et août 2019, passant de 12 à 6,2 % dans l'UE, ainsi que cela ressort de la figure 28[322]. Une performance inédite. Souvenons-nous de la difficulté à réduire le chômage après les deux chocs pétroliers de 1973 et 1979.

Figure 28.

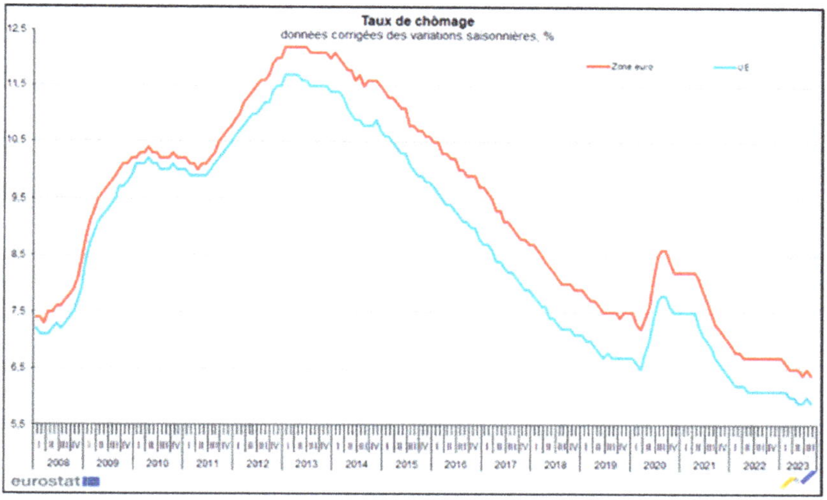

Autres thématiques examinées

On notera aussi une intégration progressive de sujets sociaux et écologiques[323].

321 V. *BQE* n° 12490 du 20 mai 2020.

322 Eurostat, euroindicateurs, 17/2024, 1er février 2024.En décembre 2023, le taux de chômage était tombé à 5,9 %.

323 V. *BQE* n° 12430 du 21 février et n° 12441 du 7 mars 2020 ; l'introduction de la communication de la Commission le Pacte vert pour l'Europe.

C'est ainsi que le socle européen des droits sociaux est désormais pris en considération. Proclamé en 2017, celui-ci énonce 20 principes pour une Europe sociale en matière d'égalité des chances, d'accès au marché du travail, de conditions de travail équitables ainsi que de protection et d'inclusion sociales.

Récemment, le semestre a inclus les objectifs de développement durable des Nations unies.

Une place est faite aussi à la promotion de la croissance économique, à la transition numérique, à la prévention des déséquilibres macroéconomiques excessifs dans l'UE, au suivi de la mise en œuvre des plans nationaux de relance à la suite de la pandémie.

Le semestre européen, une mine d'or potentielle

Dans la mesure où le semestre européen porte sur les budgets nationaux et que ceux-ci représentent aujourd'hui 51 % du PIB des Vingt-Sept, toute amélioration suscitée par cet exercice collectif peut avoir un impact substantiel. L'approche pourrait être donc beaucoup plus ambitieuse qu'aujourd'hui et déboucher sur un chantier d'ampleur, *l'union des secteurs publics*. Il s'agirait de chercher de manière systématique – encore ce souci de valeur ajoutée – à améliorer la qualité de la gestion publique dans l'Union européenne[324].

Dans les lignes qui suivent, nous évoquerons certaines questions qui mériteraient attention et réflexion.

(i) Procédure d'élaboration des budgets

Par exemple, le budget allemand est établi à partir des rentrées, évaluées au surplus de manière indépendante et raisonnable, voire

324 Un premier pas en ce sens est la mise en place d'institutions de surveillance nationales indépendantes qui ont pour mission de contribuer, au moyen de leurs évaluations publiques, à une meilleure gouvernance des finances publiques. Toutefois, indépendamment de l'absence de pouvoirs effectifs, ces institutions interviennent dans un contexte purement national.

conservatrice. Par comparaison, en France, le point de départ est la fixation des dépenses par le ministère des Finances[325]. La première approche permet davantage de prévenir tout dérapage des finances publiques que la seconde. Une plus grande harmonisation en la matière n'est-elle pas un sujet à aborder dans le cadre du semestre européen ?

(ii) Composition des budgets

Une réflexion pourrait être menée sur le mode de financement des dépenses publiques en fonction de leurs caractéristiques (dépenses de fonctionnement de l'appareil étatique, pourcentage de postes d'encadrement, budget des services publics généraux, investissements publics), leur dimensionnement, la mesure de leur efficacité (effet de levier ou multiplicateur ; atteinte de plusieurs objectifs par une seule mesure, etc.), la productivité du secteur public et les gains en la matière réalisés par lui[326][327].

Il y a, par exemple, de bons arguments pour interdire le financement du fonctionnement des services publics et du régime de retraite par l'emprunt. En revanche, celui-ci est un mode légitime de financement des investissements à moyen et long terme.

On peut s'interroger sur les règles à observer en vue de la création de postes de fonctionnaires. Une telle décision est assimilable, en effet, à la souscription d'une dette quasi perpétuelle. D'une part, le recrutement d'un jeune fonctionnaire engage l'État pour le temps de sa carrière, soit 40-45 ans. D'autre part, il est peu probable que le poste soit supprimé, une fois son titulaire parti à la retraite. Est-il raisonnable

325 Larosière, *40 ans d'égarements économiques…*, *op. cit.*, p. 63.

326 Pendant les années 1970 à 1990, le souci de certains États membres a été de contenir le taux de chômage. Le prix a parfois été la création de postes « de complaisance » dans les administrations. Aujourd'hui, tant la baisse structurelle du chômage que la modicité des marges de manœuvre des pouvoirs publics amènent à revoir cette approche.

327 Sur quelques suggestions en la matière, v. *infra*, sous F, les développements sur l'affectation optimale des ressources publiques.

qu'une majorité politique, parfois courte, souvent éphémère, puisse engager sur autant d'années le budget national, sans devoir au surplus remplir certaines conditions objectives ?

(iii) La gestion de la dette publique des États membres

Plutôt que d'envisager la révolution copernicienne de leur mutualisation, n'est-il pas plus réaliste et conforme aux lignes de force de la construction européenne de développer des coopérations, voire des coordinations, afin d'améliorer la gestion de la dette des États membres, à côté du mécanisme limité et conditionnel de mutualisation de leur refinancement suggéré ci-dessus[328] ?

(iv) Élargissement des domaines couverts

Compte tenu de leur importance pour la prospérité et pour l'environnement, les questions énergétiques devraient être intégrées dans le semestre européen. Une série d'indices essentiels en la matière devraient être surveillés : le pourcentage de dépendance énergétique vis-à-vis des pays tiers, les taux de productivité/intensité et d'efficacité énergétiques, le niveau d'émission de CO_2 et de méthane, leur évolution, les progrès vers des énergies et des pratiques présentant un meilleur bilan en la matière.

2. Surveillance multilatérale

La surveillance des politiques économiques nationales tend à aller au-delà de la discipline budgétaire. Progressivement, l'UE *monitore* les équilibres macroéconomiques des États membres, afin de prévenir les dérapages en la matière et de les aider à y remédier. L'UE et les

328 V. *supra*, sous A.

États membres disposent de la sorte d'un tableau de bord permettant de mesurer l'évolution de certains paramètres essentiels pour la bonne santé de l'économie, mais aussi des sociétés nationales.

Le tableau de bord comporte des détecteurs de déséquilibres internes (endettement public et privé, bulles spéculatives sur les marchés financiers et d'actifs, évolution du flux de crédit dans le secteur privé et chômage) et externes (balance courante, positions extérieures nettes des États membres, parts de marché à l'exportation, compétitivité, etc.) ainsi que des seuils d'alerte spécifiques.

Une attention particulière est accordée aux évolutions de l'économie réelle – croissance économique, emploi et chômage, productivité et ses éléments moteurs (activités de recherche et de développement, investissements étrangers ou intérieurs) – ainsi qu'aux tendances sectorielles, notamment dans le domaine de l'énergie, qui affectent le PIB et les résultats de la balance courante.

Pour les raisons indiquées plus haut[329], on saluera l'accent de plus en plus mis sur la surveillance de la productivité. Le Conseil européen de septembre 2016 a adopté une recommandation demandant aux États membres de la zone euro de mettre en place un conseil national de productivité.

La constatation par la Commission européenne de déséquilibres peut donner lieu à des recommandations préventives, à l'obligation de présenter un plan de mesures correctives et à d'éventuelles sanctions financières (pour les États de l'eurozone).

329 V. *supra*, Introduction, « Un bilan en péril ? ».

Vers une extension de la surveillance notamment aux grands équilibres économiques, soci(ét)aux et environnementaux ?

L'examen des équilibres macroéconomiques devrait intégrer une dimension de développement durable et de cohésion sociale. Il devrait aussi identifier les faiblesses et vulnérabilités structurelles d'une économie (au-delà des évolutions conjoncturelles), sur lesquelles l'État en question serait invité à travailler, le cas échéant, avec un appui, notamment financier, et conditionné de l'Union.

Donnons un exemple. Une série d'États d'Europe centrale ont vu la plupart de leurs « champions nationaux » passer sous contrôle occidental. Cette situation les rend objectivement plus dépendants des investissements directs étrangers. La faiblesse relative des transferts des pays occidentaux n'a pas permis de compenser les effets négatifs d'une telle perte de contrôle de l'appareil de production. Afin de se développer (ou plus prosaïquement de procurer travail et pain à leur population), ils se sont spécialisés dans des filières à faible valeur ajoutée. Leur population a dû accepter des salaires réduits et des horaires lourds. Ces pays accusent un retard technologique. Un des enjeux pour eux est de monter dans l'échelle de la valeur ajoutée, de faire croître des acteurs domestiques pour être un peu moins dépendants des échanges internationaux. Ainsi, la Pologne ne veut plus être l'atelier d'assemblage de l'Europe[330], une activité dont on a vu qu'elle ne présentait pas la plus grande valeur ajoutée[331].

Une telle veille des grands équilibres permettrait aussi à l'UE et aux États, dans leurs rapports réciproques, de mieux tenir compte

330 J. Iwaniuk, « La Pologne ne veut plus être "l'atelier d'assemblage de l'Europe" », *Le Monde*, 19 octobre 2019.

331 V. ci-dessus, Introduction, « Un indicateur clé : La productivité du travail ».

des besoins, vulnérabilités et sensibilités de chaque État. Comme l'a souligné l'ancien président de la Commission européenne, Jean-Claude Juncker, les États membres se connaissent mal.

Plus largement encore, une veille macroéconomique, sociale et environnementale aiderait l'UE dans sa stratégie d'ensemble[332].

Elle est essentielle afin de maintenir et d'améliorer certains équilibres fondamentaux dans un ensemble comme l'UE. Il faut pouvoir détecter à temps les situations à risque et travailler de manière continue au progrès des conditions de vie. Lorsqu'elle élabore une politique ou une réforme législative, l'UE doit avoir une idée claire des besoins des Vingt-Sept. Elle doit grandir aussi à cet égard.

Par exemple, les régions eurosceptiques ne sont pas nécessairement les plus pauvres, mais celles qui sont confrontées à une reconversion, quel que soit le niveau de richesse à l'origine. Pour le moment, ces régions « passent à travers les gouttes » et ne sont pas identifiées comme prioritaires par les politiques européennes, notamment au titre de la cohésion économique, sociale et territoriale.

C. Politique monétaire de la BCE

Principes devant la sous-tendre

La BCE doit assurer en premier lieu la stabilité des prix. Ce n'est que sans préjudice de celle-ci qu'elle peut contribuer aux autres politiques de l'Union.

Le mandat sous-jacent est que la politique monétaire réduise le risque d'inflation et établisse des conditions propices à l'activité économique, l'épargne, l'investissement et donc une croissance durable.

332 Sur celle-ci, v. *infra*, Titre II, Ch. I.

En effet, les décisions d'investissement des opérateurs économiques requièrent de la prévisibilité. La BCE doit également être à l'abri des pressions politiques et ne pas financer les pouvoirs publics « en faisant marcher la planche à billets » ou en acquérant de la dette publique. De nouveau, la préférence est donnée au travail foncier par rapport au « dopage », c'est-à-dire à l'amélioration artificielle et temporaire des performances[333]. Dans un ordre d'idées proche, il est expressément prévu que la politique de la BCE doit respecter le principe d'une économie ouverte où la concurrence est libre. Il en découle probablement que ses interventions et sa conception de la politique monétaire ne doivent pas fausser les marchés, notamment obligataires et financiers, ou encore le mécanisme de formation des prix.

Cette approche vise à préserver les attentes des citoyens et des entreprises, leur confiance dans la monnaie en tant que pouvoir d'achat et réceptacle d'épargne, et à discipliner les pouvoirs publics. La préservation de la valeur de la monnaie est aussi de nature à attirer les capitaux extérieurs et à faire de l'euro une monnaie internationale, voire de réserve.

Tempéraments voire dérives depuis 2008

Depuis la crise bancaire de 2008, la BCE a cherché à favoriser l'activité économique à court terme et les États membres, dont certains sont de grands débiteurs, d'où des taux d'intérêt artificiellement bas et des rachats massifs d'obligations étatiques sur le marché secondaire.

Finalement, la BCE a opté pour une politique plus conjoncturelle que structurelle, estimant devoir parer au plus pressé. Les mesures exceptionnelles sont devenues la norme et se sont inscrites dans la durée.

---

333 Sur la politique de l'offre déjà rencontrée dans le Titre I, Ch. I, C, 1.

Risques et défis

Il en a découlé des taux d'intérêt anormalement bas et beaucoup de création monétaire.

Les épargnants et les retraités se sentent lésés (notamment en Allemagne, où le niveau des pensions au regard du dernier salaire n'est pas élevé) ; avec des taux négatifs, les premiers ne sont plus rémunérés mais taxés ! Les banques souffrent d'une diminution de leurs marges.

Les nouvelles interventions massives de la BCE à la suite de la pandémie, notamment sur le marché secondaire de la dette des États membres, font aussi débat. Si elles sont de nature à garantir un certain niveau de liquidités, nécessaire au maintien de l'activité économique, leur effet à long terme sur l'économie si elles persistent pourrait être contreproductif[334]. D'ores et déjà, elles ont alimenté l'inflation, malgré les mises en garde de grands économistes[335].

Le risque est aussi d'augmenter la dette des États membres et de réduire d'autant les capacités d'emprunt et d'investissement des entreprises européennes.

Des observateurs avisés relèvent aussi un effet dépressif de cette politique expansive sur l'investissement productif[336] du fait de la fixation d'un objectif cible d'inflation à 2 % au lieu de 1 ou 1,5 %[337], la constitution de bulles d'actifs, une préférence pour la liquidité[338], le maintien sur le marché d'entreprises peu efficaces (les entreprises

---

334 Leur légalité pourrait poser problème si la BCE s'engageait indéfiniment à renouveler de manière systématique son stock d'obligations quand celles-ci arrivent à échéance, car cela reviendrait à annuler les dettes des États membres (en ce sens, v. Larosière, *40 ans d'égarements économiques…*, *op. cit.*, pp. 80-81).

335 VDès 2020, P. De Grauwe, qui voyait un retour à une inflation entre 4 et 6 % (S. Diessner et P. De Grauwe, « What price to pay for monetary financing of budget deficits in the euro area », *Vox EU*, 18 juin 2020, cité par Combe, *op. cit.*, p. 166) ; Larry Summers, février 2021 (sur le sujet, V. Le Billon, « Inflation : quand Larry Summers avait raison » (*Les Echos*, 12 janvier 2022) ; Jim Rogers, co-fondateur du fonds Quantum avec Georges Soros, mars 2021 (YouTube) ; FMI, 14 octobre 2021.

336 Larosière, *40 ans d'égarements économiques…*, *op. cit.*, p. 175.

337 *Ibid.*, pp. 173-174.

338 *Ibid.*, p. 202.

dites « zombies »), ce qui grève la productivité globale[339], dont on a vu qu'elle est problématique en Europe, la dépréciation de la qualité moyenne de la dette émise par les entreprises non financières[340], le creusement des inégalités sociales[341].

Ces conditions artificielles de fonctionnement du marché des taux d'intérêt ébrèchent en outre la confiance des investisseurs internationaux dans l'euro. Depuis des mois, la zone euro enregistre des sorties importantes de capitaux.

La politique monétaire d'aujourd'hui fabriquerait la décroissance économique, voire les krachs de demain[342].

Un autre point de préoccupation – et ses implications à terme – est le gonflement vertigineux du bilan des banques centrales[343], dont celui de la BCE (qui est passé de 12 % du PIB fin 2000 à 39,1 % fin 2020 et 73,8 % au 13 mai 2022[344]). Si l'on met bout à bout l'endettement public, celui des entreprises non financières, des ménages, du secteur financier (notamment les prêts non performants), des banques centrales, les bulles spéculatives liées à certains actifs et les masses de liquidités détenues et qu'on les rapporte au niveau réel d'activité économique, de création de richesse et d'investissement productif, il y a des déséquilibres fondamentaux, annonciateurs de secousses voire de très grandes perturbations.

L'instrument de protection des transmissions (IPT), introduit en juillet 2022, suscite beaucoup de discussions aussi. Il permettrait à la BCE d'acheter des obligations des États membres de la zone

---

339 Larosière, *En finir avec le règne de l'illusion financière…*, *op. cit.*, pp. 71 et 98.

340 *Ibid.*, p. 17.

341 *Ibid.*, notamment p. 33 et pp. 48-51 ; notamment, les plus aisés ont pu emprunter *via* le crédit lombard (c'est-à-dire moyennant une mise en gage de leur portefeuille titres).

342 J. de Larosière, « Les banques centrales sont en train de fabriquer les crises de demain », *Les Echos* des 22-23 janvier 2021, p. 15.

343 Larosière, *40 ans d'égarements économiques…*, *op. cit.*, pp. 171-172.

344 Larosière, *En finir avec le règne de l'illusion financière…*, *op. cit.*, p. 70.

euro qui connaissent « une détérioration des conditions de financement non justifiée par les fondamentaux propres au pays ». Il aboutirait à ce que la BCE remplace progressivement à son bilan des obligations d'États membres en bonne santé par celles d'États membres moins vigoureux. Dans quelle mesure cet instrument censé protéger certains États membres contre un *spread* excessif ne leur enlèvera pas la pression de procéder à des réformes structurelles nécessaires et ne faussera-t-il pas le marché ? Tout dépendra du pouvoir discrétionnaire laissé à la BCE et de la manière avec laquelle elle l'exercera.

La tentation est grande d'user et d'abuser de la BCE. En effet, c'est l'un des seuls leviers concrets d'action au niveau européen avec la Commission européenne *via* la politique de la concurrence au sens large[345], la Banque européenne d'investissement et le Fonds européen d'investissement en matière financière[346]. Mario Draghi avait prévenu qu'il pouvait aider les États membres temporairement, mais qu'il n'était pas un magicien et que ceux-ci devraient opérer des réformes structurelles. Il n'a pas été entendu par une série d'États membres, qui se sont trouvés bien démunis lorsque la pandémie a surgi et la guerre en Ukraine a sévi.

En un mot, la tendance de la BCE à prendre des mesures conjoncturelles, annoncées comme temporaires et exceptionnelles, est en train de devenir la norme. Non seulement c'est toute la cohérence de la construction monétaire de l'Europe qui est en danger, mais aussi la stabilité financière et la vigueur économique actuelle et future (chute de la productivité, déresponsabilisation, sous-investissement).

---

345 C'est là aussi l'une des caractéristiques de la construction européenne. Celle-ci peut instaurer un cadre de qualité. Elle dispose cependant de relativement peu de moyens d'action conjoncturelle.

346 V. *infra*, Titre II, Ch. I.

D. Le plan de relance européen

Le plan de relance européen désigne un ensemble de mesures arrêtées conjointement par l'UE et les États membres en réaction à la pandémie. Les échelons européen et nationaux ont combiné leurs atouts, la notation AAA de l'UE et la solvabilité des États membres. L'UE a ainsi pu mettre à la disposition des États membres, en particulier ceux qui avaient été affectés le plus par la pandémie, des ressources à des conditions plus favorables que celles qu'auraient pu obtenir des initiatives nationales dispersées. Accessoirement, certains instruments d'intervention européens ont reçu davantage de financement.

La Commission européenne a été autorisée, de manière exceptionnelle, à emprunter au nom de l'Union, jusqu'à 750 milliards d'euros sur les marchés des capitaux. Ce montant sera garanti par les États membres. Il devra avoir été remboursé fin 2058.

Ce plan s'ajoute à celui de soutien d'urgence de 540 milliards d'euros pour les emplois et les travailleurs, les entreprises et les États membres présenté par l'Eurogroupe en avril 2020[347].

Sept cent cinquante milliards d'euros (NextGenerationEU), soit près de 5 % du PIB des Vingt-Sept vont être mis à la disposition des États membres, 390 milliards sous forme de subventions et 360 milliards sous forme de prêts au travers de 7 programmes.

Le plus important d'entre eux s'élève à 672,5 milliards au titre de la (i) facilité pour la reprise et la résilience : 312,5 milliards d'euros sous forme de subventions et 360 milliards d'euros de prêts aux États membres.

347 À signaler au sein de ce plan le fonds de garantie européen (24,4 milliards d'euros) destiné à faciliter, à partir de garanties, l'octroi de liquidités à des entreprises foncièrement viables, mais confrontées à des problèmes de trésorerie en raison de la pandémie.

Pour en bénéficier, les États membres doivent élaborer des programmes de réforme et d'investissement. Ceux-ci doivent apporter des réponses aux défis et aux priorités recensées dans les recommandations par pays formulées dans le contexte du semestre européen. Ils doivent aussi contribuer à renforcer le potentiel de croissance, la création d'emplois et la résilience économique et sociale des États membres de même que leur préparation aux transitions verte et numérique : au moins 37 % de l'enveloppe du plan doit soutenir la transition écologique, 20 % la transformation numérique. En outre, les mesures ne devront « pas causer de préjudice important » à l'environnement. Le verdissement de l'économie est une priorité de l'action européenne. Ces plans seront examinés dans le cadre du semestre européen.

Les six autres programmes (77,5 milliards d'euros) sont : (ii) REACT-EU (47,5 milliards d'euros), (iii) le Fonds pour une transition juste (10 milliards d'euros), (iv) Développement rural (7,5 milliards d'euros), (v) InvestEU (5,6 milliards d'euros supplémentaires au programme phare appelé à succéder au plan Juncker), déjà évoqué[348], (vi) Horizon Europe (5 milliards d'euros), (vii) RescEU (1,9 milliard d'euros).

- REACT-EU, pour « *Recovery assistance for cohesion and the territories of Europe* », est mis à la disposition de *fonds structurels européens*, dont le Fonds européen de développement régional (FEDER), le Fonds social européen (FSE) et le Fonds européen d'aide aux plus démunis (FEAD)[349]. Il s'agit notamment de financer des mesures de maintien de l'emploi, y compris les régimes de chômage partiel et l'aide aux travailleurs indépendants. Les fonds peuvent également être utilisés pour soutenir la création d'emplois, notamment

348 V. *supra*, Titre I, Ch. I, B, 1.

349 Sur les fonds structurels, v. *infra*, Titre II, Ch. I.

des jeunes, et les systèmes de soins de santé, ainsi que pour mettre des fonds de roulement à la disposition des PME et leur fournir une aide à l'investissement.

– Le Fonds pour une transition juste vise à soutenir et à accompagner les territoires qui ont plus de chemin à faire vers la neutralité climatique.

– Le Fonds européen agricole pour le développement rural (FEADER) recevra pour la période 2021-2027 85,4 milliards d'euros, dont 7,5 milliards provenant du plan de relance européen, afin de rendre l'agriculture plus verte, plus efficace et plus inclusive.

– À la suite du plan Juncker, InvestEU[350] constitue le programme d'investissement phare proposé par l'UE pour relancer l'économie européenne et continuer à résorber son retard en RDI. Il mobilisera des investissements publics et privés au moyen d'une garantie budgétaire de l'Union de 75 milliards d'euros[351] (en vue de vaincre la frilosité au risque) qui soutiendra les projets d'investissement de partenaires chargés de la mise en œuvre tels que la BEI et sa filiale spécialisée, le FEI. Seront éligibles des projets dans les domaines (i) de l'infrastructure durable (20 milliards d'euros), (ii) de la recherche, innovation et numérisation (10 milliards d'euros), (iii) des PME (10 milliards d'euros), (iv) des investissements sociaux et compétences (3,6 milliards d'euros) et (v) des investissements stratégiques européens (31 milliards d'euros).

– Programme principal de financement de l'UE pour la recherche et l'innovation, Horizon Europe dispose d'un budget

350 Déjà rencontré dans le Titre I, Ch. I, B, 1, à propos de l'importance des investissements en RDI.

351 Trente et un milliards d'euros en faveur des investissements stratégiques européens ont été ajoutés aux 38 milliards d'euros initiaux, eux-mêmes augmentés de 5,6 milliards d'euros.

de 95,5 milliards d'euros pour la période 2021-2027, dont 5,4 milliards provenant du plan de relance de l'UE. Il vise à renforcer l'excellence scientifique et technologique de l'UE ainsi que l'espace européen de la recherche, à répondre aux priorités stratégiques, y compris les transitions écologiques et numériques, et à stimuler la capacité d'innovation, la compétitivité et l'emploi.

- RescEU est le mécanisme européen de protection civile destiné à protéger les citoyens des catastrophes et à gérer les nouveaux risques. Il est financé en totalité par l'UE.

Appréciation

Le plan de relance européen est une synergie inédite de l'UE et des États. Il est non seulement un instrument conjoncturel pour lutter contre les conséquences de la pandémie, mais aussi et surtout un plan de modernisation des économies des États membres. Il vise à faire grandir durablement celles-ci.

Un premier regret est toutefois que le plan donne lieu à hauteur de 90 % à une juxtaposition de programmes nationaux ; l'occasion n'a pas été saisie de progresser dans l'intégration de l'économie européenne, *via*, par exemple, des projets d'intérêt commun et des réalisations transfrontalières. Des réserves ont aussi été émises quant à la contribution de ce plan à la poussée inflationniste en Europe. Enfin, si un coup de pouce public à l'écoresponsabilisation de l'économie peut se justifier, le virage vers la digitalisation pourrait se négocier plus facilement et à moindre coût pour les pouvoirs publics et les contribuables si le marché intérieur des services était réalisé ou si, au moins, on avait saisi l'opportunité de la pandémie pour le libéraliser. Rappelons-le, le retard européen en matière de digitalisation est essentiellement dû à la fragmentation, le cas échéant croissante, du marché intérieur[352].

352 V. Titre I., Ch. I, « Introduction », sous 4 et A, 1.

« Ce n'est pas le moment des épiciers, mais l'heure des architectes », disait du plan de relance Jean-Claude Juncker, le président sortant de la Commission européenne[353]. Encore faut-il faire œuvre d'architecte et non de pompiste, voire d'incendiaire. On en revient à la préférence pour un travail sur les fondamentaux plutôt qu'à un recours excessif aux stimulants conjoncturels qui hypothèquent l'avenir sans déshypothéquer le passé.

E. Contrôle des aides d'État et des SIEG : une incitation à mieux concevoir l'initiative publique

À côté des règles antitrust (ententes et abus de position dominante) et du contrôle des concentrations, le droit européen de la concurrence[354] comporte le contrôle des aides d'État et, à l'intérieur de celui-ci, un sous-volet relatif à la discipline des services d'intérêt économique général. En principe, les États membres ne peuvent pas subventionner les entreprises établies sur leur territoire.

Pourquoi l'interdiction de principe des aides d'État ?

D'abord, la concurrence ne doit pas être faussée au détriment des entreprises non aidées dans l'État en question et de celles des autres États membres. La prohibition des aides d'État vise à ce que l'ouverture de l'économie grâce au marché intérieur ne soit pas contrariée par les États membres. Les subventions sont, en effet, de nature à tuer des entreprises viables qui n'en bénéficient pas et à dissuader des entreprises de concurrencer celles qui sont aidées.

353 Entretien avec C. Mathieu, « Jean-Claude Juncker : "Il y a un défaut de construction en Europe" », *Le Quotidien*, 11 avril 2020.

354 Voir Titre I, Ch. I, D., sous 2.

Ensuite, les aides d'État habituent les entreprises bénéficiaires au dopage, les déresponsabilisent, réduisent leur dynamisme et donc leur productivité. Bref, elles les affaiblissent à terme.

Enfin, les aides sont contagieuses, les entreprises non bénéficiaires en réclamant, notamment celles des autres États membres, en guise de compensation. Résultat final ? Des dépenses considérables d'argent public dans tous les États membres, qui… se neutralisent. Bref, du gaspillage de deniers publics.

À cet égard, le droit des aides d'État permet d'éviter que les États membres, dont le budget est substantiel, beaucoup plus que celui de l'UE en termes relatifs (entre 30 à 60 fois !), ne se livrent entre eux à une lutte coûteuse et contreproductive. Il fait économiser beaucoup d'argent public. Le contrôle des aides d'État a permis une baisse des subventions publiques dans le secteur industriel de 3 à 0,6 % dans le PIB de l'Union en 20 ans[355], ce qui représente environ un montant de 380 milliards d'euros d'économie par an.

En plus de préserver la concurrence et le dynamisme de l'économie, le contrôle des aides d'État contribue donc à la salubrité des finances publiques nationales. Il sauvegarde de l'argent pour d'autres politiques, par exemple sociales. Il est aussi de nature à réduire les prélèvements publics et à laisser davantage de ressources disponibles pour le financement de projets privés, qui génèrent habituellement plus de croissance économique que des interventions publiques. Une diminution de 10 points de la dépense publique entraîne, en moyenne dans l'état actuel des choses, une augmentation de 1,5 % du PIB[356].

355 Defraigne et Nouveau, *op. cit.*, 3e éd. , p. 94.

356 Pour des vues convergentes, v. F. Facchini, *Les dépenses publiques en France*, Louvain-la-Neuve, De Boeck, 2021, cité par J.-P. Delsol, « Baissons les aides aux entreprises… et leurs impôts », *Les Echos* 2-4 avril 2021, p. 9.

La discipline du contrôle des aides d'État

L'interdiction des aides d'État n'est pas absolue, mais l'octroi des aides est ordonné. En principe, les États membres doivent notifier tout projet d'aide à la Commission européenne pour autorisation préalable. Ils doivent justifier leur projet, en indiquant l'objectif poursuivi, en quoi l'aide est nécessaire, quelles atteintes à la concurrence elle va provoquer.

L'octroi d'une aide suppose un besoin qui ne peut pas être satisfait par le marché, donc par le jeu de l'offre et de la demande (dans le jargon européen, on parle d'une défaillance du marché). Le coup de pouce de l'État doit être proportionné. De plus en plus, la Commission examine l'efficacité de l'aide. Notamment, elle la vérifie depuis 2014, dans le cadre du contrôle *a posteriori* des aides accordées au titre du règlement général d'exemption par catégorie[357].

Il y a donc un souci de *l'impact concret* des projets.

Les interventions spécifiques[358] des États dans l'économie s'en trouvent plus disciplinées. Ceux-ci se rendent compte qu'ils ne peuvent plus faire n'importe quoi, n'importe comment. Le contrôle des aides fait grandir les États, la qualité de leurs interventions dans l'économie. Indirectement, il peut les inciter, plutôt que de subventionner certains opérateurs, à élaborer des cadres généraux porteurs, susceptibles de profiter à l'ensemble des entreprises établies ou simplement actives sur le territoire national. C'est, finalement, un aiguillon indirect à la préférence pour une politique structurelle, un travail sur les fondamentaux plutôt que des emplâtres sur des jambes de bois.

Dans le même temps, le contrôle européen des aides d'État n'empêche pas toute initiative publique. D'un côté, les États membres sont libres

357 C'est-à-dire sans besoin d'une notification à la Commission et d'une autorisation préalable de celle-ci.

358 Par définition, une aide d'État est un avantage à une ou plusieurs entreprises. En revanche, les États membres demeurent libres d'adopter des mesures de politique économique générale, sous réserve du respect des grands principes européens (notamment les libertés de circulation).

de procéder à des investissements s'ils présentent des perspectives de rentabilité, au moins à long terme. De l'autre côté, s'il y a une bonne raison de procéder à des financements non rentables (promotion d'une nouvelle activité économique, décloisonnement d'une région, protection de l'environnement, restructuration d'une entreprise viable, etc.), les pouvoirs publics nationaux et infranationaux peuvent agir, mais sur la base d'un projet et d'un dossier sérieux. Il doit y avoir un *business plan*, des prévisions fiables, une méthodologie rigoureuse.

De la sorte, le droit des aides d'État est susceptible de contribuer à l'amélioration de la qualité de l'intervention des États membres dans l'économie, à la rationalisation de son action. Il constitue un autre apport de l'Europe.

Vers une amélioration du droit des aides d'État ?

L'approche pourrait être approfondie. À l'origine, une aide d'État est une dépense de transfert et s'inscrit dans une logique de redistribution. L'aide ne doit toutefois pas être un flux à effet nul, mais générer un effet positif. Les exigences à cet égard pourraient être accrues. Notamment, elle devrait constituer un élément dans une politique de développement, présenter une valeur ajoutée.

On pourrait songer à cet égard – une nouvelle fois – à des exigences de multiplicateur de l'investissement public.

Les aides en faveur d'une économie plus écoresponsable font déjà l'objet d'un régime plus favorable. Afin d'accélérer le virage vers des activités économiques plus propres, cette tendance pourrait être renforcée.

On peut également se demander si la notion de PME en droit des aides d'État ne devrait pas être revue. Si ce type d'entreprises peut bénéficier d'un niveau plus intense d'aides, sa définition est tout à la fois si compliquée et stricte qu'elle est de nature à renforcer l'isolement des entreprises modestes par rapport à des groupes d'entreprises[359].

Il pourrait aussi être envisagé de donner davantage une dimension contracyclique aux aides d'État. Certes, en conjoncture faible, des défaillances du marché, justifiant *a priori* l'octroi d'aides, sont plus nombreuses. On pourrait toutefois imaginer que certaines aides, jugées particulièrement bénéfiques, voient leur taux d'éligibilité (la partie finançable de certains projets par les pouvoirs publics) augmenter temporairement en cas de contraction de l'économie. Par exemple, le financement privé de formations ainsi que de RDI court un risque majeur de rabotage. Or, dans un tel contexte, il est essentiel d'armer les travailleurs[360] et de continuer à innover[361].

Il serait également utile de renforcer les effectifs dédiés à la police en matière d'aides d'État par la Commission européenne, voire ses pouvoirs d'intervention.

Les chocs externes de grande ampleur tels que la concurrence chinoise, l'Inflation Reduction Act (IRA) américain reposent la question de la légitimité de réactions publiques en Europe. Le droit des aides d'Etat a été configuré pour éviter une concurrence stérile voire contreproductive entre les Etats membres. Si celle-ci peut être évitée à l'occasion d'une réponse coordonnée de l'UE et des États membres vis-à-vis d'une menace externe, moins d'objections devraient lui être opposées au titre du droit des aides d'Etat. Maintenant, il faut également voir comment réagir de la manière la plus avisée face à de tels défis externes, tant pour la soutenabilité des finances publiques que pour la vigueur durable du tissu économique européen dans son ensemble.

---

359 Une faiblesse structurelle de l'économie française selon certains observateurs (Larosière, *40 ans d'égarements économiques…*, *op. cit.*, p. 103).

360 Dans un sens proche, v. Aghion et coll., *op. cit.*, p. 114.

361 *Ibid.*, p. 353.

Les services d'intérêt économique général (SIEG)

(i) Notion

Les services d'intérêt économique général (SIEG) désignent les services économiques fournis à tout ou partie de la population, généralement de manière continue et à des tarifs avantageux pour les usagers, c'est-à-dire sans relation directe avec le coût de la prestation. Les prestataires sont obligés de servir tout le monde ou, au moins, toute la population ayant droit à ce service. Ils ne peuvent choisir leurs clients. Il s'agit des transports en commun, du service postal de base, de la fourniture d'énergie, des soins hospitaliers, des logements sociaux, de l'accès à un compte de paiement, etc. La liste est ouverte.

Les utilisateurs ne paient qu'une partie du coût de la prestation, rendu assez élevé par le cahier des charges imposé à l'exploitant par les pouvoirs publics. Ceux-ci, donc, en fin de compte, les contribuables, règlent la différence, qui peut être considérable.

(ii) SIEG et respect des diversités nationales

Le droit européen n'a pas remis en question la possibilité pour les États membres de créer et de financer des SIEG. Au contraire, il l'a reconnue expressément.

Au passage, soulignons cette caractéristique de la construction européenne, souvent méconnue. Celle-ci ne vise pas à réaliser l'uniformité, à tout niveler, contrairement à une autre idée reçue. Les États membres restent maîtres de leur organisation sociale, sociétale, économique et politique, pour l'essentiel. Si la population d'un État membre souhaite beaucoup de services publics, un haut niveau de sécurité sociale, libre à elle.

L'UE, nous le verrons, n'exige que le respect du marché intérieur (pas d'obstacles injustifiés aux échanges et à la concurrence) et des équilibres budgétaires (un déficit réduit, une dette publique contenue)[362]. Pour le reste, les États membres demeurent libres de fixer le niveau des impôts, des prélèvements et des dépenses publiques, notamment l'ampleur des services publics. L'Europe respecte les diversités nationales.

Corrélativement, les États demeurent seuls responsables de l'équilibre de leurs finances publiques. Ils doivent assumer les conséquences de leurs choix politiques, économiques et sociaux et ne pas en faire supporter le poids budgétaire aux autres États membres et/ou à l'Union[363].

(iii) La matrice SIEG

Le droit européen a simplement encadré et rationalisé la création et le fonctionnement des SIEG. La grille d'analyse sauvegarde la possibilité pour les États de développer des politiques volontaristes, voire progressistes, dans une série de domaines, mais uniquement en cas de besoin plausible. Dans le même temps, elle limite les atteintes injustifiées à la concurrence et les coûts pour la collectivité.

D'abord, les pouvoirs publics doivent établir que l'instauration d'un SIEG est justifiée. Cela recouvre deux aspects.

D'une part, l'existence d'un intérêt général, un besoin légitime de tout ou partie de la population. À cet égard, les États membres disposent d'un pouvoir d'appréciation important. Prenons la *silver economy* : un État membre peut estimer qu'il faut mettre en place certains mécanismes pour s'assurer que les seniors ne décrochent pas dans une société de plus en plus technologique où, sans connexion internet, etc., ils perdent accès à une série de services essentiels tels qu'un compte bancaire.

362 V. *supra*, Titre I, Ch. II., A.

363 V. *infra*, Titre II, Ch. I.

D'autre part, il doit y avoir une défaillance du marché, actuelle et présentant une certaine persistance (deux à trois ans). C'est-à-dire que des opérateurs privés ne seraient pas prêts à fournir le service, tel qu'attendu par les pouvoirs publics, notamment en termes de qualité, de volume et de prix, sans financement public, dans un tel laps de temps. La discipline SIEG vise, en effet, à préserver la concurrence, existante et potentielle. Par exemple, si du fait de l'évolution technologique, des opérateurs économiques, qu'ils soient publics ou privés, sont capables maintenant ou bientôt de fournir le service souhaité, sans financement public, il importe de ne pas les décourager.

Une telle tendance existe dans le domaine médical. Les technologies sont aujourd'hui plus légères et ne nécessitent plus d'être achetées par des hôpitaux. Des unités de soins plus petites sont envisageables pour une série d'examens voire de traitement. On en revient au souci de préserver une économie ouverte, la liberté d'entreprendre et l'innovation.

Un autre exemple est l'Autolib' à Paris. Celui-ci a été un gouffre financier. Le service a été moins utilisé que prévu. D'autres moyens de circulation l'ont concurrencé. Parallèlement, la ville de Lyon est parvenue à mettre en place un système comparable, mais sans financement public. En fait, il n'y avait pas de défaillance du marché. Un dernier exemple, déjà évoqué, est l'instauration et le financement public d'un service supplémentaire de transport maritime entre le continent et la Corse en faveur de la SNCM, alors que Corsica Ferries offrait le service sans subvention. La cour d'appel administrative de Marseille a condamné la collectivité territoriale de Corse à indemniser Corsica Ferries à hauteur de 86 millions d'euros.

La discipline SIEG développée par la Commission européenne permet d'éviter ce type de mésaventures. Elle contribue aussi à réduire progressivement le coût de ces SIEG sans porter atteinte à leur efficacité, voire en l'améliorant.

Pour avoir été référendaire à la Cour de justice de l'Union européenne (CJUE)[364] pendant l'élaboration de l'arrêt fondateur (*Altmark*) et surtout pour avoir appliqué les disciplines SIEG dans une série de dossiers en tant qu'avocat par la suite, je peux attester *qu'un maniement adéquat de ces règles permet de réduire le coût des SIEG d'au moins 20 %*[365]*, sans réduire la qualité du service fourni à la population.*

Sachant que les services publics généraux représentaient 6 % du PIB dans l'UE en 2018 et la santé 7 %, cela laisse augurer des économies de 1,2 à 2,6 % du PIB de l'UE-27, à savoir 180 à 390 milliards d'euros. Ces montants sont considérables puisqu'ils sont comparables aux investissements nécessaires au verdissement de l'économie !

À mon sens, certains États membres pourraient fortement améliorer la gestion de leurs services publics. Toujours sur la base de mon expérience, je songe notamment à la France. Le rapport entre le niveau des prélèvements publics (environ 60 % du PIB), le coût de fonctionnement des pouvoirs publics, la générosité et la qualité des services offerts apparaît sous-optimal.

(iv) Vers une amélioration de la discipline SIEG ?

Il faudrait exiger non seulement une insuffisance du marché, mais aussi la démonstration de la plus-value de l'action publique et de l'adéquation des moyens choisis. On retrouve le *critère de l'impact positif*[366]. Sinon, de l'argent public est mal dépensé/investi. Il serait bon de développer des méthodes permettant de mesurer cet impact (le multiplicateur). Il faudrait requérir aussi une gestion efficace du SIEG, l'absence de gaspillage[367].

364 C'est-à-dire l'assistant d'un juge.

365 Bref, la même diminution de prix que le démantèlement d'un cartel (entente entre concurrents).

366 Toutefois, ici, il ne s'applique pas à une initiative européenne, mais à un pouvoir public national ou infranational (région, municipalité, etc.).

367 V., à cet égard, *infra*, Titre I, Ch. II, F, les potentialités du principe d'une économie de marché ouverte favorisant une allocation efficace des ressources.

Enfin, comme de manière générale dans le domaine des aides d'État, la lutte contre le non-respect des règles européennes devrait être intensifiée, ce qui passe par un renforcement des équipes, voire des pouvoirs d'intervention, de la Commission européenne.

F. Une politique économique respectueuse d'une économie de marché ouverte où la concurrence est libre

Présentation

En liaison avec un grand marché, une économie de marché et un régime de concurrence libre et non faussée, il est un autre principe.

Aux fins de la poursuite des objectifs européens (notamment une croissance durable et une économie sociale de marché hautement compétitive), l'action des États membres et de l'UE comporte l'instauration d'une politique économique conduite dans le respect du principe d'une économie de marché ouverte où la concurrence est libre[368], favorisant une allocation efficace des ressources[369]. Cette action implique aussi le respect de certains principes directeurs : prix stables, finances publiques et conditions monétaires saines et balance des paiements stable[370].

Ce principe est répété en matière de politiques monétaire, industrielle et de réseaux transeuropéens. Il doit être pris en compte par la BCE dans la poursuite de la politique monétaire, sans préjudice de l'objectif principal du maintien de la stabilité des prix[371]. Comme nous l'avons

368 Art. 119, § 1er, TFUE.

369 Art. 120, § 1er, TFUE.

370 Art. 119, § 3, TFUE.

371 Art. 119, § 2, TFUE.

déjà évoqué, l'action de l'UE et des États doit veiller à ce que les conditions nécessaires à la compétitivité de l'industrie de l'Union soient assurées conformément à un système de marchés ouverts et concurrentiels[372].

Potentialités du principe

Ce principe pourrait amener l'UE et les États membres à davantage respecter la liberté économique. Je dis davantage parce que, jusqu'à présent, il ne reçoit pas assez de considération. Notamment, la CJUE ne lui reconnaît qu'une valeur programmatique, ce qui est juridiquement critiquable[373].

Les implications du principe directeur d'une économie ouverte pourraient être substantielles pour l'UE, mais aussi pour les États membres. Elles devraient davantage faire l'objet de réflexions, notamment des économistes.

En effet, il découle de ce principe que la liberté de concurrence doit être préservée, que les marchés doivent rester ouverts, notamment à de nouveaux entrants, qu'une initiative européenne doit avoir un impact économique positif avéré, qu'elle doit contenir des contraintes mesurées pour les acteurs économiques. La nécessité de garder les marchés contestables implique une attention particulière pour la réduction des barrières à l'entrée. Par exemple, elle pourrait justifier une initiative européenne visant à généraliser le principe de

372 Art. 173, § 1er, TFUE.

373 Dans un arrêt rendu par une simple chambre à cinq juges, la CJUE a jugé, de manière lapidaire, que ce principe était simplement programmatique et qu'il n'en découlait pas de conséquences juridiques (arrêt *Echirolles*, aff. C-149/96, C-9/99 pt 25). Dans un autre arrêt rendu à propos du prix imposé pour les livres, elle ne s'est même pas donné la peine de motiver le rejet de la pertinence de cette disposition. La Cour a été trop expéditive, même dans l'arrêt *Echirolles*. Le fait qu'une disposition soit programmatique et dénuée d'effet direct n'implique pas qu'elle soit dépourvue de valeur juridique. Simplement, elle n'a pas une valeur absolue, le principe d'une économie ouverte pouvant céder devant d'autres exigences. Encore les conditions pour un tel effacement doivent-elles être définies, remplies et contrôlées. Il incombait à la CJUE d'élaborer une méthodologie, un test à cet égard : à quelles conditions le législateur européen ou national peut-il s'écarter de ce principe ?

reconnaissance mutuelle des produits et services légalement produits dans un État membre[374]. En outre, le fonctionnement des marchés ne doit pas être faussé.

Le respect du principe d'une économie ouverte de marché se pose aujourd'hui avec d'autant plus d'acuité que dépenses, dettes et déficits publics augmentent.

Quelles sont dès lors les interventions à privilégier ?

D'abord celles destinées à réaliser une économie ouverte où la concurrence est libre. Des mesures visant à approfondir le marché intérieur et à supprimer les entraves aux échanges et distorsions de concurrence sont donc autorisées. Les programmes de libéralisation, voire de dérégulation, ne soulèvent pas d'objection. Il en va de même des mesures qui visent à améliorer le fonctionnement des marchés et à augmenter l'effectivité de la concurrence. *Idem* pour les mesures assurant la continuité de l'espace unique pour les consommateurs, telles que l'interdiction du *roaming*.

Ensuite, à supposer que ce grand marché soit achevé, si les résultats restent insuffisants, il y a place pour une intervention publique. Celle-ci visera soit à remédier aux défaillances ou déficiences, soit à faire en sorte que l'économie soit plus performante. Encore faut-il que cette initiative publique soit efficace et proportionnée. Les pouvoirs publics doivent s'abstenir d'empirer la situation ou de dépenser inutilement de l'argent. Notamment, l'allocation des ressources doit être efficace, comme le prescrit le Traité. Il ne faudrait pas qu'à une défaillance du marché s'ajoute celle des pouvoirs publics. *La première n'est pas un blanc-seing aux pouvoirs publics d'adopter n'importe quelle mesure.*

374 Sur ce point, v. *supra*, Titre I, Ch. I, A, 1.

Économie ouverte et action économique publique

Ce principe soulève la question de l'efficacité de l'action publique. La légitimité du principe de l'intervention publique n'est pas en cause. Comme il l'a été dit, il incombe aux pouvoirs publics de fixer le cadre général applicable aux activités économiques. Il s'agit toutefois de s'assurer que cette action apporte une réelle plus-value (cadre porteur, affectation optimale des ressources, accompagnement dans les reconversions et les transitions, etc.).

À notre sens, ce principe devrait imprégner chaque action de l'UE. La mission première de celle-ci est de contribuer à une croissance durable et à une économie sociale de marché hautement compétitive et, dans les circonstances actuelles, innovative. En conséquence, le principe doit influencer et irradier chacune de ses interventions. La même chose ne peut pas être exigée des États membres, ou, à tout le moins, elle revêt une portée moins catégorique, car une partie de leur action est étrangère à la poursuite des objectifs européens.

Par exemple, le principe d'une économie ouverte pourrait amener l'UE à mieux ajuster le corset du système financier en allégeant toute une série d'obligations formalistes tout en attaquant plus frontalement le problème des créances bancaires douteuses[375]. Encadrer oui, étrangler non, comme le disent si bien les Allemands.

Le principe du respect d'une économie ouverte devrait inciter aussi l'Union et les États membres à rendre les marchés aussi ouverts que possibles aux nouveaux opérateurs et à l'innovation. Il doit être vérifié régulièrement si et dans quelle mesure le maintien d'une intervention publique se justifie.

---

375 V. *supra*, Titre I, Ch. I, B, 3.

La politique spatiale est un bon exemple. Ariane s'est endormie sur ses lauriers. L'Europe perd du terrain vis-à-vis des États-Unis, qui ont ouvert le marché aux opérateurs économiques, avec le succès que l'on sait, après une période de monopole de la NASA.

Prospective : articulation entre le principe d'une économie ouverte de marché et l'action publique économique

La réflexion devrait être approfondie quant à l'opportunité, aux formes et aux dimensions de l'initiative publique dans la sphère économique et aux modalités de celle-ci.

Trop souvent, les choses sont abordées de manière binaire, entre les tenants de l'initiative privée et ceux de l'interventionnisme étatique. Cette opposition date. En outre, on peut se demander si les initiatives publique et privée doivent être situées sur le même plan et sont antagonistes.

De même, il y a une tendance au conservatisme dans les formes de l'action étatique. Sont souvent favorisées les plus simples (les plus médiatiques ?) pour les pouvoirs publics, mais aussi les plus brutales et potentiellement les plus dommageables pour l'économie : subsides, nationalisations, impôts, répressions pénales.

Je ne prétends pas donner des solutions définitives, juste amorcer une réflexion.

En partant du principe de l'initiative privée et de la subsidiarité de l'intervention publique se posent les questions des situations légitimant une intervention publique, mais aussi de la nature et de l'ampleur de celle-ci.

(i) L'initiative publique, rehausseur de l'activité économique de marché

Si l'initiative publique permet d'améliorer la performance du marché sans distorsion de concurrence entre les opérateurs économiques, pourquoi s'en priver ? Supposons que les États ont la possibilité d'emprunter à de meilleures conditions que le secteur privé. Ils rachèteraient des portefeuilles de prêts aux banques pour permettre aux opérateurs économiques d'être financés à moindre coût. Cela augmenterait le volume des investissements rentables, sans favoriser certaines entreprises au détriment d'autres. En outre, les États rendent aux banques des marges de manœuvre pour prêter à nouveau, ce qui augmente aussi la quantité des projets finançables.

Dans ce cas, il n'y a pas une défaillance de marché au sens strict, mais une situation perfectible que les seules forces du marché n'amélioreront pas. Une intervention publique serait justifiée pourvu qu'elle soit efficace et n'entraîne pas de distorsion de concurrence.

(ii) Pas d'interventionnisme public prématuré ou excessif

En cas de soupçon de défaillance de marché, il peut être sage de s'assurer que celle-ci est tenace avant d'envisager d'y remédier par une intervention publique ; celle-ci pourrait être prématurée et contrarier indûment les forces du marché.

À supposer une défaillance du marché établie, les pouvoirs publics doivent travailler en priorité sur ses causes. Si celles-ci sont structurelles, ils identifieraient les facteurs manquants (par exemple, un déficit de mise en relation de l'offre et de la demande de travail, de recherche scientifique susceptible de donner lieu à une innovation exploitable économiquement), et essaieraient d'abord d'y remédier. Ils ne se substitueraient aux opérateurs économiques ou ne concevraient la poursuite d'une activité dans un cadre contraignant qu'en dernier ressort, et temporairement, si possible. Ils laisseraient le maximum d'espace à une dose de concurrence. Ils veilleraient aussi à l'allocation efficace des deniers publics[376]. En cas de monopole, celui-ci serait soumis à des obligations de résultat, assorties d'incitants à l'amélioration constante, à un réexamen régulier de sa nécessité et de son dimensionnement.

D'autres hypothèses sont envisageables. Il est important pour l'efficacité économique de mener une réflexion rigoureuse à cet égard et de pouvoir tester des modèles.

Le traitement d'États membres en proie à un *spread* en matière de taux d'intérêt se prête à un tel questionnement. Est-il plus approprié de concevoir un nouvel instrument interventionniste de politique monétaire ou d'inciter l'État en difficulté à travailler sur ses fondamentaux pour être moins sanctionné par les marchés financiers ?

Au risque de s'attirer le reproche d'une contradiction logique, il y a des situations où une intervention publique précoce peut être de nature à éviter une perturbation de grande ampleur et à économiser de l'argent public. Par exemple, la Suisse a, lors de la pandémie, actionné un plan de fourniture de liquidités aux entreprises en un temps record. Ce pays est l'un de ceux dont le PIB a le moins souffert de la crise de la covid. À mon sens, les deux situations se distinguent et appellent des solutions différentes. La covid est une calamité exceptionnelle qui est de nature à préjudicier à des opérateurs fondamentalement sains et responsables. Elle appelle des mesures d'urgence, temporaires, bref une politique conjoncturelle. Un État membre en proie à un *spread* présente généralement des faiblesses structurelles résultant d'une accumulation persistante d'erreurs de politique économique et de complaisance budgétaire.

---

376 Si l'on combinait le principe d'une économie ouverte où la concurrence est libre avec le principe de subsidiarité, éventuellement renforcé, on arriverait à une situation où, à la supposer compétente, l'UE devrait faire la triple preuve d'une défaillance du marché, de l'insuffisance de l'action des États membres et de la plus-value de son intervention. En quatrième lieu, celle-ci devrait être proportionnée et ne pas aller au-delà de ce qui est nécessaire, que ce soit en termes d'intensité ou de durée.

(iii) Typologie des combinaisons entre les initiatives privées et publiques

Il convient aussi de réfléchir aux combinaisons et complémentarités entre l'action privée et l'action publique – par exemple, l'interaction, le passage de relais, l'initiative du secteur privé ou du secteur public étant prolongée par l'autre. La sphère publique peut prolonger une initiative privée. Elle peut aussi jouer le rôle de pionnier, d'amorceur.

N'oublions pas qu'un État membre peut investir librement tant que son comportement est rationnel en économie de marché, c'est-à-dire vise à obtenir à (long) terme le rendement qu'une grosse holding privée rechercherait. Le droit des aides d'État n'interdit pas toute initiative économique spécifique des États membres.

Un effet de « catalysation », de *spillover*, de levier, de multiplication par des investissements privés, peut s'ajouter à une initiative publique. Le plan Juncker en est un bon exemple.

Un autre exemple : en vue d'investissements dans les infrastructures, l'UE donne le coup de pouce financier nécessaire pour attirer les capitaux privés (une impulsion qui se double souvent d'une analyse du projet et de la réduction de l'asymétrie d'information).

Les pouvoirs publics peuvent favoriser les actions où le secteur privé est partant ou le serait s'il y avait une contribution limitée du secteur public. En effet, le nombre de projets qui peuvent être débloqués est beaucoup plus grand avec le même montant d'argent public, voire moins[377]. En d'autres termes, le secteur public doit pratiquer l'effet de levier.

La nature du concours financier peut varier. À cet égard, la BEI et le FEI innovent régulièrement.

377 Sans parler du gain de temps entre l'intervention publique et un retour sur investissement.

Encore faut-il que le plus apporté par la sphère publique ne soit pas trop coûteux pour les finances publiques. Il y a une question de proportion. D'autant que d'autres finalités d'intérêt général doivent être poursuivies. On touche au coût d'opportunité et aux arbitrages.

Une telle grille d'analyse permettrait d'affiner la configuration de l'action publique : pas ou peu de distorsion de concurrence, un minimum de ressources publiques engagées pour un maximum d'effets positifs et de place laissée à la liberté des entreprises. L'idée n'est pas d'empêcher l'intervention publique économique, mais de la rationaliser, voire de l'optimiser. Il ne s'agit pas non plus de freiner l'innovation dans l'action publique économique, bien au contraire[378]. Une approche ordonnée est simplement de nature à éviter des abus, des initiatives néfastes, et à améliorer la productivité des investissements publics de même que la synergie privé-public.

Dans cette combinaison entre les forces privées et publiques, le système financier européen peut jouer un rôle essentiel, par l'effet de levier et la « catalysation » des moyens financiers qu'il peut faciliter, *via* notamment des formules innovantes.

Un autre critère à ne pas perdre de vue est la complémentarité. Celle-ci entretient une relation étroite avec l'idée de défaillance du marché. Il s'agit pour le secteur public de développer une expertise que le secteur privé n'offre pas et n'offrira probablement pas de sitôt. Notamment parce que ses coûts de développement sont trop importants pour une rentabilité. Par exemple, certains services d'analyse et d'information comme la météorologie, spécialement certains segments très spécifiques, l'évaluation de PME, etc.

378 La recherche en la matière est à promouvoir.

(iv) Principe de l'économie ouverte et mutations technologiques

Un autre exemple, déjà en germe en droit européen, est le fait de revisiter la théorie de Schumpeter sur la destruction créatrice. Selon celle-ci, le capitalisme avance, notamment par bonds technologiques, qui entraînent des bouleversements dans l'économie[379]. Ceux-ci peuvent être brutaux et coûteux sur le plan humain et social.

L'UE possède une série d'instruments pour atténuer ces souffrances sans freiner le progrès technique et économique. Par exemple, une des missions de la BEI est de soutenir financièrement le redéploiement, les restructurations et l'ajustement des formations des travailleurs. C'est aussi l'un des objectifs de la politique industrielle de l'Union. Enfin, le droit des aides d'État est plus souple pour des aides à la reconversion. Ces instruments divers sont de nature à limiter la casse sociale, à préserver et développer le capital humain (un domaine dans lequel l'UE a aussi des responsabilités)[380], sans faire obstacle au progrès technique et économique. Il s'agit d'avancer de la manière la plus efficiente, en réduisant autant que possible les « dommages collatéraux ». À nouveau, une Europe qui fait grandir et élargit le cercle des possibles.

Dans une conception moderne de la politique structurelle/de l'offre, il appartient aux pouvoirs publics d'accompagner les transitions et reconversions, de manière à les aider et à en amortir le coût social et humain. Une telle intervention se justifierait aussi par exemple dans l'évolution vers une agriculture plus respectueuse de l'environnement et de la santé des consommateurs[381] ainsi que dans la transition énergétique.

379 Cette analyse ne se vérifie pas toujours, heureusement. Certaines révolutions technologiques n'entraînent pas nécessairement la disparition de productions anciennes, mais s'ajoutent à elles. Comme on le dit généralement, l'invention du vélo n'a rien détruit.

380 V. *supra*, Titre I, Ch. I, B, 4.

381 V. *infra*, Titre III, Ch. II.

À mon sens, nous ne pouvons plus nous contenter de la théorie de Schumpeter. Aujourd'hui, le coût social et humain de celle-ci n'est plus acceptable. Il en ira toujours plus du coût économique, voire environnemental. Compte tenu à la fois de la raréfaction des ressources et de la concurrence grandissante du reste du monde, nous ne pouvons pas gaspiller les actifs que représentent certaines industries, soit sur le déclin, soit condamnées économiquement ou politiquement. Pour donner un exemple, il pourrait être plus favorable à l'intérêt commun d'organiser une transition énergétique ordonnée afin que les actifs des entreprises européennes dans l'hydrocarbure ne tombent pas à zéro, mais que celles-ci puissent mettre à la disposition de cette évolution leurs moyens techniques, intellectuels et financiers.

Cela étant, nous devons éviter les errements de la politique industrielle de certains États membres dans les années 1970, les politiques prétendument keynésiennes de relance qui se soldent par un dopage temporaire de l'économie au prix fort des déficits publics, les distorsions de concurrence, le soutien aux canards boiteux qui freinent les mutations économiques. Je viens de la partie sud de la Belgique, de Liège plus précisément. La politique de subventionnement aveugle du *statu quo* a été désastreuse et contraste tant avec le succès des approches néerlandaise, allemande et luxembourgeoise, à quelques kilomètres. Pourtant ces trois autres pays étaient tout aussi exposés, voire davantage (en ce qui concerne le Luxembourg), à la crise sidérurgique.

Maintenant, s'il est possible d'éviter de tels errements de l'interventionnisme étatique, au profit de stratégies bien conçues et fiables des pouvoirs publics susceptibles de procurer de la valeur ajoutée, pourquoi s'en priver[382] ?

382 Sur un engagement plus actif des États, v. not. M. Mazzucato, *Mission Economy: A Moonshot Guide to Changing Capitalism*, Londres, Allen Lane, 2021.

(v) Les potentialités de la promotion d'une allocation efficace des ressources

Le principe du respect d'une économie ouverte de marché où la concurrence est libre repose au moins partiellement sur l'idée que celle-ci favorise une allocation efficace des ressources.

À première vue, une mesure attentatoire à une économie ouverte aura plus de chances d'être justifiée, si elle permet une meilleure allocation des ressources que l'économie de marché. Notamment, il peut en aller particulièrement comme cela dans l'hypothèse d'une défaillance des marchés. Il faudrait toutefois qu'il n'y ait pas d'alternative valable moins préjudiciable à l'économie de marché.

Conclusions et chiffrage des gains du chantier de l'union des secteurs publics

L'UE exerce déjà une influence croissante sur la gestion publique au niveau des États membres.

Elle peut toutefois contribuer à améliorer plus la performance des secteurs publics dans l'UE à travers ses divers instruments (discipline budgétaire, semestre européen, surveillance multilatérale, politique monétaire, plan de relance européen, contrôle des aides d'État et des SIEG, meilleur respect du principe d'une économie de marché ouverte où la concurrence est libre).

Dans la mesure où les pouvoirs publics représentent la moitié du PIB de l'UE-27, ce qui est considérable, il est raisonnable d'escompter une amélioration de 10 % de leur performance. Cela signifierait, à niveau de prestation constant, près de 800 milliards d'euros de marge de manœuvre supplémentaire, soit 5 % de plus du PIB des

Vingt-Sept, voire plus puisqu'il est généralement considéré qu'une telle diminution des dépenses publiques génère 1,5 % de PIB de plus, soit 12 milliards d'euros, donc plus de 810 milliards d'euros. *Si l'on adopte une approche conservatrice, on ne tablera que sur 3,5 % d'augmentation, soit 540 milliards d'euros.*

Pour le reste, les maîtres-mots en matière d'intervention publique économique seraient subsidiarité, effet multiplicateur, souci de l'impact et de la valeur ajoutée, complémentarité, synergie et interaction avec le secteur privé, proportionnalité, *fitness* (plus et mieux avec moins), accompagnement dans les transitions, allocation efficace des ressources, méthodologie rigoureuse, adéquation, préservation du processus concurrentiel, recherche non seulement d'efficacité, mais aussi d'efficience.

Nous allons voir que certains de ces traits sous-tendent déjà la politique de développement et de solidarité de l'UE, spécialement les interventions de ses deux opérateurs bancaires et financiers, la BEI et le FEI.

TITRE II

EUROPE, DÉVELOPPEMENT ET SOLIDARITÉS

La construction européenne n'est pas seulement économique[383], Dieu merci. Un deuxième axe est celui des solidarités. Solidarités entre États membres en vue d'amener les plus pauvres au niveau des autres et de contribuer à un développement global et harmonieux ; solidarités au sein des sociétés nationales, avec un souci de justice, d'inclusion sociale.

Ces politiques de solidarité comportent toutefois une dimension de développement économique notable, qui pourrait encore être renforcée. L'approche européenne n'est pas celle d'une solidarité anesthésiante et déresponsabilisante, mais dynamique et porteuse de progrès. À nouveau, la double idée d'aider temporairement et de faire durablement grandir.

383 Sachant que ce pôle a des implications soci(ét)ales importantes, comme nous l'avons vu : niveau et qualité de vie, inclusivité, etc.

Sur ce dernier point, la construction européenne devrait mieux exploiter deux atouts. D'une part, en tant que superstructure légère aux coûts de fonctionnement réduits, elle est à même d'affecter davantage de son budget à des investissements qu'un État membre, en termes relatifs. D'autre part et surtout, certains de ses acteurs, spécialement la Banque européenne d'investissement et sa filiale spécialisée, le Fonds européen d'investissement, ont développé des techniques financières qui présentent un effet de levier largement supérieur à celui des subventions classiques (Chapitre I).

S'agissant de la justice et de la cohésion sociales (Chapitre II), si la construction européenne atténue les chocs internationaux, l'ampleur des défis actuels requiert une amélioration substantielle de sa performance dans ces domaines. Nous examinerons comment y parvenir sans compromettre le dynamisme économique, dont on a vu qu'il doit être parfait, lui aussi.

Chapitre I

Politique de cohésion économique, sociale et territoriale

À côté de son activité normative, de son dialogue avec les États membres en matière budgétaire et économique et de sa politique monétaire, l'UE a une autre voie d'action, financière. Si celle-ci a été révélée par le plan de relance[384], elle est bien antérieure à celui-ci.

A. La politique de cohésion à travers les fonds structurels

Une priorité de la construction européenne est d'amener les pays et régions les plus pauvres au niveau des plus riches.

384 Une autre voie est la création d'entreprises européennes, telles qu'Ariane, Airbus, Arte, EuroHPC (super-calculateurs).

Si les membres originaires moins prospères ont reçu plus en proportion de leur population que les derniers adhérents, cette politique reste importante. Elle constitue aujourd'hui le deuxième poste du budget européen, après la politique agricole commune (PAC), et représente 30 % du budget, en moyenne 50 milliards d'euros annuellement au cours de la période 2014-2020, ainsi que cela ressort de la figure 29, ci-dessous.

La politique de cohésion est fondamentale pour une série d'États membres. Avant la crise bancaire de 2008, elle représentait 4 % du PIB de la Grèce ; aujourd'hui, entre 3,23 et 3,78 % de celui des pays d'Europe centrale.

Figure 29.

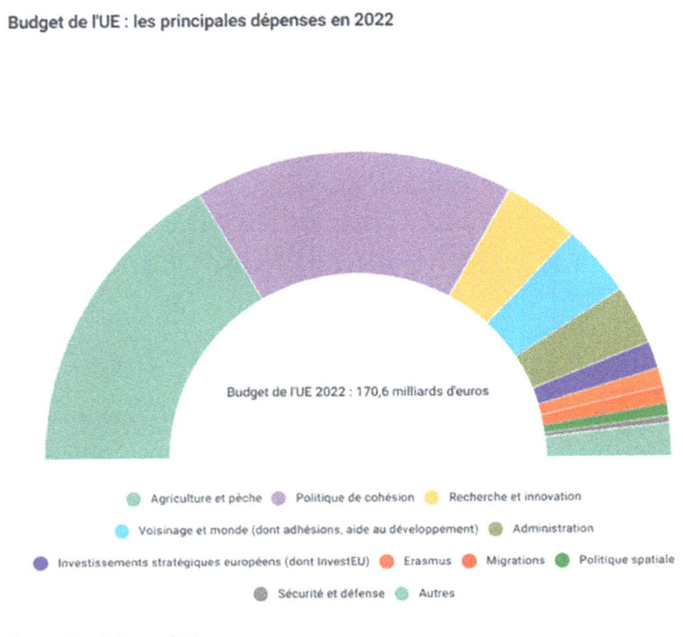

Les fonds structurels

Ceux-ci, que nous avons déjà rencontrés[385], sont des instruments traditionnels d'intervention publique, puisqu'ils versent principalement des subventions. Ils peuvent toutefois fournir aussi des aides remboursables et, depuis peu, des instruments financiers. On peut en citer six : le Fonds social européen (FSE), le Fonds européen d'orientation et de garantie agricole (FEOGA, section « Orientation »), le Fonds européen de développement régional (FEDER), le Fonds de cohésion, le Fonds européen agricole pour le développement rural (FEADER) et le Fonds européen pour les affaires maritimes et la pêche (FEAMP).

Le plan de relance ne les a pas oubliés : 47,5 milliards d'euros supplémentaires sont ou seront mis à la disposition de trois d'entre eux dans ce cadre, comme nous l'avons exposé[386].

Bilan de l'action des fonds structurels

Si les fonds structurels sont utiles, leur bilan est mitigé et pourrait être amélioré.

(i) Éléments positifs

Dans la colonne des plus, outre la contribution aux régions aidées, l'argent injecté connaît une circulation secondaire (30 % des montants distribués), *via* les commandes des pouvoirs publics concernés. Il a donc un effet de levier ou multiplicateur. Celui-ci est renforcé par l'obligation faite aux bénéficiaires des financements structurels de ne recourir qu'à des fournisseurs établis dans l'UE[387].

---

385 V. *supra*, Titre I, Ch. II, D.

386 *Ibid.*

387 Donc, contrairement à une quinzième opinion répandue, il y a un pendant, au moins partiel, au Build America, Buy America Act.

Une autre circulation secondaire, plus récente, est la récupération par les fonds structurels d'une partie des sommes versées sous forme de prêts, de garanties ou de prises de participation et leur réinvestissement, comme déjà évoqué.

Depuis 2013, l'accent a été mis sur la contribution des projets éligibles à la lutte contre le chômage et en faveur du taux d'emploi.

Par ailleurs, les fonds structurels favorisent une coopération du niveau européen avec le niveau national, voire régional ou local. Ils inscrivent l'Europe dans la réalité et l'échange de meilleures pratiques. Notamment, certains pouvoirs locaux ou régionaux n'hésitent pas à recourir à l'expertise du Fonds européen d'investissement (FEI)[388] pour mettre en œuvre certains programmes[389]. Tel est le cas de la ville de Montpellier.

(ii) Déficiences

Pour être éligibles, les projets doivent poursuivre des objectifs prioritaires. Toutefois, dans les faits, l'examen de l'impact positif est insuffisant. La contribution européenne, qui est majoritaire, peut avoir un effet déresponsabilisant sur les pouvoirs publics nationaux ou infranationaux.

En outre, le succès est très variable d'un État membre à l'autre. Plus de 60 ans après la naissance de la Communauté économique européenne (CEE), le Mezzogiorno reste à la traîne. Pourquoi ?

Trop de place est encore donnée aux subventions. En conséquence, l'argent ne peut être distribué qu'une fois.

388 Le FEI est une filiale spécialisée de la Banque européenne d'investissement. Créé en 1994 pour lutter contre la crise et le chômage, il vise à faciliter le financement de petites et moyennes entreprises.

389 C'est encore une autre façon pour l'UE de faire grandir les États membres ou certaines de leurs composantes. Les instruments ingénieux et l'astuce déployée au niveau européen ne doivent pas être sous-estimés.

On note aussi les contrôles envahissants et précautionneux. Une portion des budgets n'est jamais dépensée et retourne aux États membres contributeurs nets. C'est donc une masse de moyens financiers qui ne profitent pas aux régions dans le besoin.

(iii) Suggestions

L'accent pourrait davantage être mis sur une politique de développement et le souci de la valeur ajoutée, de l'impact des financements structurels européens et donc du caractère réellement moteur des projets financés, bref d'une culture du résultat. Il serait utile que des études indépendantes soient menées et des mécanismes mis en place afin d'évaluer l'efficacité de ce mode d'intervention et de l'améliorer (par exemple, *via* un contrôle par les pairs, c'est-à-dire les autorités compétentes des autres États membres, comme cela se fait en matière de supervision financière). On peut songer à l'exigence d'un coefficient multiplicateur des mesures approuvées et une comparaison par pays des résultats obtenus.

Si les pouvoirs publics privilégient les instruments financiers (garanties, emprunts, participations), ils ont davantage de chance de récupérer une partie de leur mise et de pouvoir l'affecter dans de nouveaux projets. Cet assouplissement, permis depuis 2013, devrait être étendu et davantage pratiqué (de même que la politique d'incitants positifs à des réformes structurelles)[390].

On peut même s'interroger sur la compatibilité de l'instrument du subside avec l'économie sociale de marché ouverte et hautement compétitive que doit promouvoir l'UE. À première vue, il n'est pas aligné sur les objectifs de la construction européenne[391]. À mon sens, on ne devrait y recourir qu'en cas d'absolue nécessité et en dernière extrémité. *La place*

390 En ce sens, v. le *BQE* n° 11911 du 24 novembre 2017.

391 V. *supra*, Titre I, Ch. II, F.

encore faite aux subsides dans la politique de cohésion révèle un trop grand conservatisme, une trop grande fidélité aux mécanismes classiques d'intervention de certains États membres. Des milieux nationaux voient dans l'UE une manne, qu'ils ne financent que très marginalement et cherchent à accaparer. L'UE doit s'éloigner de tels travers. Nous ne pouvons plus nous permettre d'être aussi peu ambitieux.

En quelque sorte, de même que la recherche de la prospérité ne doit pas faire oublier les autres dimensions, la solidarité doit intégrer certains éléments de rationalité économique.

Dans la détermination du niveau de soutien européen prévaut aussi une approche trop arithmétique. À côté des régions plus ou moins pauvres, il conviendrait d'accorder un traitement plus favorable à celles en déclin ou qui menacent de l'être. D'une part, mieux vaut intervenir rapidement pour enrayer une telle spirale. D'autre part, des études empiriques ont établi que l'euroscepticisme trouvait un terrain de prédilection dans de telles régions[392].

Une solution extrême serait de supprimer les fonds structurels et de transférer leurs compétences et moyens à la BEI, au FEI, voire à une autre filiale spécialisée de la BEI à créer, et de substituer aux subventions des techniques financières. En effet, comme nous allons le voir, leur bilan est meilleur tout en impliquant un coût moindre pour la collectivité.

B. L'action de la Banque européenne d'investissement (BEI)

Financement de métros, d'hôpitaux, de constructions sociales écoresponsables, d'entreprises prometteuses telles que BioNTech et

392 L. Dijkstra, H. Poelman et A. Rodriguez-Pose, « Géographie du mécontentement et du mal-être dans l'UE », *Telos*, 2 mars 2020.

CureVac, etc., la politique de cohésion a pu s'appuyer sur l'une des plus belles réalisations de la construction européenne : la BEI. Celle-ci a développé des voies d'action à notre avis plus performantes et moins gourmandes en argent public que les fonds structurels.

Bras financier de l'Union européenne, la BEI a une importante capacité de collecte de capitaux sur les marchés (plus de 60 milliards d'euros par an). Son histoire devrait faire réfléchir et inspirer. Elle a été créée en 1957 par les États membres sous la forme d'une banque pour limiter leur risque. Ceux-ci étaient alors pauvres. Ne voulant pas donner un budget à la BEI avec l'obligation illimitée pour eux de combler le déficit, ils l'ont dotée d'un capital. La BEI a donc dû emprunter sur les marchés financiers, puis prêter à bon escient.

La suite, on la connaît ou, justement et malheureusement, pas assez[393] : tout en finançant des projets publics et privés qui contribuent concrètement à la réalisation des objectifs européens, la BEI, responsabilisation financière oblige, a été gérée avec rigueur pour progressivement devenir la plus grande banque de développement économique du monde. Elle bénéficie de la meilleure notation possible : AAA. Elle est au monde bancaire ce qu'Airbus est à l'aéronautique : un géant performant. Quand les Européens conçoivent ensemble soigneusement des projets concrets, ils ne doivent avoir peur de personne.

393 Lors d'un cours introductif au droit bancaire et financier européen que je donne dans une prestigieuse université parisienne, j'ai été frappé de constater qu'aucun des étudiants du master ne connaissait la BEI.

Figure 30.[394]

LE GROUPE BEI DANS VOTRE PAYS

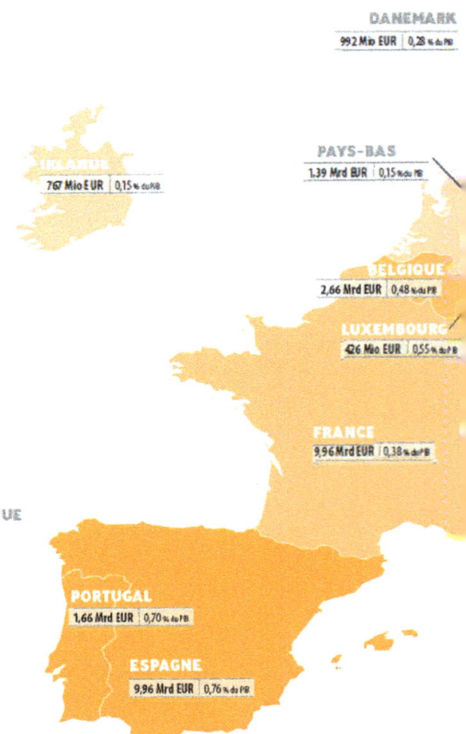

Les couleurs foncées représentent des investissements plus élevés en pourcentage du PIB.

RAPPORT D'ACTIVITÉ 2022

394 Rapport d'activité 2022 de la Banque Européenne d'Investissement (BEI).

FINLANDE
1,16 Mrd EUR 0,43 % du PIB
SUÈDE
1,95 Mrd EUR 0,35 % du PIB
ESTONIE
172 Mio EUR 0,48 % du PIB
LETTONIE
300 Mio EUR 0,79 % du PIB
LITUANIE
303 Mio EUR 0,45 % du PIB
POLOGNE
5,45 Mrd EUR 0,83 % du PIB
MAGNE
d EUR 0,17 % du PIB
TCHÉQUIE
1,85 Mrd EUR 0,66 % du PIB
SLOVAQUIE
54,5 Mio EUR 0,05 % du PIB
AUTRICHE
1,62 Mrd EUR 0,36 % du PIB
HONGRIE
804 Mio EUR 0,50 % du PIB
SLOVÉNIE
42 Mio EUR 0,07 % du PIB
CROATIE
218 Mio EUR 0,33 % du PIB
ROUMANIE
1,01 Mrd EUR 0,36 % du PIB
ITALIE
10,09 Mrd EUR 0,53 % du PIB
BULGARIE
494 Mio EUR 0,60 % du PIB
GRÈCE
2,19 Mrd EUR 1,04 % du PIB
250 Mio EUR 0,94 % du PIB
CHYPRE
MALTE
20 Mio EUR 0,12 % du PIB

L'activité de la BEI et de sa filiale, le FEI, représente une contribution moyenne de 0,88 % au PIB des États membres en 2021 (avec une fourchette allant de 0,16 à 2,7 %, ainsi que cela ressort de la figure 30 ci-dessus). Quand l'on sait que les financements de la BEI et du FEI génèrent une plus-value de 40 % et qu'ils s'accompagnent d'autres financements cinq fois plus importants, on mesure l'impact et l'efficacité de ces bras financiers.

En effet, sur ce dernier point, la BEI intervient uniquement en dernier ressort et en complément au système bancaire et financier classique. Elle finance des projets qui doivent être viables (pas question de soutenir des canards boiteux) à concurrence de 20 % au plus, faisant l'appoint. C'est une logique d'additionnalité, de réponse à une défaillance partielle de marché, mais aussi de viabilité économique. Elle permet la réalisation de projets qui sinon ne verraient pas le jour. *Elle élargit le cercle des possibles raisonnables.* L'approche est tout sauf utopique. La BEI a un rôle catalyseur et multiplicateur – contracyclique aussi, puisqu'elle devra davantage intervenir en basse conjoncture.

De manière imagée, la BEI constitue un instrument de politique keynésienne améliorée à plusieurs points de vue : une intervention publique moindre puisqu'à la marge[395], entraînant une atteinte à la concurrence limitée[396], financée de surcroît en grosse partie par les marchés financiers, en ce compris ceux de pays tiers. Sur ce dernier point, on retrouve le rôle de l'opérateur financier assimilable à une entreprise exportatrice[397], qui attire dans l'UE toujours plus de ressources financières du reste du monde. Cet argent sert non à la consommation

395 Et, par voie de conséquence, respectueuse du principe d'une économie ouverte fondée sur la libre concurrence.

396 Elle ne provoque pas d'atteinte à la concurrence dans le secteur du financement puisqu'elle finance ce qui ne l'est pas par lui. Les éventuelles distorsions vont concerner le marché sur lequel le projet financé opère. Il est toutefois loisible à d'autres opérateurs sur ce marché de solliciter un financement de la BEI, celui-ci étant accordé selon des critères objectifs. En outre, les projets financés par la BEI poursuivent d'une manière ou d'une autre des objectifs européens.

397 Sur cette question, v. *supra*, Titre I, Ch. I, B, 3.

courante, mais à des investissements qui vont augmenter la force économique de l'Europe, de manière durable. L'effet multiplicateur est du coup normalement plus élevé et prolongé que celui découlant d'une augmentation du pouvoir d'achat dans une politique keynésienne classique. Il l'est d'autant plus que pas mal de projets financés par la BEI sont entrepris par le secteur privé et que tous sont financés principalement par le secteur financier classique. On peut escompter du premier des attentes de rentabilité supérieures à celles de la sphère publique et du second le souci de la viabilité des projets.

Au passage, soulignons que l'intervention de la BEI se concilie dès lors avec le principe d'une économie ouverte où la concurrence est libre. Elle est aussi devenue un standard, un *must*.

Depuis 1957, la BEI a développé une expertise considérable et variée dans l'appréciation de la viabilité de projets et dans le développement d'instruments financiers et de techniques de financement innovantes, en fonction des objectifs et priorités de l'UE.

Par exemple, elle s'étend à la finance durable et écoresponsable. Comme l'a rappelé l'un de ses vice-présidents à des politiques qui voulaient créer une banque publique verte en Europe, celle-ci existe déjà et s'appelle la BEI[398]. Elle a été le premier émetteur au monde d'obligations vertes en 2007, c'est-à-dire d'obligations dont tout le produit est affecté à des projets écoresponsables. Aujourd'hui, elle reste le leader du marché.

Une constante dans son action est la contribution à la cohésion économique, sociale et, aujourd'hui, territoriale de l'UE.

Non seulement la BEI prête, mais elle fournit des services de conseil (sur la base de sa longue expérience et des expertises qu'elle a progressivement forgées), dans le souci de donner davantage d'impact

398 A. Fayolle, « Une banque européenne du climat ? Oui, mais elle existe déjà ! », *Les Echos*, 11 janvier 2019.

à ses interventions financières. Importante, cette seconde activité est une autre façon pour la sphère publique d'intervenir dans l'économie, en vue de faciliter la vie des opérateurs économiques.

Les objectifs européens poursuivis par la BEI évoluent avec les priorités politiques de l'UE. Actuellement, la BEI investit beaucoup dans la transition et l'efficacité énergétiques[399] ainsi que dans la rénovation urbaine.

La BEI a aussi une vision de l'ensemble de l'économie européenne, à travers toutes ses activités. Les analyses de son service macroéconomique méritent de s'y attarder. Elles devraient davantage être prises en considération par le monde politique. Le rapport 2022-2023 de la BEI sur l'investissement, publié fin février 2023, pointe l'insuffisance d'investissements en Europe et appelle à l'action pour relever les défis structurels… à l'instar de cet essai.

Le retour sur investissement de la BEI est important.

La BEI est un joyau de l'UE. Probablement le fruit de sa responsabilisation financière, de sa gestion systématique des risques, de sa subsidiarité et de sa complémentarité avec le secteur financier classique, du développement de techniques d'intervention nouvelles. C'est aussi le résultat d'un travail de fond et de la rencontre de savoirs, de cultures, de profils et d'itinéraires extrêmement divers. En dehors des juristes et des économistes, la BEI compte des ingénieurs, des médecins, etc. Elle abrite une collectivité humaine très riche.

Responsabilisation financière, souci de viabilité économique, de valeur ajoutée et d'effet multiplicateur, additionnalité par rapport au marché, évitement des distorsions de concurrence, poursuite d'objectifs européens, expertise technique et rigueur, émergence d'une approche

---

399 Par exemple, 25 % du portefeuille de la BEI consiste en projets favorables au climat. Cette proportion est appelée à doubler dans les années à venir (Pacte vert pour l'Europe, section 2.2.1. « Promouvoir la finance et l'investissement verts et assurer une transition juste »).

proprement européenne irréductible à une conception nationale, travail avec les opérateurs économiques et les pouvoirs publics nationaux et infranationaux. Ces idées et lignes de force devraient inspirer les initiatives européennes en général.

Au passage, on notera que la BEI n'est pas une institution créatrice de normes. Elle collecte de l'argent et l'affecte à des projets, l'investit dans l'économie européenne. De manière pragmatique, elle développe progressivement des standards de gestion, de responsabilisation sociétale, environnementale. Il faut se demander si l'UE ne devrait pas procéder davantage comme cela à l'avenir. Nous y reviendrons[400].

C. Le Fonds européen d'investissement (FEI)

La BEI compte depuis 1994 une filiale spécialisée en investissements plus à risque tels que les garanties aux PME et le *private equity* (prise de participation dans des sociétés non cotées), le FEI.

Celui-ci, qui gère essentiellement des fonds de tiers, a actuellement environ 100 milliards d'euros investis sous ces formes, aux côtés d'investisseurs privés. Sachant que la prise de risques/d'intérêts du FEI est toujours minoritaire (à l'instar des financements octroyés par la BEI), l'effet multiplicateur est considérable. Compte tenu de son expertise unique en matière de *due diligence* et d'analyse de la viabilité d'entreprises prometteuses, le FEI est, en effet, capable de réunir des investisseurs publics et privés autour de lui[401]. Reconnaissance de son rôle clé et de son efficacité, son capital a été augmenté de 70 % début 2021.

---

400 V. *infra* sous D et les conclusions de l'essai.

401 À cet égard, le FEI constitue un dispositif de politique d'offre et respecte l'économie de marché.

La réduction par le FEI de l'asymétrie de l'information entre investisseurs et émetteur (la société dans laquelle l'investissement se fait) est à souligner. C'est à nouveau typique d'une politique structurelle/moderne de l'offre. Par son analyse, le FEI comble une lacune en matière d'information et facilite la rencontre de la demande et de l'offre de capitaux. Il fournit aux investisseurs assez d'informations fiables pour les décider à « sauter dans l'eau froide ».

Le comblement de cette asymétrie de l'information est d'autant plus crucial en Europe, où la taille moyenne des opérateurs économiques et leur comparabilité sont nettement moindres qu'aux États-Unis[402].

Dans une certaine mesure, les imperfections du marché intérieur et notamment la taille modique de la grande majorité des entreprises rendent d'autant plus importants des organismes comme la BEI et le FEI, des sociétés publiques de financement au niveau national, et dans le secteur privé, les véhicules collectifs d'investissement. Alors que les derniers permettent d'attirer les investisseurs de détail, la BEI, le FEI et les sociétés publiques d'investissement comblent l'insuffisance de financement privé des entreprises, notamment.

D. Le plan Juncker, InvestEU, la BEI et le FEI

Le plan Juncker est une réussite marquante des dernières années. Avec seulement 21 milliards d'euros, dont 16 milliards sous forme de garantie, l'UE a, *via* la BEI et le FEI, permis de récolter plus de 500 milliards d'euros[403] ainsi que cela ressort de la figure 31

402 V. *supra*, Titre I, Ch. I, A.

403 Selon les chiffres de mars 2022 : 524,3 milliards d'euros.

ci-dessous[404] dont 70 % d'investissements privés. L'objectif initial, pourtant ambitieux, de 315 milliards d'euros a donc été largement dépassé. L'effet de levier est de 25, au lieu des 15 escomptés.

Figure 31.

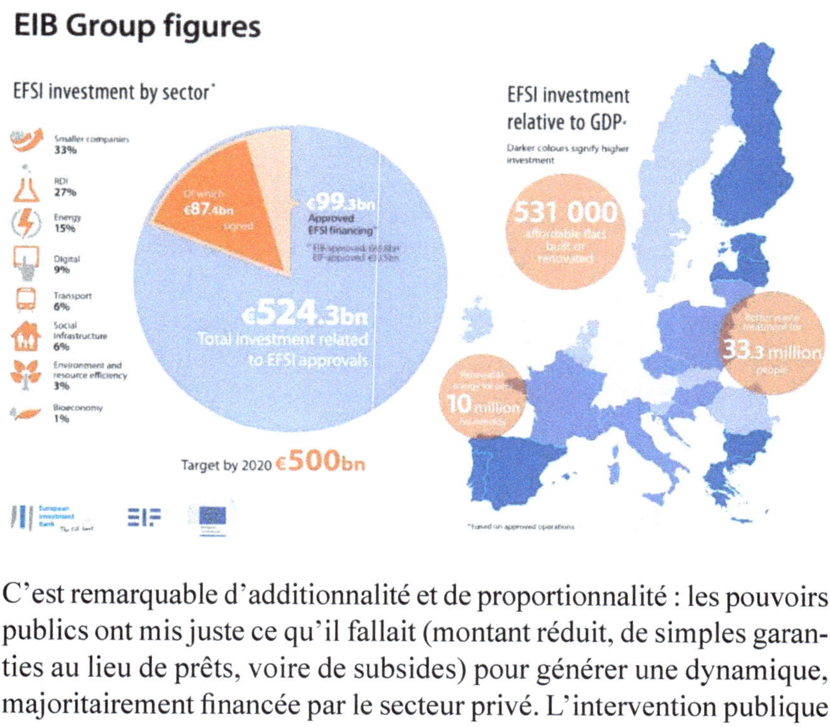

C'est remarquable d'additionnalité et de proportionnalité : les pouvoirs publics ont mis juste ce qu'il fallait (montant réduit, de simples garanties au lieu de prêts, voire de subsides) pour générer une dynamique, majoritairement financée par le secteur privé. L'intervention publique a été ajustée au niveau de défaillance, ou plus précisément de frilosité des investisseurs.

Le coût pour la collectivité est ainsi réduit. En outre, l'impact est bien plus important que celui découlant d'une subvention, voire d'un prêt. À cet égard, outre l'effet de levier, les exigences de viabilité des

404 Tirée du site de la Commission européenne, onglet relatif aux résultats du Fonds européen pour les investissements stratégiques.

projets à financer par la BEI et le FEI et le financement majoritairement privé ont pu aboutir à des investissements plus fructueux que des subventions publiques.

À nouveau, une telle initiative a été prise en période de disette des finances publiques[405], après la crise bancaire puis budgétaire. Rien que pour elle, l'ancien président de la Commission européenne Jean-Claude Juncker entrera dans l'histoire.

En outre, cette approche a réduit les distorsions de la concurrence qu'aurait entraînées l'octroi de subsides à des entreprises.

Il y a maintenant un plan Juncker bis avec un volet davantage consacré au *capital risk*, à la recherche et à l'innovation : InvestEU – que nous avons déjà rencontré à deux reprises[406]. Compte tenu du niveau de risque plus élevé des projets à financer, l'effet de levier a été ramené à quatorze. Le plan Juncker est plus que doublé, l'objectif initial étant de mobiliser au moins 650 milliards d'euros d'investissement privé[407].

Ce plan Juncker bis est un élément essentiel : il faut pouvoir résorber le déficit d'investissement de l'Europe. Quatre secteurs ont été ciblés dans un premier temps : (i) la RDI, domaine dans lequel nous avons vu que l'UE est en décrochage[408] ; (ii) les infrastructures et la digitalisation ; (iii) les PME ; (iv) les investissements et talents sociaux. Comme déjà évoqué, le plan de relance a ajouté un montant de garanties de 31 milliards d'euros pour les filières stratégiques. Toutefois, comme déjà dit, cela ne devrait pas faire oublier le potentiel de l'approfondissement du marché intérieur.

---

405 Comme en 1957, lors de la création de la Communauté économique européenne, lorsqu'il a été décidé d'instaurer la BEI sous la forme d'une banque plutôt que d'un fonds.

406 V. *supra*, Titre I, Ch. I, B, 1, à propos de la RDI et Titre I, Ch. II, D, à propos du plan de relance européen.

407 Si le levier de 15 est maintenu, l'objectif devrait être porté à 1 125 milliards d'euros, compte tenu de l'augmentation de la mise publique de départ à 75 milliards d'euros à la suite du plan de relance européen.

408 V. *supra* Titre I, Ch. I, B, 1.

Vers un renforcement de l'action financière plutôt que de la capacité budgétaire de l'UE ?

Les succès de la BEI, du FEI et du plan Juncker amènent à s'interroger sur les modes d'intervention de l'UE à privilégier. La contribution à des investissements productifs dans l'économie et la société européennes, largement financée par les marchés, est un rôle que l'Union, agissant au travers de la BEI et du FEI[409], joue bien et pourrait assumer à plus grande échelle.

Le budget européen est réduit, si on le compare à celui des États membres et de l'État fédéral américain. Il équivaut à 1-1,2 % du PIB européen, 150-160 milliards d'euros, représentant environ 300 euros par habitant par an.

Le budget des États membres se situe entre 30 à 60 % du PNB national, avec une moyenne de près de 50 % (voire plus après la pandémie et avec la guerre en Ukraine). Pour donner une idée, avant la pandémie, la France était à 57 % et l'Allemagne à 42 %. Le budget de l'État fédéral américain équivaut à 30 % du PIB américain, le budget fédéral suisse à 17 % du PIB suisse. Le budget de l'UE est donc réduit, puisqu'il équivaut à la moitié des recettes de l'État français.

Toutefois, il faut lui ajouter 60 milliards d'euros de crédits par an de la BEI, sachant que 555 milliards d'euros sont actuellement prêtés par elle – un montant à peu près comparable à près de quatre fois le budget de l'UE –, et les 100 milliards investis par le FEI.

Ne faudrait-il pas intensifier ce mode d'action ? À l'occasion du Brexit, plusieurs États membres ont cherché à augmenter leur participation dans le capital de la BEI : la Roumanie, la Pologne et le Luxembourg. Ils ont compris l'effet de levier qu'offre la BEI.

---

409 Qui cherchent à améliorer encore leurs performances, *via* notamment la digitalisation et une accélération de leur processus de prise de décision.

J'ai aussi émis l'idée que les fonds structurels pourraient disparaître au profit d'une augmentation des responsabilités et des moyens financiers du groupe BEI, au vu de la plus grande efficacité de ce dernier[410].

Eu égard au rôle de levier que la construction européenne a vocation à remplir, à la valeur ajoutée maximale que chacune de ses initiatives doit présenter, au fait que l'UE est une superstructure légère peu consommatrice en frais de fonctionnement, il est essentiel que les institutions et organismes européens (tels que la BEI et le FEI) puissent faire un maximum d'investissements et de financements productifs. À côté du perfectionnement du marché intérieur (Chapitre I du Titre I) et de la contribution à l'amélioration de l'action publique (Chapitre II du Titre II), cette activité d'investissement, de financement et de « catalysation » des investissements privés est un troisième moteur de la croissance européenne.

Les pouvoirs publics en Europe ont des marges de manœuvre réduites, même si le niveau d'endettement des États décroissait avant la pandémie (environ 80 % du PIB ; depuis lors, il a dépassé 90 % pour redescendre fin 2022 à 85 %). Un financement supplémentaire d'origine publique de l'action de l'UE au sens large (en ce compris la BEI et le FEI) est illusoire dans l'immédiat. En outre, avec le Brexit, les recettes européennes ont été réduites d'environ 15 %. Sans compter l'impact de la pandémie et de la guerre en Ukraine.

Il serait donc concevable de faire davantage appel au financement privé pour moderniser l'économie européenne, notamment autour de la BEI et du FEI.

410 V. *supra*, A

E. Potentialités de la politique de cohésion économique, sociale et territoriale

La cohésion économique, sociale et territoriale est riche en potentialités. La teneur de cette politique pourrait évoluer, s'enrichir.

Vers un ensemble européen plus structuré ?

Celle-ci est encore centrée sur les États et les régions, avec l'idée d'un *benchmark* entre eux. La cohésion économique, sociale et territoriale de l'UE ne peut-elle toutefois pas excéder cette relation horizontale entre diverses composantes de l'UE ?

Dès lors que l'UE est un grand marché intérieur où les facteurs de production sont affectés librement, voire une union croissante des populations des États membres, la politique de cohésion n'implique-t-elle pas, en plus des interconnexions, une coordination, peut-être même une intégration ? En plus d'une réduction – relativement abstraite, car arithmétique – des disparités entre les États membres, la cohésion ne doit-elle pas caractériser le grand ensemble économique que constituent les États membres et l'UE ? Ne suppose-t-elle pas une certaine articulation entre ses différentes composantes, des interactions, des mécanismes d'échanges, un ordonnancement, une consistance et une substance propres ?

Certaines conséquences pourraient en être tirées en termes d'aménagement du territoire européen. Un projet d'infrastructure, tel que le canal Rhin-Saône, dont la rationalité peut être mise en doute dans un cadre strictement hexagonal, ne prend-il pas davantage de sens sur le plan européen[411] ? Des projets transfrontières, communs, proprement européens, comme un gazoduc allant de la péninsule

411 V. *supra*, Titre I, Ch. I, B, 6.

Ibérique vers l'Allemagne, ne doivent-ils pas être poussés ? Des « champions » réellement européens ou globaux portés sur les fonts baptismaux ?

Vers une plus grande coordination entre les États membres ?

La politique de cohésion pourrait avoir des implications en matière d'incubation, d'aide au développement, de répartition voire de coordination des centres d'excellence à travers l'UE. Un district marshallien est un centre, une masse critique dans un domaine, qui génère des économies d'échelle externes[412]. On peut citer la Silicon Valley, la City londonienne, l'axe Toulouse-Bordeaux en matière aéronautique, Milan et ses environs dans la mode et le design, la Ruhr dans le domaine sidérurgique et l'industrie lourde.

On pourrait imaginer une certaine spécialisation entre les États membres, des régions, centres, des districts marshalliens plus complémentaires que concurrents, dans le cadre de la politique de cohésion.

Vers un renforcement de chaque État membre

Cela étant, cet intérêt proprement communautaire ne doit pas être poursuivi aux dépens de celui des États membres. Comme nous l'avons indiqué, un État membre reste un État à part entière, avec toutes les responsabilités que cela implique, notamment sur le plan budgétaire[413]. Afin de les assumer, un État membre doit en avoir les moyens.

L'Europe doit rendre plus fort chaque État membre ou, plus précisément, lui permettre de le devenir. Sinon, elle se résume à un directoire de certains États, à une mise sous protectorat des autres États membres, avec le risque de départ de certains États membres du club. L'Europe

412 Defraigne et Nouveau, *op. cit.*, 3e éd., p. 18.

413 V. *supra*, Titre I, Ch. II, A.

doit représenter une valeur ajoutée pour tous les États membres. Cela peut passer par la chance de devenir un centre d'excellence dans une activité.

Il faudrait aussi davantage prendre en considération les différences de situation objective entre les États membres et les défis auxquels certains sont confrontés. Comme déjà indiqué, un exemple est celui de la disparition de grands acteurs économiques domestiques dans certains États, spécialement les petits et moyens États[414] et les nouveaux adhérents d'Europe centrale et orientale. Les principales entreprises de ces derniers sont passées sous pavillon étranger, le plus souvent de grands États membres occidentaux. La seule entreprise originaire d'un de ces États appartenant au top 500 des plus grandes entreprises mondiales est polonaise, PKN Orlen[415].

En conséquence, la prospérité de ces États dépend plus fortement de leur capacité à attirer des investissements directs, d'opérateurs des autres États membres, voire d'États tiers. À cet effet, les leviers sur lesquels ces États peuvent agir sont réduits : la modération salariale, une fiscalité attractive, l'accueil de productions *low cost*.

Leur plus faible productivité du travail (découlant du retard technologique notamment – il y a moins de brevets et de royalties par habitant par exemple) y est compensée par un différentiel important de salaire, une protection sociale moindre, un temps de travail plus élevé, une concurrence fiscale. Si l'on veut leur laisser la possibilité – légitime – de desserrer ce garrot et de monter dans l'échelle des productions (comme y parviennent la Hongrie, la Slovénie et l'Estonie, qui ont des chiffres en matière de brevets et de royalties comparables à ceux des États membres de tête) et des salaires, la question se pose de savoir ce que l'UE peut faire pour les y aider. En d'autres termes, ces pays ne

414 La Belgique, l'Autriche, l'Irlande, le Portugal, la Grèce, notamment. V. Defraigne et Nouveau, *op. cit.*, 3e éd., p. 97.

415 Defraigne et Nouveau, *Ibid.*, p. 451.

se distinguent pas seulement des autres États membres par un niveau économique moindre, mais par des particularités macroéconomiques à prendre en considération dans une politique de cohésion.

On relèvera à cet égard que la discipline budgétaire imposée par la construction européenne peut, paradoxalement, être un adjuvant. Elle permet de dégager à terme des marges de manœuvre afin que ces États posent les conditions de développement d'activités nouvelles, voire investissent. On l'oublie trop souvent, mais un État membre peut se comporter en investisseur en économie de marché à long terme, par exemple *via* des holdings publics investissant à long terme.

Finalement, ces considérations militent à nouveau pour davantage de marché intérieur et donc de possibilités de croissance pour les PME, de tous les États membres.

F. Conclusion

Une politique de cohésion faisant davantage place aux instruments financiers au sein des fonds structurels (voire à la suite d'un transfert des responsabilités en la matière au groupe BEI-FEI) et un deuxième plan Juncker plus ambitieux encore (InvestEU) devraient être de nature à générer 2 % de PIB de plus dans l'UE, soit près de 320 milliards d'euros supplémentaires par an.

Au total, les propositions de réforme développées dans le Titre I et dans le Chapitre I du Titre II devraient, dans une approche prudente, générer un surplus de 12,5 % de PIB dans l'UE-27, soit près de 2000 milliards d'euros.

Celui-ci devrait permettre de lutter contre la précarité sociale, de faciliter la gestion de deux carrières au sein de familles comptant davantage d'enfants, de décarboner l'économie européenne et de la rendre globalement plus propre, en ce compris l'agriculture, d'augmenter notre autonomie énergétique, d'affermir notre défense commune, d'accroître notre générosité vis-à-vis des pays en voie de développement et d'assumer davantage de responsabilités en vue d'un meilleur état du monde, comme nous allons le voir dans les chapitres et titres suivants. En d'autres termes, cette prospérité accrue devrait permettre à Europe d'entamer la seconde moitié de ses travaux, consacrés à des politiques qualitatives non économiques.

Après le taureau tendu vers une croissance de qualité sous la main experte d'Europe l'amazone (voir fin du Chapitre I du Titre I), place à Europe déversant une corne d'abondance.

Chapitre II

Europe et justice sociales

Pourquoi la désillusion voire la défiance sociale vis-à-vis de l'Europe ?

Certaines couches de la population ont l'impression de ne rien gagner à la construction européenne, parfois même d'y perdre[416]. Elles se sentent précarisées, déclassées, voire méprisées[417]. Des objections sur la répartition des avantages découlant de l'Europe s'élèvent.

La crise financière de 2008 a avivé la blessure. La perte a été sévère pour certaines catégories. Il n'y a pas eu de responsables identifiés et sanctionnés. D'où un sentiment de gâchis et d'injustice.

Depuis le lancement de la construction européenne, trois mouvements de fond ont contribué à ce que la situation relative d'un certain nombre de travailleurs se déprécie.

Tout d'abord, le bloc communiste a disparu. C'est en partie pour conjurer la propagation de ses idées à l'Ouest qu'avait été créé le

416 Entre autres, des travailleurs, des patrons de PME, les habitants de régions en perte de vitesse.

417 Sur l'importance du respect de la population par les dirigeants, v. not. G. Da Empoli, « Les cinq erreurs de Matteo Renzi qu'Emmanuel Macron devrait méditer », *Le Monde*, 21 janvier 2020.

marché commun, dont les gains de productivité permettraient de bien payer les salariés[418]. Le monde communiste a, en outre, fait place à une force extérieure en sens contraire, exerçant une force à la baisse sur les salaires : la mondialisation. Les pays passés à l'économie de marché constituent une concurrence pour les travailleurs européens. C'est aussi dans ce contexte que s'inscrit l'élargissement de l'UE vers l'Est. Celui-ci a permis de garder dans l'UE des productions à moindre coût.

Ensuite, la modération salariale a été d'autant plus marquée que la globalisation s'est doublée d'une perte de compétitivité de l'économie européenne et d'une glissade sur l'échelle technologique. En conséquence, une série d'emplois créés en Europe récemment sont moins bien payés en termes relatifs que par le passé. Cela explique en partie le peu d'enthousiasme réservé à la diminution du chômage presque de moitié en Europe entre 2013 et 2019. Celle-ci n'a pas mis fin à la précarité. Nous en revenons à la question de la productivité[419].

Enfin, la financiarisation de l'économie et la libération des échanges ont augmenté la production de richesses, mais ont accru les écarts au sein de la population européenne.

La responsabilité sociale de l'Europe

L'Europe atténue le choc résultant de ce changement fondamental de circonstances, notamment parce que la plupart de nos échanges économiques se déroulent au sein de l'UE[420]. C'est toutefois une consolation insuffisante au regard de la situation sociale préoccupante en Europe.

---

418 V. *supra*, l'Avant-propos.

419 V. *supra*, Introduction, « Un bilan en péril ? ».

420 Dans le même temps, le matelas amortisseur que constitue l'Europe peut contribuer à l'assoupissement et à la perte de réactivité. Les conséquences de certaines tendances mondiales étant réduites ou différées, la société européenne tarde à traiter ses vulnérabilités structurelles.

En effet, que 21,6 %[421] de la population reste exposée au risque de pauvreté (il y a eu un pic à 24,8 % en 2012[422]) malgré la décrue du chômage de 45 % dans l'UE entre 2013 et 2019 et que 5,8 % demeurent sous le seuil de pauvreté[423] (certes comparativement à 8,5 % en 2008, au moment du déclenchement de la crise bancaire, soit une réduction de 30 %) interpelle. Le niveau du chômage des jeunes est à plus du double du taux moyen. En outre, plus du quart de la population est menacé de pauvreté ou d'exclusion sociale dans près d'un quart des États membres : Bulgarie (32,8 %), Roumanie (32,5 %)[424], Grèce (31,8 %), Lettonie (28,4 %), Italie (27,3 %) et Espagne (26,1 %). Le taux de fécondité est en chute (1,5 % alors que le taux de renouvellement de la population est à 2,1).

Le rapprochement de deux chiffres vaut ce qu'il vaut, mais interpelle. Alors que le plan Juncker a dépassé de 50 % ses objectifs d'investissement, l'objectif de sortir du risque de pauvreté 20 millions d'Européens à l'horizon 2020 a été atteint à 40 % seulement[425] ! Si la croissance, voire des embryons de progrès structurels, a entraîné une amélioration de la situation sociale, celle-ci reste insuffisante.

L'UE a pour mission le bien-être de ses peuples. Elle doit œuvrer au développement durable de l'Europe, fondé notamment sur une économie SOCIALE de marché hautement compétitive, qui tend au plein-emploi et au progrès social ; combattre l'exclusion sociale et les discriminations, promouvoir la justice et la protection sociales ; contribuer à un haut niveau d'emploi, à la qualité de l'éducation, au développement du capital humain, à la protection sociale, etc.

---

421 C'est-à-dire à une des trois situations suivantes au moins : en risque de pauvreté après transferts sociaux (pauvreté monétaire), en situation de privation matérielle sévère ou vivant dans des ménages à très faible intensité de travail (chiffres de 2020, *Chiffres clés sur l'Europe*, 2023, p. 27).

422 Les transferts sociaux aboutissent à réduire le taux de risque de pauvreté à 17 %.

423 Plus précisément de privation matérielle sévère : leurs conditions de vie sont limitées par un manque de ressources (p. ex. le fait de ne pas être en mesure de régler leurs factures, de chauffer correctement leur logement ou de prendre une semaine de vacances en dehors de leur domicile).

424 Même si ces deux pays enregistrent la baisse la plus marquée de taux de risque de pauvreté.

425 Voire moins (en ce sens, v. l'interview d'O. de Schutter au *BQE* n° 12477 du 30 avril 2020.

Il est bienvenu que l'actuel commissaire à l'emploi et aux droits sociaux, Nicolas Schmit, veuille rendre son importance à cet axe de la construction européenne[426], notamment à l'économie sociale de marché.

L'Europe a également un intérêt bien entendu à se saisir de la question sociale. En effet, dans les mutations en cours, elle sert de bouc émissaire. À elle de démontrer la valeur ajoutée qu'elle peut apporter face au malaise social grandissant. À nouveau, l'impact de son action sera vital. Elle doit pouvoir faire grandir ses populations.

Compte tenu de ce changement fondamental d'arrière-fond, il faut réfléchir aux moyens de préserver et de renforcer la justice sociale, l'économie sociale de marché, la social-démocratie et, en bout de course, notre démocratie. Sans mettre en péril la prospérité de la population européenne dans son ensemble.

Solutions ?

À notre sens, une situation nouvelle appelle des solutions renouvelées. Nous devons distinguer l'objectif de justice sociale des moyens de l'assurer. Une série de systèmes et de mécanismes doivent être ajustés, voire de nouveaux apparaître. Parallèlement, il faut tenir compte des atouts et limites de l'UE.

Une politique structurelle/moderne et globale de l'offre ?

Les recommandations formulées au fil de cet essai devraient être de nature à augmenter le taux d'emploi, mais aussi le niveau des rémunérations : reconnaissance mutuelle et approfondissement du marché intérieur, politique volontariste en matière d'emploi, notamment à

426 *BQE* n° 12428 du 19 février 2020.

travers le semestre européen[427], remontée dans l'échelle de la valeur ajoutée et efforts accrus en RDI, réindustrialisation, efforts en matière de formation et d'employabilité, augmentation du pouvoir d'achat par des mesures structurelles.

L'idée a aussi été défendue d'une dynamique articulée autour d'un triangle vertueux, la croissance permise devant être tout à la fois propre et inclusive. Notamment, si le grand marché a été fait, c'était afin de sauvegarder la compétitivité de l'économie des États membres *dans l'intérêt de l'ensemble de la population*. Si le marché unique permet de produire plus de prospérité, celle-ci ne doit pas aller uniquement à certaines couches de la société[428].

Divers mécanismes financiers ont en outre été mis en œuvre afin d'aider les travailleurs vulnérables face aux mutations économiques ou à des événements exceptionnels. Citons le Fonds social européen (FSE), le Fonds social européen plus (FSE +), le Fonds européen d'ajustement à la mondialisation (FEM) et, dans le cadre de la lutte contre la Covid-19, l'instrument SURE[429].

Supposons toutefois que des politiques structurelles ne suffisent pas à élever le niveau des revenus du travail, en tout cas pour une partie significative de la population. Retenons également l'hypothèse que le surplus d'activité économique, couplé à une gestion améliorée des finances publiques et à davantage d'investissements, ne permette pas aux États membres de diminuer la pression fiscale sur les revenus du travail et d'augmenter les dépenses de transfert, de redistribution ;

---

427 V. *supra*, Titre I, Ch. II.

428 « L'inégalité de revenus au sein des pays de l'UE s'est accentuée au cours des dernières décennies, malgré l'effet d'atténuation des politiques de redistribution. Le PIB réel par habitant dans l'UE a augmenté de 45 % depuis 1995. Cependant, le revenu avant impôt des 50 % inférieurs n'a augmenté que de 16 %, tandis que celui des 1 % supérieurs s'est accru de 50 %. [...] Par ailleurs, l'inégalité de richesses, qui est beaucoup plus grande que l'inégalité des revenus, demeure un facteur d'inégalité future de revenus en raison du rendement des actifs tels que les biens immobiliers et les capitaux propres » (*Rapport de la BEI*, préc., p. 14).

429 Instrument européen de soutien temporaire à l'atténuation des risques de chômage en situation d'urgence engendrée par la propagation de la Covid-19, créé en 2020.

que le coût de la vie ne soit pas assez réduit par certaines mesures en faveur des consommateurs (interdiction du *roaming*, diminution du coût de l'énergie, politique volontariste de la concurrence, etc.).

Vers des mesures plus volontaristes, voire plus invasives et autoritaires ?

À quel autre type de mesures recourir ? La question doit être posée compte tenu de la situation sociale critique en Europe et du temps que mettent les mesures de politique structurelle/moderne de l'offre à produire leurs effets.

En conséquence, il faut pouvoir envisager des mesures plus contraignantes, à l'impact plus direct[430].

(i) Vers l'instauration d'un salaire horaire minimum ?

Compte tenu du niveau de vie très variable d'un État membre à l'autre, un tel salaire ne peut pas être uniforme. En effet, des coûts salariaux réduits sont nécessaires à certains États membres pour survivre et espérer monter progressivement en gamme. Imposer à la Roumanie et à la Bulgarie, voire à d'autres pays d'Europe centrale, un salaire minimum horaire identique à celui pratiqué en Europe occidentale les condamnerait à la pauvreté.

En outre, afin de ne pas pénaliser le développement économique, le salaire minimum doit être fixé en considération de la productivité du travail dans l'État en question.

Le projet qui a été porté par l'actuel commissaire européen à l'emploi et aux droits sociaux, Nicolas Schmit, semble tenir compte de ces contraintes. Il est basé sur le constat d'un écart d'un à six entre les

430 Sans exclure des initiatives privées de financement, comme les *social impact bonds*, c'est-à-dire la souscription par des investisseurs privés d'obligations afin de « financer des projets innovants visant à contribuer de manière mesurable à la résolution de problématiques dont le coût social est connu » (P. Hermant, « Le potentiel négligé des "social impact bonds" pour sortir de la crise », *L'Echo* du 23 janvier 2021, p. 19).

salaires minimaux dans l'UE alors que les différences de productivité ne vont que du simple au triple[431]. Il vise à les mettre davantage en rapport avec le niveau de productivité du travail observé dans l'État membre concerné[432].

Notons que l'opportunité d'un salaire minimum est discutée et que cette question fait l'objet d'approches très différentes d'un État à l'autre. Alors que le Luxembourg connaît un tel salaire, fort élevé par rapport à celui fixé dans d'autres États membres, la Suisse, qui lui est comparable à certains égards, ignore un tel mécanisme. Sa justification est qu'elle est trop dépendante de la situation du monde (la Suisse exporte énormément, autant que la France en valeur avec une population huit fois moindre, tant vers l'UE que vers les pays tiers).

La disparité des approches nationales explique que la directive finalement adoptée le 19 octobre 2022 ne requiert que l'établissement de salaires minimaux adéquats et la promotion des négociations collectives. C'est toutefois un premier pas.

(ii) Vers une indemnité compensatrice pour les travailleurs à faible productivité ?

Un effet contreproductif d'un salaire minimum horaire (spécialement lorsqu'il est mal calibré) est de garder au chômage les personnes dont la productivité est insuffisante.

Une autre approche est, en l'absence de salaire horaire minimum ou lorsque celui-ci est impayable pour l'employeur, de laisser jouer le jeu du marché au niveau des entreprises et que le différentiel entre le salaire et le salaire horaire minimum ou virtuel soit pris en charge par l'État. Une variante serait un impôt négatif pour ces travailleurs.

431 Sur l'insuffisance du salaire minimum dans certains États membres, v. *BQE* n° 12413 du 29 janvier 2020, p. 17.

432 V. *BQE* n° 12386 du 10 décembre 2019 et n° 12499 du 5 juin 2020.

Une telle mesure présente le double avantage de donner un premier accès au monde du travail et de permettre le déploiement d'une série d'activités présentant une certaine utilité. Elle peut toutefois être fort coûteuse pour les pouvoirs publics et, en fin de compte, les contribuables.

(iii) Responsabilité sociale des entreprises et des autorités publiques ?

Compte tenu des plus grandes potentialités données aux entreprises par le marché intérieur, spécialement aux plus grandes d'entre elles, voire du désengagement (relatif) des États membres, leur responsabilité sociale pourrait être accrue.

Dès lors que davantage de terrain a été donné par la construction européenne aux entreprises, ou à tout le moins à certaines d'entre elles, n'est-il pas concevable qu'elles doivent se soucier plus des externalités positives de leur action ? Peut-on les inciter à mobiliser leurs moyens financiers, humains ou opérationnels, aux fins de certaines actions à impact sociétal en plus de leur activité économique, voire le leur imposer ?

D'un point de vue économique, il y aurait en outre une certaine rationalité à procéder de la sorte. Généralement, des activités à impact social fort ne présentent pas une rentabilité économique suffisante. Si elles bénéficient d'une assistance gratuite ou presque en termes d'infrastructure, de logistique, de moyens matériels, leur coût diminue et elles peuvent parvenir à l'équilibre. Ce sont autant de subsides publics économisés en outre.

Ce serait une forme de contribution en nature des entreprises, qui ne leur coûterait rien, en théorie. Économiquement, elle pourrait être justifiée par le fait que le grand marché et les mesures prises afin de faciliter l'exercice de l'activité économique leur ont permis d'accroître leur *stock capital*, notamment leur infrastructure. Toutefois dans l'état actuel de la construction européenne, cette proposition ne se vérifie que pour les grandes entreprises[433]. En quoi, la mise à disposition de celle-ci en dehors des heures de production serait-elle inenvisageable ? Elle serait « collectivisée », deviendrait un bien commun aux heures de toutes façons perdues pour l'entreprise.

Bien sûr, de l'idée à la réalisation, il y a du chemin. C'est peut-être une vue de l'esprit, une utopie, voire une chimère. Je ne sous-estime pas les difficultés en termes de surveillance, d'assurance, les risques de dégradation ou de mise en péril du secret des données.

Mais la réflexion vaut d'être menée : n'y a-t-il pas moyen pour les entreprises de mettre à disposition des ressources sans coût pour des causes qui présentent une utilité sociétale indéniable[434] ?

L'interrogation vaut aussi pour les infrastructures publiques (généralement fermées plus tôt que les entreprises). Celles-ci ne font-elles pas partie du patrimoine commun ?

De la sorte, on réduirait les obstacles au développement d'activités sociales, culturelles, philanthropiques, en abaissant ou supprimant des barrières à l'accès

Une mesure moins radicale est le mouvement ESG (Environment, Social and Governance) actuel. L'idée est double. Les entreprises doivent intégrer, d'une part, l'impact de ces aspects, spécialement le risque environnemental, dans la valorisation de leur activité et de leurs investissements. D'autre part, elles doivent être vigilantes à la conformité de leurs actions, de leurs investissements, de leur chaîne d'approvisionnement avec des facteurs environnementaux, soci(ét)aux

433 Sur la raison de cette réserve, v. les imperfections du marché unique pour les PME, *supra*, Titre I, Ch. I.

434 Ou contre une participation responsabilisante aux frais (nettoyage…). La gratuité entraîne souvent le manque de respect et l'impression que tout est dû. Je le constate dans ma pratique, où les clients les plus sans gêne sont ceux à qui l'on fait un cadeau d'une manière ou d'une autre.

et de bonne gouvernance, avec les droits de la personne (proposition de directive dite « vigilance »). L'idée est de contribuer non seulement à verdir l'économie, mais aussi à la rendre plus inclusive[435], voire plus éthique.

(iv) Un impôt sur le patrimoine ?

Dans la mesure où la part relative du travail diminue au profit de celle du capital dans le PIB, on peut songer aussi à un impôt sur la fortune, modéré, à acquitter dès qu'un seuil minimal de patrimoine est atteint. Il est toutefois probable que des objections quant à la qualité actuelle de la gestion publique soient élevées dans certains États membres contre un impôt supplémentaire, d'où l'utilité d'une approche plus volontariste de l'UE pour améliorer la qualité de la gestion publique, prônée ci-dessus[436]. L'impôt sur le patrimoine est accepté en Suisse. Mais, d'une part, les prélèvements fiscaux y sont modérés. D'autre part, les services fournis à la population par la sphère publique sont de qualité. Peut-il en être dit autant dans tous les États membres de l'UE ?

(v) Actionnaire ou obligataire de la société UE ?

L'idée de titres calculés sur la richesse produite par l'économie européenne dont tout citoyen recevrait une fraction théorique réduite me semble plus réaliste et moins déconnectée de la réalité économique que celle d'un revenu universel. Le principe que tout citoyen est actionnaire ou obligataire de l'économie européenne et a, à ce titre, un droit minimal devrait être approfondi. Celui qui toucherait d'autres revenus n'y aurait pas droit (sauf à se trouver sous certains seuils ; dans ce cas, il y aurait droit au prorata).

On pourrait penser aussi à un produit de banque et/ou d'assurance. Chaque citoyen européen recevrait un compte à sa naissance avec

435 La dimension sociale est prise en considération dans le Pacte vert pour l'Europe (not. section 1).

436 V. *supra*, Titre I, Ch. II.

un capital. Ce compte serait alimenté par des apports propres, voire par certaines contributions publiques, afin d'assurer la couverture de certains risques. Ce compte pourrait être mobilisé comme garantie en vue d'un financement, voire dans une certaine mesure, pour des retraits.

Une autre idée serait le financement à concurrence d'un certain montant d'un projet, par exemple entrepreneurial, par tout citoyen européen.

Avec l'augmentation de l'espérance de vie, une vie plus discontinue, des changements d'activité, des pauses, des migrations, la nécessité de mises à niveau et d'adaptations régulières, les conséquences sociales de la digitalisation et de l'intelligence artificielle ou d'autres technologies nouvelles, les produits d'assurance et de couverture sociale pourraient être repensés. L'UE a probablement un rôle à jouer, en appui aux États membres ou pour fournir un socle minimal.

Il faut donc, une fois de plus, penser à partir de la réalité d'aujourd'hui et inventer de nouveaux mécanismes.

(vi) Mobilité sociale

Un autre point important est l'ascenseur social. Le fait d'avoir un travail suffit-il ? Eu égard au niveau des salaires et au niveau comparatif de certains biens durables tels que les logements, on peut en douter. Il y a 30 ans, une famille avec un seul bon revenu pouvait s'élever. Aujourd'hui, deux salaires sont probablement nécessaires. Mais suffisent-ils ? Bien sûr, les gens consomment plus et sont incités à le faire. Abstraction faite de cette donnée, reste-t-il possible pour les classes moyennes et à plus forte raison modestes d'améliorer leurs conditions de vie et celles de leurs enfants ?

La mobilité sociale devrait faire l'objet d'une surveillance. Il est essentiel dans une démocratie que la population ait des perspectives de progression. L'ascenseur social qui fonctionne de même qu'un taux de natalité suffisant, voire élevé, sont des signes de bonne santé d'une société[437].

(vii) Natalité et politique familiale

Comme exposé dans l'introduction notamment, la population européenne régresse, les femmes ayant en moyenne 1,5 enfant alors que le taux de maintien de la population est à 2,1.

Encore aujourd'hui, il est difficile pour les femmes de concilier travail et maternité. Des trésors d'ingéniosité doivent être déployés pour que les deux membres du couple continuent à travailler tout en ayant deux enfants au moins, puissent s'en occuper, avoir une vie privée épanouissante.

C'est un chantier à lancer sans tarder : comment permettre de concilier vies professionnelle et familiale pour la femme et l'homme ? Comment permettre à tous les couples qui le désirent d'avoir trois enfants au moins et de continuer tous les deux à travailler à temps plein sans risquer l'épuisement ou la crise de nerfs ?

En plus du gain de qualité de vie et d'une société plus jeune et optimiste, ce serait une formidable politique pour augmenter la croissance européenne de manière durable et de la sorte plus facilement relever les défis écologiques, soci(ét)aux et militaires.

---

437 Il semblerait toutefois que les chiffres démentent l'impression d'un ascenseur social en panne.

TITRE III

EUROPE ET ÉCORESPONSABILITÉ

Chapitre I

Protection de l'environnement – lutte contre le réchauffement climatique

Le réchauffement climatique, consécutif à la saturation de l'environnement par les émissions de dioxyde de carbone, amène à se pencher sur l'état de la planète et de notre écosystème. Les développements technologiques des derniers siècles, l'activité qu'ils ont permise, la démographie galopante de l'humanité mettent en danger la pérennité de la vie sur terre[438]. La préservation de ce qui reste, la reconquête de la biodiversité perdue et d'un espace sain deviennent des priorités.

Des efforts entrepris dans les années 1970-1980 contre les pluies acides, la pollution des rivières et le trou dans la couche d'ozone au

438 Notamment, la pandémie du coronavirus amène à s'interroger sur la mesure dans laquelle la pression de collectivités humaines sur des poches de vies animales sauvages expose les premières à de nouveaux périls (indépendamment de la cause exacte de cette pandémie précise).

niveau des pôles sont de nature à susciter un optimisme raisonnable. Si nous le voulons, nous le pouvons. Nous disposons des moyens technologiques pour améliorer la situation ou pouvons les acquérir à court ou moyen terme. Il faut être déterminé, systématique, discipliné et rester calme, pragmatique. La situation ne se prête ni à l'hystérie, ni au sectarisme, ni à l'instrumentalisation.

Bilan de l'action européenne

Un point doit être rétabli. L'Europe n'est pas restée inactive en la matière. Depuis des années, elle a pris des mesures dans le cadre de la politique européenne de l'environnement : objectifs 20-20-20 et maintenant 30-30-30 dans le domaine de l'énergie, voire plus, nomenclature REACH à propos des produits chimiques, qualité des eaux de baignade. Plus de soixante-seize pour cent du verre utilisé est recyclé[439]. La Banque européenne d'investissement (BEI) finance en priorité des projets favorables à l'environnement et à l'efficacité énergétique. Cette dimension est également présente dans les programmes des fonds structurels. Tout cela est peut-être diffus et technique, mais réel et a un impact non négligeable.

Quelques chiffres méritent l'attention :

- les émissions totales de gaz à effets de serre ont diminué de 23 % dans l'Union européenne en moins de 30 ans alors que l'économie connaissait une croissance de 61 % (de 1990 à 2018)[440, 441], ainsi que cela ressort de la figure 32 ;

---

439 Voir les derniers chiffres de FEVE (the European Container Glass Federation).

440 V. le Pacte vert pour l'Europe, section 2.1.1. « Renforcer l'ambition climatique de l'UE pour 2030 et 2050 ».

441 Performance à tempérer du fait de la « délocalisation » de certaines activités de production dans des pays tiers.

Figure 32.

Graphique 1.24. Les émissions de gaz à effet de serre ont été réduites et cette tendance devrait se poursuivre à un rythme accéléré.

Émissions de gaz à effet de serre

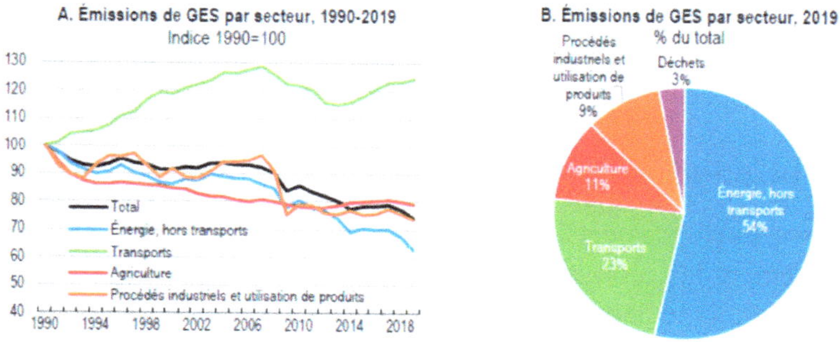

Note : Hors utilisation des terres, changement d'affectation des terres et foresterie (UTCATF).
Source : Eurostat (2020), « Émissions de gaz à effet de serre par secteur », base de données Eurostat, Agence européenne pour l'environnement.

– en 2019, les émissions de CO_2 liées à l'énergie ont baissé de 5 % dans l'Union européenne (moins 160 millions de tonnes)[442, 443] ;

– le développement des énergies renouvelables dans l'UE aurait réduit les principales pressions sur l'environnement[444] ;

– l'Europe a atteint son objectif de production de 20 % d'énergie renouvelable en 2019.

Il est toutefois temps de passer la surmultipliée

Des améliorations encore plus significatives[445] et plus rapides doivent être réalisées, tant que (et dans la mesure où) la situation environnementale le requiert.

---

442 Annonce de l'Agence internationale de l'énergie (AIE) du 11 février 2020, *BQE* n° 12424 du 13 février 2020, p. 21.

443 Les émissions totales de l'industrie, du secteur de l'électricité et de l'aviation ont baissé de 8,7 % en 2019 ; celles des centrales électriques et des installations industrielles de 9 % (*BQE* n° 12479 du 5 mai 2020). La production de charbon a baissé de 24 % la même année (*BQE* n° 12419 du 6 février 2020, pp. 18-19).

444 Sur le climat, l'acidification terrestre, l'eutrophisation des eaux de source, la formation de particules, d'après l'Agence européenne pour l'environnement (*BQE* n° 12638 du 19 janvier 2021).

445 P. ex., la neutralité climatique à l'horizon 2050 (v. le Pacte vert pour l'Europe, section 2.1.1. « Renforcer l'ambition climatique de l'UE pour 2030 et 2050 »).

Notons à cet égard que la compacité du territoire européen tout à la fois permet aux Européens et les incite à faire davantage de progrès. D'une part, nous avons besoin de moins d'énergie et de ressources que d'autres pour produire, consommer et circuler. D'autre part, notre plus grande densité de population requiert un écosystème en meilleur état que dans d'autres contrées.

(i) Une priorité : le progrès technique

Un point sera fondamental : le progrès scientifique et technique. Sans lui, le verdissement de l'économie est un mirage. Nous devons, en effet, disposer de la technologie nécessaire et de marges financières substantielles que seule celle-ci peut nous procurer à terme et de manière durable. Sinon, la casse sociale sera considérable, de même que la perte de qualité de vie : nos populations sont-elles prêtes à l'accepter ? Probablement pas.

Une première étape serait de passer aux technologies existantes les plus efficientes. Nous sommes toujours dans le passé[446].

Nous devons veiller aussi à être les producteurs de techniques plus propres performantes, attractives et susceptibles de devenir des standards mondiaux. D'une part, c'est à cette condition que l'effort européen contribuera efficacement à une amélioration de l'environnement. D'autre part, non seulement une utilisation de techniques propres trop onéreuses par les seuls Européens manquera son but, mais en outre scellera définitivement le décrochage de l'Europe.

(ii) Pour une approche globale, systématique et graduée

Les impératifs environnementaux doivent être intégrés dans les diverses politiques européennes, comme ils commencent à l'être (le verdissement de l'économie devient un objectif transversal) et donner lieu à une stratégie d'ensemble.

---

446 V. Piccard, *op. cit.*, not. pp. 52-57.

Celle-ci doit en outre combiner la dimension environnementale avec l'efficacité économique et des considérations sociales (ces dernières ayant été perdues de vue en France avec l'augmentation des taxes sur le diesel qui a suscité le mouvement des gilets jaunes). Un triangle vertueux doit être instauré où seront privilégiées les mesures qui contribuent à un mieux dans ces trois dimensions simultanément ou au moins à des mesures pro-environnementales qui ont les conséquences économiques et/ou sociales les moins négatives[447].

À cet égard, le calendrier et le séquençage sont essentiels. Plusieurs paramètres doivent être intégrés : le rapport entre le coût économique et l'efficacité environnementale du verdissement, le rapport entre l'urgence climatique et le rythme du progrès technique susceptible de réduire le coût économique du verdissement[448].

Une question essentielle est celle de savoir si, en se lançant (prématurément ?) à un coût trop élevé dans le verdissement, l'Europe ne va pas se tirer une balle dans le pied en vain. D'abord, dans quelle mesure 6 % de la population mondiale peut-elle changer le climat si elle n'est pas suffisamment suivie ? Ensuite, ne risque-t-elle pas de s'affaiblir économiquement, avec le risque de ne pas pouvoir réaliser le verdissement plus tard, ayant épuisé ses marges financières ? Pourquoi se précipiter alors que la situation environnementale laisse peut-être encore un peu de temps et que des solutions techn(olog)iques tout à la fois plus efficaces et moins coûteuses seront disponibles dans quelques années ? Le *momentum* et le rythme dans l'innovation de rupture sont essentiels. À la limite, l'accent doit être mis sur l'échéance à laquelle nous devons disposer des moyens technologiques et financiers pour inverser la tendance et remporter le défi.

---

447 V. *supra*, Titre I, Ch. I.

448 Même si ce rythme présente des inconnues.

(iii) Pour une approche pragmatique, éclectique et holistique

Une telle approche suppose une capacité froide de calcul, de l'imagination, de l'éclectisme, l'absence de dogmatisme, de la sérénité, la contribution de chacun en fonction de ses moyens.

Un principe de neutralité et d'ouverture doit être adopté : peu importe les technologies utilisées, le critère essentiel est leur impact ou leur effet sur l'écosystème (en tenant compte des coûts aussi, au moins dans une certaine mesure). Son respect est d'autant plus important dans la période de transition actuelle, dont nous ignorons sur quoi elle débouchera et notamment sur quelles technologies.

En conséquence, si le moteur thermique fait des progrès de rendement (aujourd'hui, les moteurs les plus modernes dépassent la barrière des 40 %), si la technologie hybride se perfectionne et permet de faire l'économie des batteries très lourdes et chères (actuellement) des voitures 100 % électriques (qui nous expose en outre à une dépendance d'approvisionnement en matières rares), si des carburants alternatifs à l'essence peuvent voir le jour, pourquoi s'en priver ? À cet égard, la programmation de la mort du moteur thermique à l'horizon 2035 dans la proposition initiale de la Commission européenne était une erreur.

La stratégie pro-environnementale passe par une panoplie de mesures structurelles de nature à réduire les émissions : modernisation des technologies dans tous les domaines (systèmes d'air conditionné, éclairage, *car wash* secs, lave-vaisselle à froid, etc.), promotion du transport par voies navigables, par rail et multimodal, intégration des techniques écoresponsables dans la construction, augmentation de la production d'énergie renouvelable, développement de la filière hydrogène vert et de celle des batteries, recours aux technologies à distance, technologies numériques telles que l'intelligence artificielle, la 5G, l'informatique en nuage, le traitement des données à la périphérie (*edge computing*) et l'internet des objets[449], maintien voire développement du nucléaire, énergie osmotique, blanchiment des toits, etc. Il serait « raisonnable d'envisager la neutralité carbone à partir de 2040, puisque l'on pourrait produire alors par énergies renouvelables la moitié de nos besoins et que l'autre moitié pourrait être économisée grâce aux technologies efficientes[450] ».

De la même manière que les petits ruisseaux font les grandes rivières, la multiplication des progrès, même minimes, débouchera sur une amélioration globale substantielle. Le label lancé par Bertrand Piccard visant à identifier 1 000 inventions améliorant le bilan environnemental en est une belle démonstration : aujourd'hui il a permis de certifier près de 1 500 nouveaux processus de production[451].

Parallèlement, il convient d'augmenter la capacité d'absorption et de compensation des émissions. Se pose à cet égard notamment la question de la reforestation, qualitative et quantitative[452], de l'Europe et des régions avoisinantes, spécialement du pourtour méditerranéen, de l'adaptation de la flore. Imaginerait-on un arbre *Europa*, peu consommateur d'eau, résistant au feu, aux parasites et aux maladies ? Des programmes de reboisement, impliquant éventuellement la population, sont-ils concevables ? À cet égard, la plantation de trois milliards d'arbres d'ici à 2030 est envisagée dans la stratégie de l'UE en faveur de la biodiversité du 20 mai 2020[453]. Un verdissement des villes est évoqué.

---

449 V. le Pacte vert pour l'Europe, section 2.1.3. « Mobiliser les acteurs de l'industrie en faveur d'une économie circulaire et propre ».

450 Piccard, *op. cit.*, p. 101.

451 *Ibid.*, p. 149.

452 V. le Pacte vert pour l'Europe, section 2.1.7. « Préserver et rétablir les écosystèmes et la biodiversité ».

453 Communication de la Commission, « Stratégie de l'UE en faveur de la biodiversité à l'horizon 2030 – Ramener la nature dans nos vies », COM(2020) 380 final, 20 mai 2020.

(iv) Vers une taxe carbone ?

Afin qu'opérateurs économiques, pouvoirs publics et particuliers réalisent l'impact de leur activité sur l'émission de gaz carbonique, il est de plus en plus question de leur faire payer le coût estimé pour l'environnement de leurs émissions.

Aujourd'hui, un Européen émet en moyenne 5,5 t de CO_2 par an (c'est-à-dire près de deux fois moins qu'un Américain).

L'idée serait, *via* une taxe à raison de 50 euros la tonne, de l'inciter à réduire ses émissions, en moyenne 275 euros par an, soit un peu moins de ce que représente le budget de l'UE par habitant. On arriverait, pour une population de 445 millions d'habitants, à un montant global de 122 milliards d'euros, soit moins de 0,8 % du PIB actuel des 27 États membres.

Au vu des gains de PIB que devraient permettre l'approfondissement du marché intérieur, l'amélioration de la gestion publique et la hausse des investissements productifs, cet effort serait supportable.

(v) Mobilisation générale !

Le défi environnemental et climatique se prête aussi à un effort des différentes composantes de la société, dans la mesure où toutes ont une part dans la pollution : producteurs d'énergie, industrie, transports (15 à 20 % environ), agricultures, l'habitat (qui représenterait 40 % de la consommation d'énergie[454] et 36 % des émissions), secteur tertiaire et fonction publique. En conséquence, les plans nationaux de réduction d'émission, à élaborer sous le contrôle de l'échelon européen, doivent améliorer la performance de tous. Par exemple, le taux annuel de rénovation du parc immobilier varie de

454 V. le Pacte vert pour l'Europe, section 2.1.4. « Construction et rénovation économes en énergie et en ressources ».

0,4 à 1,2 % dans les États membres. Il devra doubler au moins pour atteindre les objectifs européens en matière d'efficacité énergétique et de climat[455].

La responsabilisation des diverses composantes de la société est essentielle. Elle implique une sensibilisation, la diffusion des meilleures pratiques, à nouveau une éducation. Au-delà, elle suppose l'incitation de procéder à un bilan annuel en la matière, de se munir d'un tableau de bord et d'enregistrer des progrès, continuellement, en fonction des capacités et des responsabilités de chacun, voire l'obligation de le faire. Elle peut comporter aussi des mesures destinées à faciliter l'amélioration des performances en la matière, telles que… la distribution de poules pour réduire les déchets ménagers. L'implication des différentes composantes de la société européenne et des niveaux de pouvoirs dans la poursuite d'un but commun est aussi une façon de se réapproprier l'Europe et de comprendre les grandes orientations et inflexions prises en la matière.

Les scientifiques doivent être davantage associés dans la conception des politiques (les bonnes intentions ne suffisent pas), les États dans l'aménagement du territoire (il faut agir de manière ordonnée : par exemple, une reforestation « sauvage » aura des effets pervers, voire contreproductifs, comme une augmentation des incendies).

Les efforts doivent être supportables et adaptés aux capacités de chacun, que ce soit au niveau des particuliers, des entreprises ou des États membres. À cet égard, certains États membres demeurent plus dépendants des hydrocarbures et du charbon (par exemple la Pologne à la suite des décisions autoritaires de l'URSS), d'où notamment le Fonds pour la transition juste[456], déjà évoqué[457].

---

455 *Ibid.*

456 *BQE* n° 12495 du 29 mai 2020, pp. 7-8.

457 V. *supra*, Titre I, Ch. II.

Pour une société de la gestion des ressources

Au-delà de l'amélioration de l'efficacité des transports transeuropéens et de l'abaissement du coût de l'énergie, une politique de la gestion des ressources est nécessaire. Comment produire le plus de valeur ajoutée avec le moins de ressources, en récupérant le plus possible, en recyclant ou en reconvertissant[458] (idée de l'économie circulaire), en réduisant le gaspillage, y compris alimentaire[459] ? Une réflexion globale doit être menée[460]. Cette dimension doit notamment être intégrée dans le semestre européen.

Le rapport entre le PIB et la consommation d'énergie primaire (intensité énergétique primaire ; productivité énergétique) mesure la quantité d'énergie et de matières premières nécessaire pour produire de la richesse. L'indicateur d'intensité énergétique deviendra de plus en plus important, au fur et à mesure de la raréfaction des ressources naturelles et de la croissance de la population mondiale. Comme dans d'autres domaines, les pays nordiques et la Suisse sont les champions de la productivité énergétique[461].

L'Europe a de belles cartes à jouer en la matière, compte tenu de son territoire concentré[462], de l'importance de sa population urbaine et d'une sensibilité écologique plus développée que dans d'autres parties du monde[463]. Nous pouvons toutefois faire beaucoup mieux.

---

458 En ce compris la valorisation énergétique, le recyclage à 100 % n'étant pas (toujours) possible. Sur cette question, v. J.-L. Chaussade, « Engageons-nous dans une transition environnementale réaliste », *Les Echos* des 4-5 septembre 2020, p. 15.

459 Un cinquième des aliments produits serait gaspillé (*BQE* n° 12508 18 juin 2020 ; dans le même sens, Piccard, *op. cit.*, p. 58 et sources citées).

460 En ce sens, v. le Pacte vers pour l'Europe, not. section 2.1.3. « Mobiliser les acteurs de l'industrie en faveur d'une économie circulaire et propre ».

461 D'autres pays semblent faire des progrès spectaculaires aussi. En 25 ans, de 1990 à 2015, l'Allemagne a réduit sa consommation d'énergie de plus de 15 % tout en enregistrant une croissance de son PIB de plus de 40 % (source : *Alternatives économiques*).

462 V. *supra*, Titre I, Ch. I, « Introduction ».

463 Notamment, les résidents de l'Union européenne sont les plus grands émetteurs d'obligations vertes.

Chapitre II

La politique agricole commune (PAC)

PAC : un moteur rapidement surpuissant, voire surdimensionné dès l'origine

La PAC avait pour objectif initial d'assurer l'autosuffisance alimentaire de l'Europe. En 1957, l'Europe des six ne subvenait, en effet, « qu' » à 85 % de ses besoins. On peut s'interroger si le comblement des 15 % restant nécessitait l'allocation de 75 % du budget européen.

Effectivement, dès la fin des années 1980, c'est-à-dire il y a plus de 30 ans, la production agricole couvrait les besoins alimentaires européens à 120 %[464]. Ne parlons pas des stocks et de la destruction des surplus. La PAC avait donc déjà atteint son objectif à 233 % !

L'Europe est également devenue la seconde puissance exportatrice de produits agricoles au monde, réalisant un excédent net par rapport aux importations agricoles.

---

464 Defraigne et Nouveau, *op. cit.*, 3e éd. p. 420.

Si la PAC ne représente plus aujourd'hui que 30 %, du budget européen, soit 50 milliards d'euros, elle en demeure le premier poste. Cette prévalence se justifie-t-elle ? La PAC ne demeure-t-elle pas un moteur trop puissant au regard de son objectif premier ?

La PAC, des constats qui laissent perplexe

Il est incohérent qu'une intégration économique comme l'UE, fondée sur l'idée de grand marché et d'économie ouverte, ait comme principale ligne budgétaire une politique de subventions, classiques de surcroît. En effet, celles-ci s'analysent principalement comme des aides au fonctionnement. Bref, une sorte de dopant, faussant la concurrence, freinant l'innovation, affaiblissant à terme les exploitations agricoles et dont l'attribution n'est pas suffisamment fonction de l'atteinte de certains résultats[465].

Le paiement de subventions en fonction des quantités produites ou des surfaces concernées et non de la situation financière des agriculteurs interpelle aussi. Des exploitations agricoles qui n'étaient pas dans le besoin ont, longtemps au moins, bénéficié du budget de la PAC.

En outre, la politique agricole commune échappe à toute analyse d'impact et à tout contrôle de son efficacité ainsi que de son rapport coût-bénéfice. Comme si c'était une vache sacrée. La PAC démontre que l'UE n'est pas à l'abri des lobbys et d'une captation des deniers publics par certaines catégories socioprofessionnelles.

Par ailleurs, notre alimentation est-elle meilleure que celle du reste du monde ? Souffrons-nous moins de maladies liées à l'alimentation ? Notre écosystème est-il dans un meilleur état, une question d'autant plus cruciale compte tenu de la compacité de notre territoire et de la densité de nos populations ? Ces deux particularités peuvent aboutir à

465 Il ne doit pas être perdu de vue que, historiquement, la PAC est une sorte de compensation donnée à la France. La conception de cette politique doit évoluer aujourd'hui.

ce qu'une agriculture utilisant intensivement engrais et autres produits chimiques peut proportionnellement faire plus de dégâts en Europe que dans le reste du monde.

La mortalité croissante des abeilles, la disparition du petit gibier, la réduction de la faune, une série de pollutions conduisent aussi à demander un audit de l'écosystème européen. Par exemple, la biodiversité périclite en France, plus du quart des 5 000 espèces évaluées par les scientifiques risquant de disparaître du pays[466]. Soyons clairs : le secteur agricole et agroalimentaire n'est pas le seul, voire le principal, responsable de la situation.

Une subvention pour assurer notre autosuffisance et une alimentation de qualité est concevable, sous certaines conditions, comme nous allons le voir. Elle est beaucoup moins défendable pour gagner artificiellement des marchés extérieurs, aux frais des contribuables.

Les subventions agricoles[467] sont fort critiquées par les pays tiers et nous affaiblissent dans les négociations internationales, notamment commerciales. En conséquence, elles nous empêchent de conclure des accords de libre-échange qui pourraient être globalement bénéfiques à l'économie européenne.

La société européenne n'aurait-elle pas un intérêt bien entendu à gagner des parts de marché à l'exportation en jouant désormais sur la qualité de produits agricoles européens, qui, à l'avenir, seraient élaborés de manière (encore) plus saine ? Nous devrions nous interroger sur le rapport coût-bénéfice de la subvention des exportations agricoles européennes[468].

---

466 *Les Echos* du 10 janvier 2019, p. 2.

467 Mais pas uniquement : les indications d'origine européennes seraient un atout (*BQE* nº 12477 du 30 avril 2020).

468 Cela étant, nous devons respecter les intérêts légitimes des agriculteurs. Si leur filière est devenue un secteur d'exportation et peut le demeurer sur la base de leurs mérites, il serait contreproductif de vouloir « leur faire payer » les éventuels abus passés. Il suffit d'ajuster le dispositif ; nul besoin d'enrayer pour le surplus une dynamique porteuse.

La PAC appelle donc plusieurs critiques, quant aux objectifs poursuivis, à la confiscation du débat public par certains maillons de la filière agroalimentaire, aux moyens utilisés, aux résultats atteints, aux dommages collatéraux.

Dans le même temps, le monde agricole souffre, ainsi que l'atteste la vague de suicides en France. La littérature (*Sérotonine* de Michel Houellebecq) et le cinéma (*Au nom de la terre*, avec Guillaume Canet) s'en font l'écho. Il ne faut pas perdre de vue non plus l'importance que la PAC représente dans le revenu d'une partie des agriculteurs (44 % en 2016)[469].

L'infrastructure, la capacité de production et le savoir-faire acquis ne doivent pas être jetés, quelles que soient les réserves émises vis-à-vis des erreurs passées de la PAC. Ce sont des actifs et des atouts. En outre, il n'est pas certain qu'une agriculture purement artisanale permettra de nourrir toute la population, ne fût-ce qu'européenne.

Une remise à plat, respectueuse des intérêts légitimes des uns et des autres, s'impose. Elle passe par un débat de fond, dans un esprit constructif, sans tabou ni diabolisation, condamnation définitive ou dogmatisme. Il faut faire évoluer une politique relative à un secteur essentiel. Celui-ci doit être traité avec le respect qui lui est dû (notamment une charge de travail, voire une pénibilité, considérable). De son côté, il doit intégrer certaines exigences devenues essentielles dans notre société, compte tenu notamment de l'état de la planète, des ressources et de l'écosystème européen. À cet égard, l'agriculture est une industrie comparable aux autres.

Quelques pistes d'amélioration ?

Il est probable qu'il faut redéfinir et enrichir les priorités en matière agricole vers une production plus saine et plus respectueuse de

469 *BQE* n° 12154 du 7 décembre 2018, p. 28.

l'environnement[470]. D'autres intérêts légitimes doivent être pris en considération que les intérêts économiques des agriculteurs : protection de l'environnement, santé de la population rurale, celle des consommateurs, une alimentation de qualité abordable pour le plus grand nombre[471].

Il faut donc clairement redéfinir les objectifs et priorités de la PAC et veiller à leur mise en œuvre effective. Les différentes parties prenantes à l'agriculture doivent avoir voix au chapitre et corrélativement assumer certaines responsabilités.

Il convient de développer de manière plus systématique une filière complète : université (agronomie, faculté de médecine, etc.), politique de recherche et développement, éducation des agriculteurs, aménagement du territoire national mais aussi européen, nouvelles technologies, *clusters* agricoles, assistance aux agriculteurs et à leurs familles, premières victimes de la chimie, intermédiaires (trop décriés), organisations allant de l'agriculteur aux consommateurs (coopératives, mutuelles, intégrations verticales), retour des foires et marchés.

Comme dans d'autres domaines, la sagesse est probablement de laisser de l'espace à l'éclectisme, à une agriculture multipolaire, à la neutralité technique. Examinons froidement sur la base de critères objectifs les avantages et inconvénients de divers types de productions agricoles, sans biais, préjugés, ni fantasmes.

Le cas échéant, on pourrait concevoir que certaines agences européennes œuvrent au développement de districts marshalliens dans le secteur de l'agriculture.

Cette considération amène à s'interroger sur le développement des avantages comparatifs des États membres (cette réflexion est en

470 En ce sens, v. l'approbation par le Parlement européen des règles de l'Union européenne pour la réutilisation sûre des eaux usées aux fins de l'irrigation agricole (*BQE* n° 12485 du 13 mai 2020).

471 Communication de la Commission, « Une stratégie "De la ferme à la table" pour un système alimentaire équitable, sain et respectueux de l'environnement », COM(2020) 381 final 20 mai 2020.

ligne avec une suggestion faite plus haut à propos de la cohésion économique, sociale et territoriale[472]), sur une Europe plus intégrée et sur le coup de pouce qui pourrait être donné par l'UE à cet effet, dans l'intérêt général bien entendu.

Si l'on combine cette considération à la nécessité d'une agriculture moins coûteuse et plus écoresponsable, un effort tout particulier devrait être fait en faveur de l'exploitation des terres noires (tchernoziom), que l'on trouve particulièrement en Roumanie, en Bulgarie, en Pologne et en Hongrie. « Ce type de sols est particulièrement propice aux activités agricoles, d'autant qu'il ne nécessite pas, du fait de leurs propriétés naturelles, l'apport d'importantes quantités d'engrais et d'additifs. Cet atout est loin d'être négligeable dans le cadre d'une nouvelle PAC enrichie de normes environnementales plus strictes et qui encourage financièrement l'usage limité d'entrants chimiques[473]. »

Pourquoi ne pas avoir une agence de l'agriculture dans un de ces pays, visant au développement de techniques de pointe, respectueuses de l'environnement ?

Quoi qu'il en soit, la conscience de la nécessité d'un travail sur les différents maillons de la chaîne émerge de la nouvelle stratégie européenne « De la ferme à la table », en intégrant les objectifs d'agriculture durable (protection de l'environnement[474]), d'alimentation saine à des prix abordables, de lutte contre le gaspillage (un autre aspect de la recherche de l'efficience).

La traçabilité des intrants et de toute la chaîne de production et de distribution devrait contribuer à une amélioration. Cette approche plus exigeante n'est pas spécifique à l'agriculture, mais s'appliquera

---

472 V. *supra* Titre I, Ch. II, E.

473 Defraigne et Nouveau, *op. cit.*, 3e éd., p. 427.

474 Avec notamment une réduction drastique des pesticides, des engrais, des antibiotiques et des additifs.

à tous les secteurs de l'économie, dans une approche comparable à celle relative à l'ESG[475], comme semble l'évoquer la proposition de directive dite « vigilance[476] ».

Devraient également être introduits des instruments permettant d'améliorer l'efficacité de la production agricole à la fois sur le plan de la qualité et de la gestion des coûts, à l'instar de ce qui prévaut pour les services d'intérêt économique général (SIEG)[477].

La comparaison devrait être approfondie. L'activité agricole est essentielle pour la population. Dans la mesure où est poursuivie une politique visant à l'autosuffisance alimentaire (on y est parvenu), la question de savoir si des subventions sont encore nécessaires mérite d'être posée. Une réponse éventuelle est le souci de mettre à la disposition d'une partie de la population de l'alimentation de qualité à des prix abordables[478]. Cette question conserve son actualité, voire en gagne avec le pourcentage considérable de la population européenne en risque de pauvreté[479]. Il y a également le fait d'assurer une rémunération suffisante à une partie du monde agricole qui a réellement besoin d'un support public.

Si l'objectif est un niveau élevé de qualité au sens large (exigences environnementales et de santé publique), il se conçoit que le prix de ces obligations de service public continue à être pris en charge par les pouvoirs publics[480]. Toutefois, il faut en déterminer exactement les contours et conditions (cahier des charges) et les coûts pour les agriculteurs. Il faut éviter les surcompensations.

---

475 Intégration des paramètres environnementaux, sociaux et de bonne gouvernance, pour le moment limitée à une partie du secteur financier et aux grandes entreprises.

476 Proposition de directive sur le devoir de vigilance des entreprises en matière de durabilité, COM(2022) 71 final, 23 février 2022.

477 V. *supra*, Titre I, Ch. II, E.

478 Avec 20 à 25 % de la population menacée par la précarité, le débat est d'actualité ; d'autant plus, en ces temps d'inflation forte.

479 V. *supra*, Titre II, Ch. II.

480 Sachant que prévaut en règle générale le principe « pollueur-payeur ». Il se pourrait toutefois que la productivité éventuellement plus faible de certaines productions, voire de certains types d'exploitations agricoles, justifie une entorse à celui-ci.

Les contrôles devraient être plus effectifs, confiés à des autorités plus indépendantes, avec des possibilités de sanctions plus importantes. Il y a eu trop de scandales alimentaires au cours des dernières années (Bastogne en Belgique, sud-ouest de la France, etc.)[481].

Nous devons également être conscients que, au niveau européen, d'autres politiques sont importantes, voire doivent recevoir davantage de moyens. Le principe FITNESS (mieux avec moins) doit prévaloir en matière agricole aussi.

Cela étant, la transition écologique dans l'agriculture requerra probablement des aides, même si elles devront être calibrées – davantage par le maniement de la carotte que du bâton[482]. On notera que c'est parfaitement en phase avec les idées défendues ci-dessus à propos des mesures d'accompagnement aux transitions[483]. Ici, la *disruption* n'est pas causée par les mécanismes du marché, mais par un changement des priorités d'intérêt général (santé des consommateurs et des agriculteurs et encore plus protection de l'environnement, voire régénération de celui-ci).

L'évolution passera par une responsabilisation des agriculteurs, mais aussi des consommateurs qui aspirent à une alimentation de (plus grande) qualité et qui ont les moyens de la payer. Nous devons réaliser que nous sommes les générations dans l'histoire de l'humanité qui affectent en moyenne la plus faible proportion de leurs revenus à notre alimentation (il faut réserver le cas de la partie de la population vulnérable économiquement, surtout en période d'inflation élevée).

À cet égard, ne peut-on pas promouvoir des filières agricoles sous forme de coopérative producteur-consommateur, où les consommateurs qui le souhaitent paieront pour des produits plus sains et de meilleure

481 La lutte contre la fraude est un des objectifs de la nouvelle stratégie « De la ferme à la table ».

482 *BQE* n° 12499 du 5 juin 2020.

483 V. *supra* Titre I, Ch. II, F (iv).

qualité ? Un peu à l'instar des soins de santé, où des prestations plus sophistiquées ou incluant davantage de confort pour le patient impliquent le paiement d'un surprix. Si l'on file la comparaison, on pourrait songer à des agriculteurs conventionnés et à des agriculteurs non subventionnés qui vendent des produits à prix libre. Le niveau de subventionnement varierait.

Les techniques financières pourraient être sollicitées. Une nouvelle fois, on peut songer à des fonds d'investissement, voire à la création d'un fonds labellisé qui pourrait contribuer au verdissement de l'agriculture. L'argent recueilli ne pourrait être investi que dans des exploitations qui respectent un cahier des charges écoresponsable. Les investisseurs pourraient recevoir un intérêt ou des dividendes en nature.

TITRE IV

EUROPE, LIBERTÉS ET DÉMOCRATIES AUGMENTÉES

Chapitre I

L'Europe, outil de protection de l'État de droit et des libertés

Une autre utilité de l'UE est sa contribution à la pacification de conflits entre les diverses communautés à l'intérieur d'un État membre et à la sauvegarde de la démocratie et de l'État de droit.

L'Europe, la protection des minorités et la cohabitation des communautés

La paix en Irlande du Nord a été facilitée par l'appartenance commune du Royaume-Uni et de l'Irlande du Sud à l'UE. Elle a évité une frontière dure entre l'Irlande du Nord et l'Irlande du Sud, dont le spectre hante le Brexit[484]. L'Écosse fera-t-elle longtemps partie du

484 Depuis que ces lignes ont été écrites, des troubles ont éclaté en Irlande du Nord fin mars-début avril 2021.

Royaume-Uni, après ce dernier ? L'appartenance de la Belgique à l'UE a permis aux néerlandophones et francophones de continuer à cohabiter dans le même pays. L'adhésion européenne a écarté le risque de dictature en Grèce, au Portugal et en Espagne. La tentative de putsch en Espagne, que j'ai vécue quasiment en direct, a été un des événements politiques les plus marquants de ma jeunesse.

C'est un paradoxe de plus : présentée comme technocratique, non démocratique, lointaine des peuples, l'Europe[485] est un élément de pacification ethnique. Elle renforce la démocratie. Elle est une garantie contre les tensions entre communautés et les discriminations vis-à-vis des minorités qu'une démocratie nationale n'est pas toujours à même de contenir.

L'Europe et la démocratie

L'Europe a été créée en réaction aux défaillances des démocraties dans les années 1930. Il ne doit pas être perdu de vue que les trois grands États membres fondateurs ont alors connu l'avènement au pouvoir de dictateurs par la voie démocratique[486].

L'Europe, l'État de droit et les libertés

L'Europe joue aussi un rôle important dans le maintien, voire l'affermissement, de l'État de droit. Le combat courageux du vice-président sortant de la Commission européenne, M. Timmermans, contre les atteintes à l'État de droit, notamment à la séparation des pouvoirs, en Pologne et en Hongrie, les prises de position fermes de la Cour de justice de l'Union européenne (CJUE) sur la politique polonaise et la conditionnalité du bénéfice du plan de relance européen au respect de l'État de droit sont à souligner.

---

485 À laquelle il faut ajouter le Conseil de l'Europe, avec la Convention de sauvegarde des Droits de l'Homme et des Libertés fondamentales et la Cour européenne des droits de l'homme, siégeant à Strasbourg.

486 Avec l'appui en France d'un mouvement quasiment déifié dans la mémoire collective, le Front populaire ; par comparaison, les trois petits États membres fondateurs n'ont pas connu les mêmes dérives.

Ne versons pas dans le triomphalisme. Toutefois, lorsque l'on voit comment l'Europe contient vaille que vaille certains poisons pour la démocratie et les torts que le président Trump a causés aux institutions américaines, il y a de quoi ne pas être honteux. Aujourd'hui, l'Europe est peut-être en meilleure santé démocratique que les États-Unis[487]. On relève le chemin parcouru depuis les années 1930-1940 par l'une et par les autres, notamment grâce à la construction européenne.

L'Europe[488] est aussi une protection supplémentaire pour les citoyens contre l'arbitraire, contre les ingérences excessives des pouvoirs, en premier lieu publics. À cet égard, les droits fondamentaux, consacrés en tant que principes généraux du droit européen et par la Charte des droits fondamentaux de l'UE[489], constituent des droits et garanties supplémentaires pour les citoyens. Ceux-ci sont mieux protégés contre les discriminations et les ingérences injustifiées des pouvoirs publics. Ils bénéficient aussi de davantage de garanties de traitement loyal par l'administration et la justice. Ce faisant, l'Europe a fait grandir les citoyens mais aussi les États en requérant de leur part des standards plus exigeants de comportement.

À mon sens, nous devons être inflexibles sur nos valeurs essentielles, au moins sur le territoire de l'UE. Autant, j'appelle à intégrer dans la mesure du possible les logiques sociale et environnementale dans les politiques économiques et réciproquement la logique économique dans les politiques majoritairement sociale et écologique, autant je ne vois pas comment nous pourrions mettre en balance nos valeurs démocratiques, nos libertés et l'État de droit avec d'autres considérations dans l'UE.

---

487 Ces lignes ont été écrites avant l'invasion du Capitole le 6 janvier 2021.

488 À laquelle il faut ajouter la Convention européenne des droits de l'homme et la Cour, située à Strasbourg, qui veille au respect de celle-ci.

489 Inspirés de la Convention européenne des droits de l'homme et des traditions constitutionnelles nationales.

L'Europe : un contrepoids, une force de modération et de remise en question

Sur le plan politique, l'Europe est une force de modération face aux outrances. À côté de l'arithmétique du scrutin, elle amène à poser des questions sur la qualité ou, à tout le moins, l'acceptabilité des propositions d'une majorité. Elle borne le principe cynique selon lequel, en démocratie, la majorité a toujours raison. Non, celle-ci n'a pas raison, mais le pouvoir. L'Europe est un regard extérieur qui peut pondérer, questionner les excès de la souveraineté nationale, rouvrir voire élever le débat.

Dans un ordre d'idées proche, l'UE joue un autre rôle, précieux dans un monde aussi complexe, instable et changeant que le nôtre : elle aboutit à ce que plusieurs structures incarnent l'intérêt général. L'État n'en a plus le monopole. Aucun niveau de pouvoir public n'est infaillible. La pluralité d'autorités publiques permet de relativiser la qualité de chacune. Elles ne sont plus crues sur parole. Celles-ci ne seront crédibles sur le long terme que par la qualité de leur travail (dans l'hypothèse d'une opinion publique relativement éclairée et non a(ban)donnée aux ténèbres du complotisme), une fois encore par leur valeur ajoutée. La gestion de la pandémie dans les différents États membres, avec des succès très variables, l'illustre bien.

En bout de course, il y a place pour un débat rationnel avec la perspective que la meilleure solution triomphe. À cet égard, la faiblesse politique de l'Europe est, paradoxalement, une chance[490]. Elle laisse davantage de place pour un débat libre et dégagé d'une conception politique (trop) dominante.

Une telle prise de distance vaut et devrait valoir aussi pour l'Union. Tout comme les États et les régions, elle peut se tromper. La gestion

490 Dans un sens voisin, P. Sloterdijk, *Réflexes primitifs : considérations psychopolitiques sur les inquiétudes européennes* (trad. O. Mannoni), Paris, Payot, 2019.

de la pandémie, spécialement de la commande des vaccins, en est un exemple. Des points de vue différents, voire antagonistes, de la part des États membres peuvent l'amener à améliorer ses vues. Émettre des critiques argumentées contre tel ou tel projet européen n'est pas être antieuropéen. L'Europe ne sera acceptée que si elle est efficace et fondée sur une culture du résultat.

Vers des contributions supplémentaires aux libertés et à la démocratie ?

L'Europe continue à contribuer à la protection de nos libertés et à la préservation, voire à l'amélioration, de l'État de droit et de nos démocraties.

Sous l'influence des pays nordiques, la transparence administrative, spécialement l'accès aux documents des autorités publiques, s'est renforcée considérablement. En tant qu'avocat, je peux vous garantir que ce régime est de nature à dissuader les administrations de prendre des libertés avec la loi. Le règlement européen sur la protection des données personnelles peut être perçu comme un rempart pour notre vie privée.

L'Europe veille aussi à lutter contre les manipulations de l'opinion par la voie des médias sociaux, dont beaucoup sont l'œuvre de la Russie (dès avant l'invasion de l'Ukraine), au fonctionnement intègre des institutions démocratiques. Les risques de conflit d'intérêts sont traqués. Le lobbying auprès des institutions européennes est réglementé… même s'il y a encore des trous dans la raquette.

En vertu du principe d'ouverture, l'UE cherche à favoriser la participation de la population à la définition de l'action européenne. Diverses prérogatives sont reconnues aux citoyens européens en plus de l'accès aux documents déjà mentionnés : la possibilité de déposer des pétitions et, par elles, de solliciter certaines initiatives européennes, le recours au médiateur européen.

L'espace de liberté, sécurité, justice permet aussi de prendre une série d'initiatives pour améliorer la protection juridictionnelle de la population européenne et le fonctionnement des juridictions nationales.

La question se pose toutefois de savoir si l'UE ne pourrait pas contribuer davantage à une modernisation et à une amélioration de nos régimes démocratiques.

Le vote qui a mené au Brexit a mis en lumière la désaffection des jeunes, que le rythme lent et l'inefficacité relative des procédures publiques rebutent. Nous devons réaliser que l'efficacité du secteur privé dans le secteur des nouvelles technologies, que ce soit de communication ou de commerce à distance, rend obsolètes pour les jeunes consommateurs les institutions publiques et politiques. La lenteur de la prise de décision risque de disqualifier l'idée même de débat. Un défi est de préserver les éléments fondamentaux de nos régimes libéraux et d'améliorer l'efficacité de nos institutions.

Chapitre II

Où (en) est la société politique européenne ?

Une société politique européenne fait défaut

Le citoyen européen est titulaire de beaucoup de droits et de libertés dans l'Union européenne. Une des caractéristiques de la construction européenne est qu'elle a amélioré sa condition par rapport à celle prévalant dans un État-nation.

D'abord, le territoire dans lequel le citoyen peut exercer la plupart de ses droits et libertés a été multiplié en moyenne par 27. Ensuite, il tire des droits directement de l'UE. En partie, l'UE a été instaurée pour protéger les citoyens contre les abus des États et, en général, des pouvoirs publics[491]. La population européenne y a aussi sa représentation politique, à travers le Parlement européen.

L'UE n'est donc pas seulement une association d'États. Les citoyens en sont membres à part entière. Les États et la population sont les deux piliers, les deux catégories d'actionnaires de la SA Europe.

491 V. *supra*, Titre IV, Ch. I.

Toutefois, une société politique ne se limite pas aux institutions publiques telles que le Parlement européen, le Conseil et la Commission. Une vie, des débats publics doivent entourer ces corps constitués.

Ils font défaut au niveau européen. Il n'y a ni opinion publique européenne, ni médias proprement européens[492]. La population continue à être informée *via* des chaînes de télévision et des journaux nationaux ou locaux. Les dossiers européens demeurent appréhendés à travers des lunettes nationales. La plupart d'entre nous restons profondément configurés par l'espace, des façons de penser, des pratiques, des réseaux nationaux.

En conséquence, la sphère européenne échappe à un contrôle vigilant et éclairé de la presse et de la population.

Par exemple, aucun pays, à part le Royaume-Uni, n'est intervenu dans le débat sur le Brexit. Les intellectuels en ont souvent discuté dans des cénacles nationaux. Il n'y a pas de débats sociétaux européens.

Souvent, les questions européennes sont présentées par les médias nationaux comme des divergences voire des oppositions d'intérêts entre États membres. Le point crucial est souvent de savoir si le pays du téléspectateur « a gagné ou perdu ». Rarement, la décision dégagée est analysée sous l'angle de l'intérêt général européen. Jamais, il n'est indiqué qu'elle représente un gain pour chacun. Les journalistes ne sont pas les seuls responsables. Les politiques nationaux ne sont pas en reste.

Causes de l'absence de société politique européenne

La société politique européenne fait défaut en partie, par difficulté objective, liée à la pluralité de langues[493] : en partie, par manque

492 Toutefois, la chaîne télévisuelle ARTE le devient progressivement, avec notamment le sous-titrage de certains de ses programmes dans un nombre grandissant de langues des États membres.

493 Laquelle devient surmontable avec les applications (v. *supra*, Titre I, Ch. I).

d'intérêt de la population et du fait de la complexité, voire de l'aridité, des questions ; en partie, par politique délibérée des États qui ne veulent pas voir trop émerger un niveau de pouvoir dont ils redoutent qu'il puisse les supplanter. On en revient au syndrome Anastasia-Javotte face à Cendrillon-Europe, évoqué dans l'introduction de cet essai.

Il y a, en effet, une ambiguïté paralysante sur la finalité de la construction européenne. Pour poser le débat, le dilemme en des termes traditionnels (je pense à cet égard qu'il faut reconsidérer l'approche) : l'Europe est-elle une construction fédérale en devenir qui finira par constituer un État et dont les actuels membres seront réduits à la qualité de cantons, de régions ou de länder ? Ou est-ce une construction confédérale, dont les acteurs principaux sont et resteront les États ?

La crainte d'un déclassement pour les États explique le contrôle grandissant, voire maniaque, qu'ils cherchent à exercer sur la construction européenne. Les États membres restent les maîtres des traités. Leurs dirigeants n'ont pas envie de partager le pouvoir avec les personnes à la tête des institutions européennes.

Par ailleurs, la confusion des genres est entretenue par le personnel politique. Un certain nombre de parlementaires européens sont des déçus de la politique nationale. Sans parler des eurosceptiques qui – et c'est un paradoxe de plus – ont gagné un revenu et une tribune à Strasbourg, qu'ils n'avaient pas dans leur État-nation si cher à leur cœur, comme les Le Pen, père et fille, ou Nigel Farage. Ils font un séjour à Strasbourg et à Bruxelles avec un espoir de retour « au premier plan » dans la politique nationale, quand il ne s'agit pas de seniors de la politique nationale, en préretraite. Une partie du personnel politique entre dans les institutions européennes avec un bagage étatique ou infraétatique et a une tendance à aborder les questions européennes à travers ces lunettes.

Vers une meilleure identification des rôles respectifs des États membres et de l'Union européenne

Une décrispation ne peut intervenir que si les rôles respectifs des États membres et de l'UE sont clairement définis et apparaissent complémentaires et non pas concurrents. Une réflexion doit être menée sur ce que l'Europe peut faire et que les États membres ne peuvent pas faire, par exemple, compte tenu de la dimension de l'Europe, de ses compétences et des instruments et expertises spécifiques qu'elle a développés. On en revient notamment à la subsidiarité et à la conception plus exigeante qui pourrait prévaloir en la matière[494].

Une différenciation plus marquée des responsabilités et des voies d'action pourrait contribuer à la pacification et à davantage d'efficacité, à une meilleure identification des spécificités de l'UE et de sa valeur ajoutée à l'action des États membres. Elle doit porter notamment sur la manière avec laquelle l'action publique européenne peut être menée. Par exemple, faut-il songer à des moyens d'action différents de ceux des États[495] ?

L'Europe doit faire certaines choses que les États ne peuvent pas faire ou font moins bien[496]. Ce qui requiert un effort d'imagination. Nous devons cesser de « raisonner » avec les concepts développés dans le cadre des États-nation, qui en outre ont un à deux siècles d'âge et varient d'un pays à l'autre.

L'Europe n'est pas la projection ou le prolongement des États. Elle est un ajout, un complément, un atout supplémentaire et distinct, qui notamment permet de rendre aux États membres une parcelle de souveraineté devenue illusoire dans le monde d'aujourd'hui si

---

494 V. *supra*, Titre I, Ch. I, C, 2.

495 V. *supra*, Titre II, Ch. I, à propos des financements, notamment privés, catalysés par la BEI et le FEI et dans les conclusions de l'essai.

496 Ce qui n'empêche pas les interventions combinées de l'UE et des États membres, telles que le plan de relance européen (v. *supra*, Titre I, Ch. II).

elle est exercée à leur niveau (songeons au règlement européen sur la protection des données personnelles qui est en train de devenir le régime de référence dans le monde). Elle ne doit pas être non plus un doublon lourd et inefficace, qui renforce la bureaucratie et sécrète de la réglementation comme une fin en soi.

À partir du moment où les différents niveaux de pouvoirs n'auront pas la crainte d'être en sursis et supplantés par un autre, on peut raisonnablement espérer une meilleure prestation d'ensemble. Les États membres devraient être alors moins réticents au développement d'une société politique européenne de même qu'à celui de sociétés politiques régionales. Ces différentes strates, ces différentes appartenances ne sont pas conflictuelles, mais complémentaires.

Au fur et à mesure, on constatera aussi une meilleure coopération des niveaux de pouvoirs européens et nationaux ou infranationaux. C'est par exemple quelque chose de déjà tangible en matière d'aides d'État et d'appels aux fonds structurels européens. Les rapports deviennent de moins en moins de contrôleur à contrôlé, davantage entre partenaires impliqués dans l'usage judicieux et ordonné de fonds publics nationaux et européens.

Je ne crois pas à la dislocation des États membres ni n'y appelle. Certaines de ces structures sont millénaires (France, Espagne, Autriche). Elles configurent fondamentalement la vision et le comportement de leur population. Plutôt que de casser, construisons dessus. Veillons à ce que les différents niveaux de pouvoirs soient moins en rivalité stérile, voire contreproductive, mais plutôt en synergie.

Quelques propositions en vue de l'émergence d'une société politique européenne

La société démocratique européenne doit être bâtie, en fait. On ne peut se contenter du placage sur et de la projection à partir des démocraties nationales. Il convient de réfléchir à forger des éléments d'une démocratie proprement européenne, fonctionnant à côté et en bonne intelligence avec les démocraties nationales.

Par exemple, les différences entre les États et l'UE pourraient se traduire et se prolonger par des conditions d'éligibilité particulière au Parlement européen. Les candidats devraient avoir un profil qui atteste d'une ouverture vers d'autres États membres, vers l'échelon européen.

On pourrait songer aussi à une représentation des citoyens européens ayant exercé leur liberté de circulation, à hauteur d'une fraction des postes de députés (par exemple, l'équivalent d'un État membre supplémentaire)[497]. Les citoyens qui ont fait usage de leur liberté de circulation se retrouvent en effet souvent entre deux chaises sur le plan politique. *De facto*, ils sont privés d'une chance effective d'être élus. Ils constituent une minorité inaudible. On tombe sur un paradoxe de plus : les citoyens en Europe qui vivent le plus l'Europe et la construction communautaire parce que chaque jour ils expérimentent la vie dans un autre État membre sont politiquement inexistants au niveau européen. Comprenne qui pourra ! À nouveau, la projection étatique est excessive, abusive.

Pour la même raison, je suis favorable à un plus grand découplage entre la vie politique nationale et européenne. Les élections européennes ne doivent pas être une sanction des responsables politiques nationaux en place.

L'émergence graduelle d'une société politique européenne au sens large pourrait être aidée par le développement d'informations et de médias proprement européens.

Par exemple, en tant que praticien du droit européen, je suis abonné à une feuille d'information quotidienne, le *Bulletin Quotidien Europe*.

497 Si je ne m'abuse, c'est à peu près la seule suggestion faite dans cet essai qui nécessiterait une modification des traités européens.

Factuel, celui-ci est susceptible d'apprendre beaucoup de choses au citoyen européen. J'ai été heureux d'y lire que la qualité des eaux de baignade n'avait jamais été aussi bonne en Europe – le résultat direct d'initiatives européennes. J'y ai appris que, début 2020, la dette publique des États membres avait diminué de près de 10 points depuis la crise financière de 2008, en partie grâce au semestre européen et au pacte de stabilité. Cette décrue donnait davantage de moyens aux États pour mener des politiques d'intérêt général et investir. Elle a permis de surmonter plus aisément la pandémie. Le *Bulletin* m'a aussi appris que la plupart des États membres d'Europe centrale et de la Baltique ont des dettes publiques bien plus réduites que les États membres occidentaux.

Une publication de ce style devrait pouvoir être distribuée plus largement, voire à coût réduit, à l'ensemble de la population.

La diffusion large et régulière des indicateurs principaux de l'état de l'Union (le bulletin de santé de l'Union) ainsi que des principaux objectifs serait la bienvenue aussi, dans un souci de lisibilité et d'adhésion.

Une presse audiovisuelle européenne est importante aussi.

Il faudrait favoriser la création de blogs et de forums de discussion, l'injection d'éléments intracommunautaires dans des programmes télévisés… Je garde un excellent souvenir de *Jeux sans frontières* et d'une autre émission animée par des présentateurs de pays différents, *Le Francophonissime*. Il est frappant que cette ouverture se soit perdue. Il y a rarement une émission politique où des observateurs et/ou journalistes étrangers sont invités.

Les applications linguistiques, l'intelligence artificielle devraient être de nature à surmonter l'obstacle de la diversité linguistique à davantage de suivi de l'actualité européenne par la population.

Il devrait y avoir davantage d'associations européennes, donc transfrontalières, susceptibles de pouvoir intervenir dans le débat européen.

À cet égard, que l'UE ait plus fait pour le droit d'agir en justice des associations de consommateurs que pour promouvoir des mouvements européens de citoyens interpelle.

La population devrait prendre le pli de s'intéresser à la construction européenne aussi. Cela fait partie de la citoyenneté, de l'appartenance à la communauté de destin que constitue l'UE. La formation scolaire (l'éducation, une nouvelle fois !) devrait être adaptée.

Il y a donc tout un travail à entreprendre sur l'émergence d'un intérêt proprement européen, irréductible à celui des États membres, et sur le réflexe de penser « européen ».

TITRE V

EUROPE ET RESTE DU MONDE : GÉNÉROSITÉ, STABILITÉ ET SÉCURITÉ

Chapitre I

Politiques d'aide au développement et migratoire

A. Politique d'aide au développement

Comme il l'a été évoqué dans l'introduction, l'UE et les États membres sont le bloc le plus généreux du monde, avec 47 % de l'aide mondiale au développement.

Le bilan de l'action est toutefois mitigé, puisque les plus grands bénéficiaires de cette politique sont les États et les régions du monde qui se sont le moins développés au cours du dernier demi-siècle.

Depuis quelques années, on note le souci d'une plus grande efficacité de cette politique qui représente 67 milliards d'euros du budget européen sur 7 ans. Notamment, l'UE cherche à éviter les doublons et les recoupements avec les initiatives des États membres. À l'instar de l'évolution relevée en matière de politique de cohésion, elle prône un recours à des techniques d'investissement, à côté des traditionnels subsides. Cette tendance devrait aller se renforçant.

On peut s'interroger sur la multiplicité des objectifs poursuivis à côté de celui, prioritaire, de l'éradication de la pauvreté : promotion des droits de l'homme, égalité des sexes, État de droit, libertés.

Autant nous devons être intransigeants quant au respect de nos valeurs fondamentales sur notre territoire (et davantage que nous ne le faisons aujourd'hui), autant nous pourrions faire preuve de davantage de neutralité, ou au moins de granularité, vis-à-vis des choix des pays tiers chez eux : assister plus les pays qui ont des valeurs en commun avec nous, mais ni condamner ni exclure les autres.

La politique européenne de voisinage vis-à-vis de pays situés sur les pourtours orientaux et méridionaux de l'UE gagne en importance. Celle-ci se combine de plus en plus avec la politique migratoire (B).

B. Politique migratoire

Remarque préliminaire : si l'UE n'existait pas, ses États membres, spécialement ceux en bordures méridionale et orientale, resteraient exposés à des questions migratoires. La source des problèmes n'est pas l'UE. Ceux-ci découlent de la géographie et la géopolitique.

Second préalable : l'UE n'a reçu des compétences en la matière que récemment. En outre, compte tenu de la sensibilité – légitime – des questions pour les États membres, l'exercice de celles-ci reste largement dépendant de ceux-ci.

La politique migratoire doit être respectueuse de certaines valeurs vis-à-vis des migrants, d'équité entre les États membres et de soutenabilité de l'effort d'accueil (idée de la capacité contributive), notamment afin de préserver les fondements de la société européenne (démocratie, État de droit, libertés, pluralisme, respect des femmes) et d'éviter sa déstabilisation.

L'accueil d'urgence est un problème d'humanité vis-à-vis des migrants.

En vue d'un séjour prolongé, on peut songer à un système de priorités en fonction de l'intégrabilité, à apprécier du point de vue de l'employabilité et de critères culturels ainsi que de la capacité/volonté d'accueil des États membres.

Sur ce dernier point, on peut admettre que les États membres ne sont pas dans des situations comparables (ont-ils une dette coloniale ou pas ? Ce n'est pas le cas pour la plupart des pays d'Europe centrale). Si un effort de solidarité doit être demandé, il doit être raisonnable et gradué.

L'aide au développement des États tiers (voir ci-dessus A), spécialement de ceux en ceinture de l'UE, est aussi un élément du dispositif.

Chapitre II

Politique de défense

Un autre domaine où la masse que constitue l'UE pourrait jouer un rôle essentiel, spécialement en cette période de tensions géopolitiques, est celui de la défense. Le Brexit est une aubaine à certains égards, le Royaume-Uni s'étant toujours opposé au passage à la prise de décision à la majorité dans ce domaine. En sens inverse, il signifie la perte d'une des seules armées qui comptent en Europe… ainsi que d'une des deux détentrices de l'arme nucléaire.

L'Europe pâtit du morcellement des politiques militaires. Elle compte deux fois plus de types d'équipements militaires que les États-Unis pour un budget moitié moindre et deux fois plus de personnel d'encadrement. Son effectivité opérationnelle est quasi nulle. Elle économiserait aussi à grouper les achats des États membres. On notera toutefois des tensions persistantes entre les industries nationales. Une preuve récente en est les désaccords à propos du chasseur européen[498].

Une convergence progressive des politiques militaires se recommande (on peut songer à des programmes pluriannuels), de même que la

498 *L'Echo* du 20 mars 2021, p. 11.

promotion en priorité de profils avec une ouverture européenne (binationaux, mariage « mixte », expérience à l'étranger, connaissance des langues, etc.).

Au vu des tensions géopolitiques (la Russie teste depuis des années les défenses aériennes des pays baltes et nordiques[499, 500] notamment, ses manœuvres sur sa frontière occidentale s'amplifient chaque année) et du relâchement des liens transatlantiques, notamment mais pas seulement sous la présidence Trump, l'Europe doit se prendre davantage en main. On retrouve la nécessité d'un *leadership* européen, d'une conscience des intérêts proprement européens.

Cela n'implique toutefois pas une distanciation avec l'OTAN. Mais, on peut concevoir davantage de coopération entre États membres dans le cadre de leurs engagements au sein de l'organisation transatlantique[501].

Il faut aussi développer une industrie militaire européenne à très forte valeur ajoutée en technologie. Les exemples étrangers doivent nous faire réfléchir. Beaucoup de GAFA et de perles technologiques israéliennes ont été favorisés, voire incubés, par des programmes de soutien à finalité d'abord militaire[502]. Un keynésianisme militaire a été mis en place : les pouvoirs publics contribuent au développement de l'économie par la R&D pour des biens et services à double usage, militaire et civil. L'émergence d'une Europe militaire est, indépendamment des considérations de défense et de géopolitique, une opportunité pour la recherche et l'industrie européennes.

On pourrait aussi songer à une force européenne de protection civile et militaire, habilitée à des interventions internes et externes (qui irait au-delà de resEU mentionnée dans le cadre du plan de relance

499 La Norvège, la Finlande et la Suède ont décidé récemment d'intensifier leur coopération militaire.

500 Ces lignes ont été écrites bien avant l'invasion de l'Ukraine par la Russie.

501 Ainsi que dans les situations où l'OTAN n'est pas engagée et où l'UE pourrait être appelée à agir (*L'Echo* du 27 février 2021, p. 11).

502 À propos des États-Unis, v. Defraigne et Nouveau, *op. cit.*, 3e éd. not. p. 104.

européen)[503]. Outre l'acquisition d'un savoir-faire qui devrait être précieux, cette force donnerait à l'UE une incarnation qui lui manque et signifierait que la communauté des États membres n'est pas que la Suisse du monde, mais est opérationnellement capable de peser sur le cours de certains éléments. Après son absence au cours de la guerre en ex-Yougoslavie et la débâcle du début de la campagne vaccinale contre la covid, elle contribuerait à corriger l'image d'une Europe pied-tendre dans le far-west du monde d'aujourd'hui.

---

503 V. *supra*, Titre I, Ch. II.

CONCLUSIONS

Europe : une douceur de vivre…

Après deux guerres mondiales, par lesquelles le Vieux Continent s'est sabordé, la construction européenne a été une planche de salut. Afin de ne plus répéter ces erreurs, elle a été conçue comme un *levier d'Archimède* à plus d'un titre : un rehausseur de prospérité, de justice sociale, de démocratie et de libertés, une garantie de paix. Par exemple, le marché unique a permis de produire plus, mieux, moins cher, d'augmenter le pouvoir d'achat, d'accumuler les richesses. Les citoyens ont reçu beaucoup de droits supplémentaires (libertés de circulation, protection contre les abus des pouvoirs publics, etc.) dans un espace multiplié.

Aujourd'hui, le bilan est encore flatteur. Il fait bon vivre dans l'UE, en comparaison avec d'autres régions du monde, même riches. Songeons à l'équilibre entre les vies privée et professionnelle (dans quels autres pays économiquement développés peut-on prendre autant de vacances et a-t-on une telle espérance de vie en bonne forme ?), aux systèmes de santé et de protection sociale. Les alternances démocratiques s'opèrent dans la sérénité et le niveau de l'État de droit est globalement acceptable.

En outre, les gains de prospérité (entre 9 et 12,5 % de PIB) et d'espace de vie (x 27) ont laissé sauves les spécificités nationales. En bon levier, la construction européenne s'est appuyée sur les fondations nationales et leurs institutions plutôt que de les détruire ou de les remplacer. La diversité est protégée sur divers plans (langues, politique, organisation socio-économique, etc.). Ainsi, chaque État continue à dimensionner ses services publics. Le niveau des prestations sociales et des impôts demeure très variable, en fonction des préférences de la population et de l'attractivité du pays.

L'Europe apporte beaucoup sans rien prendre, pour un coût modique (le budget européen excède à peine 1 % du PIB des Vingt-Sept). Son effet de levier, son coefficient multiplicateur est donc substantiel (9 à 12).

Un équilibre a ainsi été établi entre (i) les principes d'un grand ensemble (marché unique, libertés de circulation, économie sociale de marché ouverte où la concurrence est libre et non faussée, interdiction de principe des aides d'État, obligation de finances publiques soutenables, responsabilité budgétaire des États membres, de l'UE et des entreprises, protection des droits fondamentaux, etc.) ; (ii) certains dispositifs de solidarité (politique de cohésion économique, sociale et territoriale, plan de relance européen, etc.) ; (iii) l'autonomie des États membres (en matière fiscale, économique, soci(ét)ale).

... menacée

Quoiqu'encore dans le groupe de tête mondial, l'Europe risque le déclassement, plus vite qu'on ne l'imagine. Elle est à la traîne sur les plans technologique, économique, financier, voire éducationnel. Elle s'est assoupie, n'a pas assez investi ni innové, a vécu à crédit au cours des vingt-cinq dernières années.

Vers 2010, elle a abandonné le *leadership* du PIB aux États-Unis, qui comptaient alors 40 % de population en moins ! Aujourd'hui, le PIB des Vingt-Sept stagne à 15 500-16 000 milliards d'euros pour plus de 24 000 milliards aux États-Unis (avec 25 % de population en moins). Ceux-ci nous laissent sur place, la Chine nous talonne. Nous sommes absents de domaines de pointe, le dernier en date étant l'intelligence artificielle. Nous reculons dans les classements des plus grandes entreprises et capitalisations mondiales. L'euro est dans la fourchette basse par rapport au dollar. Notre démographie sombre.

Ce décrochage global menace tout à la fois notre qualité de vie, notre prospérité, notre cohésion sociale, nos régimes de démocratie et de libertés, l'avenir de nos enfants. Les défis environnementaux et géopolitiques actuels ne font qu'exacerber nos vulnérabilités.

Un marqueur de notre perte de vitesse : une productivité en berne

Un indice cristallise ce « coup de mou » : notre PRODUCTIVITÉ, c'est-à-dire la richesse que nous produisons en une heure de travail avec un équipement donné, est aujourd'hui 35 % inférieure à celle des États-Unis. L'écart continue à se creuser.

La productivité globale des facteurs de production est une des clés de la santé économique. Elle a aussi des implications sociales, sociétales et humaines importantes.

Les salaires sont directement fonction de la productivité du travail, un employeur ne pouvant pas payer un travailleur plus que la valeur que celui-ci produit. Une haute productivité augmente donc le cercle des possibles, avec des implications directes sur la qualité de vie du travailleur et de sa famille, l'équilibre entre vie professionnelle et vie privée (réduction du temps de travail, temps partiel, etc.). Enfin, elle va souvent de pair avec une activité stimulante, un environnement porteur, voire innovant, une qualité de vie globale. Les pays heureux connaissent souvent une productivité élevée.

Une douceur de vivre qui peut néanmoins être sauvée et renforcée

Nous voulons préserver notre qualité de vie et celle de nos enfants ? L'améliorer dans une société plus inclusive, plus verte et plus sûre ?

À cet égard, l'UE recèle des potentialités insoupçonnées. Elle peut nous faire progresser grandement, sans réels sacrifices de notre part, sans accroissement de ses compétences, voire sans augmentation de ses moyens financiers.

A. Un atout majeur à mieux exploiter : le marché intérieur

Le marché intérieur de l'UE est le plus important des pays développés sur le territoire le plus resserré : 450 millions d'habitants sur une superficie inférieure à la moitié des États-Unis, qui ne comptent que 330 millions d'habitants, soit un marché 3 à 4 fois plus compact. Une aubaine à un moment de raréfaction de l'énergie et des matières premières !

Pourtant, les échanges intra-UE sont 40 % inférieurs à ceux entre les États des États-Unis… *Idem* voire pire pour le PIB par habitant (en 2021, le différentiel était de 44 %). Beaucoup d'obstacles aux échanges et à l'exploitation du potentiel du marché unique subsistent donc. Ils empirent même, le marché des services n'ayant pas été réalisé, alors que ceux-ci représentent aujourd'hui 75 % de l'économie. Résultat : nos entreprises de services accusent un retard technologique et – à nouveau – des déficits de productivité alarmants. En outre, les États membres ont multiplié les restrictions aux échanges depuis la crise bancaire de 2008 et la Commission a manqué de pugnacité dans leur répression.

La spirale négative qui menace la société européenne est là pour une grande part (un autre point noir étant l'état des finances publiques dans certains États membres) : marché unique inachevé et en recul, protectionnisme, productivité atone, déficiences en recherche-développement-investissement (RDI) et donc en progrès technique. Avec ses conséquences soci(ét)ales : baisse du niveau de vie, précarité, pessimisme, diminution de la population.

Vers la reconnaissance mutuelle généralisée des biens et services

Une mesure à la fois simple, radicale, aux effets rapides et peu coûteuse est d'instaurer[503] la reconnaissance mutuelle des biens et services légalement produits dans un État membre, qu'il y ait harmonisation européenne ou non en la matière. Ils pourront dès cet instant être commercialisés dans les autres États membres librement.

Il en résultera vite un PIB des Vingt-Sept en nette croissance, des produits et services plus variés, plus innovants, moins chers, de meilleure qualité, en plus grande quantité. Une économie européenne plus forte. Une lame de fond discrète mais durable et puissante : la perspective change diamétralement lorsqu'au lieu de 1, 10, 30, 80 millions de consommateurs potentiels, on peut en toucher 445 millions. Les vocations entrepreneuriales devraient fleurir.

PME de tous les États membres, (é)levez-vous !

La reconnaissance mutuelle aura d'autant plus d'impact qu'elle profitera particulièrement aux PME. Réalisons-nous qu'elles constituent l'immense majorité (99,2 %) et qu'*une entreprise européenne emploie en moyenne 5,6 personnes* ? Les PME pourront enfin prendre part aux échanges intracommunautaires dont 85 % restent absentes aujourd'hui, grandir, améliorer leur productivité, mieux payer leur personnel (ce qui est de nature à réduire la fracture sociale), s'autofinancer, investir en RDI, attirer des investisseurs externes, devenir des licornes et avoir accès aux marchés financiers. L'UE deviendra à cet égard réellement une société ouverte.

Où en sera l'Europe si, en moyenne, les PME doublent de taille, triplent leur chiffre d'affaires, augmentent leurs marges dans les prochaines

503 Par un règlement du Parlement européen et du Conseil, voire par un arrêt de la Cour de justice de l'Union européenne.

années ? À la clé, une révolution copernicienne paisible. Progressivement, les 23 millions d'entreprises européennes deviendront plus fortes, productives, innovatives, riches et dynamiques. Nous devons sortir de l'image d'Épinal « *Small is beautiful* ». Il y a et aura place pour l'entreprise de 1 à 5 personnes, compte tenu de la suppression des obstacles et du progrès technologique, mais qualité de la production et bien-être au travail ne sont pas incompatibles avec des sociétés de 500 à 3 000 personnes ou plus.

Pour un socle organisationnel minimal commun à toutes les entreprises

Une mesure complémentaire à la reconnaissance mutuelle pourrait être un socle minimum d'exigences d'accès et d'exercice des activités économiques. Bien conçu (c'est-à-dire porteur et sans lourdeurs inutiles), celui-ci contribuerait à améliorer l'organisation des entreprises, spécialement des plus petites, leur production et leur productivité, à les préparer aux évolutions, à accroître leur lisibilité. Cette dernière est importante pour lever les réticences des banques (souvent trop conservatrices) et des investisseurs à les financer.

Davantage d'éducation de la population au marché unique

Afin qu'entrepreneurs et consommateurs tirent parti du marché unique, ils devraient être plus familiarisés à son fonctionnement, à ses fruits et risques (par exemple en cas de commande à distance). Il est essentiel d'adapter l'éducation des populations européennes au marché unique plutôt que de les protéger par un carcan paternaliste… différent d'un État membre à l'autre, ce qui renforce les obstacles aux échanges.

L'éducation de la population aux potentialités et défis d'aujourd'hui et de demain est un fil rouge de cet essai.

Vers un recalibrage et une modération de l'activité normative de l'UE

La spirale positive permise par la reconnaissance mutuelle sera accentuée si, spécialement dans un premier temps, le législateur européen révise ses exigences à la baisse, en tenant compte du fait que l'opérateur moyen n'est pas la grande entreprise de ses rêves, mais une PME. Le meilleur compromis « libération du potentiel productif, exigences de qualité, écoresponsabilité, coût et poids de la réglementation » doit être conçu en fonction d'elle. Aujourd'hui, ce sont surtout les mastodontes américains et chinois qui peuvent supporter la charge normative européenne… après avoir grandi à l'abri de celle-ci. Plutôt que de libérer et d'alléger, l'Europe a eu tendance à couler une deuxième dalle de réglementation ces dernières années. À cet égard, le départ du Royaume-Uni, qui modérait les ardeurs réglementaires des institutions européennes, est une lourde perte.

Notamment, le Parlement européen doit éviter de se prendre pour un législateur omnipotent poursuivant toutes sortes d'objectifs légitimes. Sa mission première est d'assurer la prospérité inclusive (économie sociale de marché) et durable de l'Europe. L'idée de l'abrogation de trois voire cinq règles pour l'adoption d'une nouvelle est à pousser.

Autres mesures urgentes

La priorité est de libérer le potentiel d'activité de l'Europe des Vingt-Sept, d'abattre les barrières existantes aux échanges entre les États membres (libéraliser des secteurs qui ne le sont pas encore, tels que les ports, donner un coup de pouce aux technologies permettant de surmonter l'obstacle des langues comme des applications, etc.), de lutter beaucoup plus contre les mesures protectionnistes et le défaut de transposer les directives (par exemple en prévoyant un régime qui s'appliquera en l'absence de mise en œuvre nationale dans les délais).

Parallèlement, un cadre porteur

Pour inverser durablement la tendance et réussir la transition environnementale notamment, il faut plus. À côté de l'achèvement du marché intérieur et d'une activité réglementaire tempérée, il appartient à l'UE d'élaborer un cadre porteur par un travail sur les fondamentaux. Bref, de développer ce que l'on appelle parfois une politique structurelle/moderne de l'offre (mais très différente de la politique consistant à réduire les charges fiscales sur les entreprises et les gros revenus) et susceptible d'augmenter aussi le pouvoir d'achat des consommateurs de manière durable.

Certains vecteurs de l'activité économique, actuellement déficients en Europe, appellent spécialement des améliorations.

(i) Un effort en RDI

Le progrès technique est vital pour l'Europe

Le premier est le progrès technique. Les voitures les plus innovantes sont américaines, japonaises, sud-coréennes, les nouvelles technologies trustées par ces trois pays. Il n'y a pas de GAFA européen, nous sommes absents des secteurs de pointe comme l'intelligence artificielle. Nous payons au prix fort plus de 20 ans de sous-investissement en RDI, imputable à l'inachèvement du marché unique et à l'insalubrité des finances publiques.

Sans la science, pas de croissance durable, de justice sociale, d'économie verte, d'autonomie énergétique, d'Europe de la défense. Comme le dit la publicité d'une célèbre marque automobile : « *Vorsprung durch Technik* », le progrès par la technologie. L'effet d'entraînement du progrès technique, qui constitue une autre spirale positive et un fil rouge de l'essai, est considérable : une productivité élevée, de meilleures rémunérations, davantage de satisfaction au travail, une société plus inclusive, dynamique et confiante.

Le progrès technique doit être une priorité transversale dans l'action européenne, au même titre que le verdissement de l'économie, voire plus. Il sera, en effet, plus efficace pour l'état de la planète et moins préjudiciable pour notre économie que l'Europe produise des technologies écoresponsables, utilisables dans le monde entier, plutôt que d'être la seule à en user. À cet égard, le pacte vert pèche par naïveté : 6 % de la population mondiale ne sauveront pas seuls la terre. La commission von der Leyen raisonne à l'envers.

Pour une réduction substantielle du coût des brevets

Une meilleure traduction des résultats de la recherche scientifique, qui reste excellente en UE, en produits et services européens, passe par l'abaissement immédiat et drastique des coûts d'enregistrement des brevets (ceux-ci sont quatre fois plus élevé qu'aux États-Unis pour un marché intérieur beaucoup moins optimal). Il faut donc les diviser par 10 dans un premier temps (par 20 pour les brevets relatifs à des technologies propres). L'UE ne représente, en effet, plus que 20 % des brevets déposés dans le monde contre 30 % il y a 10 ans, soit un recul de 33 %. La fonte des coûts d'enregistrement devrait profiter en particulier aux PME.

Davantage d'incitations à innover

Au vu du succès de l'approche nordique en la matière, il pourrait être recommandé aux États membres d'abaisser la fiscalité sur les revenus de propriété intellectuelle, avec un effort particulier pour les brevets relatifs à des technologies propres, à nouveau.

Vers davantage d'investissements en RDI

Compte tenu du déficit accumulé depuis 2000, le niveau d'investissement en RDI doit dépasser l'objectif de 3 % du PIB fixé alors et s'élever temporairement à 4 voire 5 %, soit un effort supplémentaire de 2-3 %.

L'approfondissement du marché intérieur prôné ci-dessus permettra de résoudre partiellement le problème à terme. En effet, notre déficit en RDI découle notamment des investissements privés plus faibles en Europe qu'aux États-Unis et en Asie, en raison des imperfections du marché intérieur, qui les rendent moins rentables. De leur côté, les pouvoirs publics doivent également investir plus. Il convient de combler le déficit d'investissement du secteur privé le temps que les mesures structurelles proposées produisent leurs effets.

Des investissements publics d'amorce en RDI visant à catalyser un maximum de financements privés pourraient être envisagés, à l'image du plan Juncker et d'InvestEU, qui lui a succédé. On peut aussi accélérer le rattrapage en RDI en développant des cadres attractifs, par exemple par des véhicules collectifs d'investissement en RDI. Un meilleur support du système financier à la croissance des licornes après leurs premières années d'existence est aussi crucial. Trop de sociétés prometteuses européennes passent sous contrôle d'entreprises de pays tiers.

À l'instar des critères de Maastricht en matière de finances publiques, des objectifs contraignants pourraient être fixés aux États membres en termes de pourcentage du PIB affecté aux investissements en RDI (même si une partie de ceux-ci proviennent du secteur privé) ou, à tout le moins, à ce que, lors de l'examen annuel des budgets nationaux (semestre européen), une attention particulière soit donnée aux niveaux d'investissements publics et privés en RDI et aux mesures envisagées par l'État pour les élever.

L'investissement, notamment en RDI, est un autre fil rouge de l'essai.

Autres mesures en faveur de la recherche

La promotion de l'esprit d'entreprise chez les chercheurs, de meilleurs appariements entre le monde de la recherche et celui des entreprises, une sensibilisation accrue aux sciences et technologies, etc. À nouveau, une éducation à adapter aux défis contemporains.

Un espace européen de la recherche (EER) est également une priorité. Certains domaines doivent posséder davantage une dimension européenne, une autre ligne de force de cet essai. Tel est le cas de la recherche. Il suffit de voir comment la Suisse et le Royaume-Uni font des pieds et des mains pour ne pas être exclus de cet espace et des programmes de financement européens. L'idée n'est pas de casser les cadres de référence nationaux en la matière, mais de les transcender, de les intégrer dans un ensemble plus grand et plus fécond.

(ii) Réindustrialisons l'Europe

Un troisième vecteur d'amélioration est une réindustrialisation au sens large.

L'industrie offre une série d'avantages par rapport à une économie de services. D'abord, elle paie généralement mieux, du fait d'une productivité plus élevée. Elle génère aussi une activité de RDI plus importante, ce qui nous ramène au progrès technique. Enfin, elle entraîne deux fois plus d'emplois, directs et indirects, ce qui renforce et diversifie l'économie.

Pas de retour en arrière (i) : une réindustrialisation écoresponsable

Ce redéploiement industriel intégrera la dimension environnementale. À nos chercheurs, industriels et pouvoirs publics de relever ce défi. L'industrie et la croissance doivent être plus qualitatives et efficientes.

Pas de diabolisation de l'industrie, au nom d'une religion de l'écologie. Une entreprise, même dans le secteur industriel, peut être propre. À cet égard, une révolution discrète est en marche, spécialement dans des pays où une mouvance écolo-libérale/conservatrice a le vent en poupe. Le primat doit aller à la neutralité technologique et à des standards basés sur les performances, sans exclusion *a priori* d'une technique ou d'une autre. À nouveau, un fil d'Ariane mis au jour au cours de cet essai.

Pas de retour en arrière (ii) : une politique industrielle respectueuse d'une économie de marché où la concurrence est libre et innovante

L'UE a la mission de développer le cadre le plus propice possible à l'économie européenne afin d'en garantir la compétitivité en respectant le principe d'une économie ouverte où la concurrence est libre.

En conséquence, la politique industrielle mise en œuvre par l'UE au cours des dernières années afin de susciter des initiatives stratégiques et de remédier à des insuffisances du marché est à encourager. Les premiers résultats sont prometteurs (filière des semi-conducteurs, alliances dans les domaines des batteries et de l'hydrogène vert).

Rien ne s'oppose à ce que l'UE crée les conditions générales propices à l'activité industrielle pourvu qu'elle entretienne la concurrence entre plusieurs opérateurs européens, ne fût-ce que dans un souci de diversification des risques. Il faut aussi éviter de subventionner certaines entreprises et de replonger dans les affres de la politique industrielle des années 1970.

Des approches novatrices en matière de politique industrielle, plus respectueuses du grand marché et d'une économie de marché sociale ouverte où les facteurs de production peuvent être librement affectés, sont à encourager. L'Europe peut être à l'avant-pointe de combinaisons gagnantes entre l'économie de marché et l'initiative publique économique. C'est un autre axe de cet essai.

(iii) Un secteur financier tout à la fois assaini, libéré, complété et innovant

Quatrième spirale positive, le secteur financier européen doit (re)devenir un moteur complémentaire performant pour l'économie, en ce compris pour sa transition énergétique et environnementale et sa remontée en RDI. La réaction européenne à la crise de 2008 a tapé à côté à plusieurs égards.

Le cancer non éradiqué des créances bancaires douteuses

D'abord, elle n'a pas purgé assez vite les créances bancaires douteuses (ou prêts non performants[504]), qui s'élèvent à plusieurs centaines de milliards d'euros quinze ans plus tard. Plutôt que de prendre des mesures ciblées et énergiques, ont été imposés de manière indifférenciée trop de réglementations et de contrôles à des opérateurs qui ne présentent pas de risques particuliers ainsi qu'une culture paralysante de la compliance. Le résultat est sans appel : d'une part, des banques toujours vulnérables qui sont incapables de financer suffisamment l'économie de l'UE alors que celle-ci dépend d'elles à hauteur de 70 % ; d'autre part, une dégringolade des opérateurs européens dans le classement mondial des plus grandes entreprises bancaires, financières et d'assurances et, avec elle, une moindre capacité à attirer les capitaux du reste du monde et à financer l'économie européenne.

La tentative infructueuse et mal calibrée de la désintermédiation financière

Ensuite, la politique européenne a le tort d'affaiblir les banques et de vouloir les REMPLACER par une finance des marchés à l'anglo-saxonne, dite « désintermédiée », car mettant en présence « directement » bailleurs et demandeurs de fonds. Il est important de

504 C'est-à-dire en défaut de paiement 90 jours après l'échéance.

développer cette dernière EN PLUS et pas au détriment des premières. Deux moteurs valent mieux qu'un, spécialement pour relever les défis écologique et militaire.

En outre, le projet d'union des marchés des capitaux pèche par naïveté. Une culture des marchés financiers ne se décrète pas. L'Europe diffère des États-Unis, compte tenu de l'inachèvement du marché unique et de la taille bien plus modeste de ses entreprises, comme nous l'avons déjà évoqué. Celle-ci leur barre, en effet, l'accès aux marchés financiers, faute notamment d'information fiable sur elles. Le renforcement de la finance des marchés prendra du temps, car il suppose la réalisation complète du marché intérieur et une évolution des mentalités.

Pour un système financier multipolaire

Il est plus avisé de développer un système financier multipolaire, plus large que le binôme banques-marchés financiers. Sont donc aussi à promouvoir l'autofinancement (qui devrait être facilité par l'approfondissement du marché intérieur prôné)[505], l'industrie des fonds, les assurances et fonds de pension.

L'industrie des fonds est le plus grand succès de la politique européenne des services financiers, parce que constituant une voie médiane entre la banque et les marchés financiers. Elle est donc plus en phase avec l'état actuel du marché unique et la mentalité des investisseurs européens[506]. Son potentiel n'est pas épuisé. Notamment, on pourrait envisager des fonds labellisés en RDI ainsi qu'en faveur d'une agriculture plus écoresponsable.

---

505 V. *supra*, Titre I, Ch. I, A.

506 Un fonds dit « ouvert » a l'obligation de rembourser ses parts à l'investisseur désireux d'en sortir, un peu à l'instar d'une banque, même si évidemment la valeur des parts peut fluctuer. Ensuite, la société de gestion du fonds fait le travail de sélection des investissements et décharge l'investisseur de ce travail, se comportant comme un intermédiaire financier. Enfin, les fonds sont généralement distribués par des banques pour lesquelles ils constituent des produits commodes, car, par la diversification qu'ils garantissent, ils sont considérés comme moins complexes et plus faciles à évaluer et à recommander que des investissements directs dans une société.

Les assurances captent une part non négligeable de l'épargne privée. Avec le (malheureux) vieillissement de la population européenne, leur importance devrait subsister, voire croître. Il serait bon de leur permettre davantage d'investir en capital-risque. Les fonds de pension ont un rôle fondamental à jouer dans les États membres dont les régimes de pension sont insuffisants. Ils sont utiles partout par le complément de pension qu'ils permettent, par le lien de solidarité qu'ils préservent entre les pensionnés et l'état de l'économie, à la hausse comme à la baisse, à la différence d'un régime des pensions de pure répartition, de même que pour les investissements à très long terme.

Il faudra aussi veiller à soigner la capacité du secteur financier européen à attirer l'argent du reste du monde.

Pour un système financier innovant et davantage d'éducation financière

Il conviendra aussi de travailler sur les éléments manquants à notre système financier pour évoluer vers une économie plus innovante, réindustrialisée et écoresponsable. Se pose la question de la gamme des services bancaires et financiers à offrir et des expertises nécessaires pour les fournir. Davantage d'importance doit aussi être donnée à l'innovation financière.

Corrélativement, plutôt que d'être exclus des investissements les plus lucratifs, les Européens, en ce compris les clients de détail, doivent y être préparés, par le biais d'une éducation financière. Celle-ci contribuera aussi au succès de l'union des marchés des capitaux à plus long terme. À nouveau, l'éducation. Soulignons que, dans ce domaine, elle contribue à l'égalité des chances, à une société ouverte où, quelle que soit son origine sociale, on a réellement la possibilité de s'élever financièrement.

(iv) Mobilité des personnes et développement du capital humain

La mobilité, la formation et le développement du capital humain sont également des facteurs essentiels de croissance durable, notamment dans une société faisant plus de place au progrès technique et à la réindustrialisation.

Initiatives en faveur de la mobilité

Si des initiatives très positives telles qu'Erasmus ou EURES, le portail méconnu d'offres d'emplois européen, sont à saluer, elles doivent être amplifiées. La mobilité des personnes est une solution au chômage national et une voie vers une vie plus gratifiante. On peut songer à faciliter l'expatriation, obliger à donner suite à des offres d'emploi dans les régions limitrophes, à favoriser la rencontre des offres et demandes d'emploi de toute l'Europe, *via* des applications, de meilleures interconnexions entre les offices nationaux, etc.

Formation et développement du capital humain

L'UE peut contribuer à résorber le retard de formation, notamment continue, pour s'adapter aux technologies modernes.

Le chantier du capital humain est fondamental, notamment afin d'augmenter l'employabilité de la population et la productivité du travail. Il y a tant d'évolutions dans les domaines techniques, mais aussi dans ceux des *soft skills* et du développement humain. La promotion de l'enseignement de la musique et des arts visuels, une éducation visant à faire éclore la confiance en soi (approche finlandaise), etc., seraient des ferments de progrès.

Plus largement, des initiatives de l'UE en matière de formation et de développement humain sont de nature à faire grandir les résidents UE et à leur permettre de mieux exploiter leurs talents. À nouveau, le facteur éducationnel.

Vers une meilleure combinaison vie familiale-vie professionnelle

Une priorité en développement humain devrait être l'objectif 2 + 3. Aujourd'hui, il reste dur pour un couple de mener deux carrières et d'éduquer plusieurs enfants. C'est une entrave au développement personnel, notamment des femmes qui aspirent à des vies privée et professionnelle épanouissantes. Voilà un potentiel de bonheur, d'activité, d'emplois à faire émerger. Ne parlons pas de sa contribution à la démographie, dont l'évolution est inquiétante en Europe avec 1,5 enfant par femme alors que le taux de fécondité requis pour le maintien de la population est de 2,1.

L'Europe doit s'engager résolument dans ce chantier porteur à tous niveaux. D'une pierre, il y aura moyen de faire trois à quatre coups.

(v) Transports

L'Europe doit tirer profit de sa situation de microcontinent et de grand marché ramassé. Cette compacité lui permet de produire et de faire circuler les biens et les services de manière fluide avec moins d'énergie (taux d'intensité énergétique) et en polluant moins. Cet atout majeur reste toutefois largement sous-exploité.

Le réseau transeuropéen des transports doit donc être achevé en priorité et il faudra peut-être l'agrandir.

L'émiettement des compétences en la matière entre les États membres pose problème. Le fret ferroviaire perd du terrain par rapport au fret routier en dépit de toutes les déclarations solennelles en faveur du premier : le train entre deux capitales européennes que sont Bruxelles et Luxembourg est aujourd'hui plus lent qu'il y a 30 ans ! Un aménagement du territoire européen parallèlement aux compétences légitimes des États membres en la matière n'est-il pas requis ? Un projet tel que le canal Rhin-Rhône n'est peut-être pas rationnel économiquement dans un cadre purement hexagonal, mais bien à l'échelle de l'UE. L'Europe elle-même doit grandir dans ce domaine, comme en matière de recherche.

La dimension environnementale doit être dûment intégrée, compte tenu de la contribution des transports aux émissions de gaz à effet de serre (environ 20 %). À côté de la promotion des technologies permettant d'épargner des déplacements physiques ou de les rationaliser (5G, digitalisation, techniques de communication à distance, *smart cities*, etc.), nos infrastructures et moyens de transport doivent donc être rendus plus propres. À cet égard, l'avenir appartient probablement à la complémentarité des modes de transport, avec l'accent sur ceux qui seront les plus écoresponsables (ex. : train-route, train-bateau, autoroutes ferroviaires). Dans l'état actuel des choses, le maritime/fluvial et le ferroviaire doivent être utilisés davantage.

Pas d'*a priori* dogmatique ni d'exclusive toutefois. Le principe de neutralité technologique, autre ligne de force de cet essai, est important. Le routier et l'aérien ont leur utilité et pourraient surprendre positivement. L'interdiction de principe du moteur thermique envisagée à l'horizon 2035 était inopportune à cet égard, les progrès techniques susceptibles d'intervenir d'ici là pouvant en faire une alternative aux voitures électriques (songeons aux biocarburants : ce n'est pas le moteur thermique qui pollue, mais certains carburants !). L'Europe doit fixer des objectifs uniquement et ne pas décréter les manières d'y parvenir. Laissons chercheurs et entrepreneurs dégager les solutions gagnantes.

(vi) Politique des énergies

L'Europe doit assurer davantage son autonomie énergétique, diversifier et sécuriser ses approvisionnements externes, disposer de suffisamment d'énergie à un coût faible tout en intégrant les exigences environnementales. Réalisons-nous à quel point nos entreprises paient l'énergie davantage que leurs concurrentes américaines ?

Comme en matière de transports, une approche non dogmatique, pragmatique et éclectique doit prévaloir. Au moins dans la phase de transition énergétique, autant ne pas se fermer de portes, être diversifié. La réalité sera le banc d'essai. Émergeront la ou les énergies qui permettent d'atteindre le mieux les objectifs énoncés ci-dessus. Nous ne pourrons pas faire l'économie de débats sur le nucléaire dans l'intervalle.

L'accent doit être mis aussi sur le stockage, l'interconnexion, la distribution, la sobriété (et donc l'information, la sensibilisation, voire l'éducation, à nouveau) et l'efficience afin de réduire autant que possible les déperditions et gaspillages d'énergie.

Deux indices clés au moins devraient recevoir plus d'attention : le taux de dépendance énergétique, spécialement vis-à-vis des pays tiers, et celui de productivité ou d'intensité énergétique, qui mesure la quantité et le coût d'énergie requise pour produire de la valeur ajoutée. Il est vital d'abaisser le premier, sachant que notre approvisionnement est beaucoup plus dépendant de l'extérieur que les États-Unis. En revanche, notre productivité énergétique est 33 % meilleure que celle des Américains. Au vu de la compacité de notre territoire et de notre sensibilité aiguisée pour les questions environnementales, nous pouvons encore sensiblement l'améliorer.

Comme dans les domaines de la recherche des transports notamment, l'Europe des énergies doit encore être réalisée. On ne pense pas encore assez européen dans ces secteurs. L'Europe doit être plus qu'une juxtaposition de réseaux nationaux et disposer de son aménagement rationnel propre dans ce domaine. Elle aussi doit pouvoir grandir.

Méthodes et instruments à privilégier pour l'établissement d'un cadre porteur

Pour « viabiliser » le grand marché notamment dans ces six domaines, les spécificités de l'UE (budget, compétences, pouvoirs et administration limités, horizon à plus long terme que les gouvernements nationaux) militent pour donner la préférence à certaines approches, généralement distinctes de celles utilisées par les États. Celles-ci peuvent être préconisées dans d'autres champs d'action de l'UE.

(i) Une politique structurelle/moderne de l'offre

L'UE doit privilégier l'élaboration d'un cadre de qualité, améliorer les conditions générales de l'activité économique. Elle ne doit se substituer ni aux acteurs économiques ni à la population, ni les déresponsabiliser, mais faciliter leurs initiatives, voire contribuer à en amplifier les effets. Elle ne doit pas porter atteinte au mécanisme de l'offre et de la demande. L'UE doit être un adjuvant, un rehausseur à l'économie de marché, aux entreprises, aux personnes, en ce compris en tant qu'utilisateurs ou consommateurs. Elle doit faire grandir ces catégories d'acteurs. En un mot, elle doit développer une politique structurelle/moderne de l'offre, en s'attaquant d'abord aux facteurs manquants. Soulignons que l'amélioration durable du pouvoir d'achat n'est pas oubliée dans une telle approche. Les États membres doivent s'inspirer de celle-ci lorsqu'ils agissent dans les domaines relevant de la construction européenne.

(ii) Une recherche systématique de valeur ajoutée

Le principe de subsidiarité devrait faire l'objet d'une appréciation plus exigeante. Indépendamment de l'insuffisance des réponses nationales, une initiative européenne doit apporter une plus-value significative propre, notamment en termes économiques. On peut songer à l'exigence d'un coefficient multiplicateur ou au moins à l'évaluation systématique de la contribution à la prospérité des initiatives envisagées.

Combiné au respect du principe d'une économie ouverte où la concurrence est libre, le principe de subsidiarité ainsi renforcé aboutirait à ce que, lorsqu'elle est compétente, l'UE devrait faire la quadruple preuve

(i) d'une défaillance du marché, (ii) de l'insuffisance d'une action des États membres et (iii) de la plus-value intrinsèque et substantielle et (iv) de la proportionnalité de son intervention. Les institutions et organismes européens doivent être plus exigeants vis-à-vis d'eux à cet égard. L'UE doit grandir elle-même.

Cela est crucial, car aujourd'hui, la prospérité doit pouvoir financer une société non seulement inclusive, mais aussi écoresponsable et militairement vigoureuse.

(iii) Vers un triangle vertueux de l'économie sociale de marché écoresponsable

À cet égard, plus le cadre sera économiquement porteur, plus les objectifs sociaux et environnementaux pourront être ambitieux. Il sera alors possible pour les entreprises de supporter des standards soci(ét)aux et environnementaux plus exigeants. Loin d'entraîner un *dumping* social ou environnemental – une autre idée reçue –, un grand marché efficient permet une élévation des exigences qualitatives (protection des consommateurs, de la santé, de l'environnement, etc.). Songeons à la sécurité des produits, notamment des jouets, à l'interdiction du *roaming*, à la garantie des dépôts bancaires à concurrence de 100 000 euros par épargnant, aux exigences en matière de composition chimique des biens (REACH).

(iv) Vers l'élaboration de davantage de standards

Les produits et services européens peuvent devenir des standards internationaux. Nous ne réalisons pas à quel point certaines « appellations d'origine Europe » de nos biens et services ont du prestige dans le monde entier, par la force combinée de la qualité des produits et du cadre juridique élaboré (à nouveau une synergie du marché et de l'autorité publique). Une sorte de *soft power*. Bien plus positif que des *diktats* extraterritoriaux de certains États tiers. Les institutions européennes pourraient élaborer plus souvent des cadres tels que les OPCVM[507], REACH[508], la TVA[509] et le RGPD[510].

Un marché unique amélioré : plus-value chiffrée

Un grand marché amélioré de la sorte, couplé à une politique de concurrence éprouvée mais toujours perfectible et à une politique commerciale avisée (recherche d'accords de libre-échange avec des pays tiers socialement compatibles avec le modèle européen, sauvegarde des échanges internationaux, l'Europe des Vingt-Sept étant un exportateur net de biens et services), devrait générer des gains de croissance appréciables.

Au vu des différentes études dans le domaine, *les propositions développées ci-dessus sont, dans une approche conservatrice, de nature à générer un surcroît de croissance de 7 % du PIB au moins.*

L'idée n'est pas d'augmenter la prospérité pour consommer plus et davantage épuiser notre environnement. Au contraire, je suis partisan d'une croissance durable plus qualitative et efficiente[511]. Simplement, la bonne santé économique de l'Europe est essentielle au succès de la transition écologique (plus de 1,5 % du PIB annuel des Vingt-Sept), pour une société plus juste socialement (plus de 20 % de la population est menacée par la pauvreté), la transition agricole, l'effort de défense (2 % du PIB), la résorption de notre retard technologique (4 à 5 % du PIB au moins pendant les prochaines années au lieu des 2 % actuels), l'achèvement du réseau européen de transports, le développement

507 Organismes de placement collectif en valeurs mobilières.

508 Registration, Evaluation, Authorisation and Restriction of Chemicals. Règlement européen concernant l'enregistrement, l'évaluation et l'autorisation des substances chimiques, ainsi que les restrictions applicables à ces substances.

509 Taxe sur la valeur ajoutée.

510 Règlement général sur la protection des données.

511 Sur la croissance qualitative, v. Piccard, *op. cit.*, pp. 83-103.

des interconnexions énergétiques, davantage de solidarité vis-à-vis des pays en voie de développement (0,7 % du PIB au lieu de 0,47 %) sachant que, pour une série d'États membres, il y a le poids de la dette et du déficit.

B. L'UE : un *booster* en devenir de la gestion publique

Un autre pan de nos sociétés que l'Europe peut bonifier est plus inattendu : le secteur public. Dans la mesure où celui-ci représente en moyenne la moitié du PIB des Vingt-Sept aujourd'hui, toute amélioration, même modérée, de ses performances au sens large (celles-ci ne sont pas seulement d'ordre économique) aura un effet considérable sur le bien-être et la prospérité de la population. Réciproquement, si le secteur public reste à la traîne, il contrariera et réduira d'autant les progrès des entreprises et des citoyens.

La construction européenne contient plusieurs ferments de progrès de la gestion publique. Il est temps de les faire germer. L'UE peut aussi être un levier pour une modernisation de l'action publique, pour en faire un moteur efficace et complémentaire du grand marché intérieur.

Source d'espoir, les États membres devraient être plus réceptifs à ces idées aujourd'hui. Compte tenu de la décrue du chômage dans l'UE, ils ne sont plus dans la nécessité d'entretenir des « emplois fictifs ». Par ailleurs, au vu de l'ampleur des défis rappelés ci-dessus, le secteur public doit faire, lui aussi, des gains de productivité.

Un grand chantier, extrêmement stimulant et valorisant, se présente donc aux États membres et à l'UE : l'union des secteurs publics. Comment élever le niveau moyen de la gestion publique dans l'UE ? À cet égard, l'UE peut jouer divers rôles.

(i) Garantie des grands équilibres

La soutenabilité des finances publiques

D'abord, l'UE peut être une garante des grands équilibres budgétaires, à travers différents canaux (les règles de 3 et 60 %, le semestre européen, le contrôle des aides d'État et des services économiques d'intérêt général, etc.).

Contrairement à une opinion répandue, la salubrité des finances publiques est en progrès en Europe. Par exemple, pour la première fois, aucun État membre de la zone euro n'était en déficit excessif en 2019. La dette publique avait diminué dans l'UE de 5 % en moyenne en 6-7 ans, ce qui a permis de mieux affronter la pandémie et la guerre en Ukraine. Entre 2021 et 2022, la dette publique grecque est passée de 195 à 171 % et continue de dégonfler[512].

Il serait bon que les derniers États membres rétifs à l'équilibre budgétaire améliorent leur gestion. Leur comportement affaiblit voire mine l'UE-27, spécialement en période de remontée des taux d'intérêt et à l'heure où tant de défis requièrent des marges de manœuvre financière des pouvoirs publics.

L'effectivité des règles d'équilibre financier doit être renforcée de même que les sanctions (perte de l'accès aux fonds structurels, de l'éligibilité à des programmes européens ?). Un contrôle plus strict des règles en matière d'aides d'État et de services d'intérêt économique général (SIEG), voire un durcissement des règles en la matière (exigence d'efficacité), est également de nature à réduire les déficits publics. Pour donner un ordre de grandeur, les SIEG représentent 6 % du PIB des Vingt-Sept. Sur la base de ma pratique, je peux attester qu'une bonne application des règles européennes permet d'en réduire le coût de 20 % sans porter atteinte à la générosité ni à la qualité des services publics offerts à la population.

512 À la fin du premier trimestre 2023 : 168 %.

Des finances publiques soutenables permettent mieux aux États membres d'affronter des difficultés imprévues, de mener des politiques d'intérêt général plutôt que d'assurer le service de la dette, de mener à bon escient des politiques contracycliques, d'être plus généreux vis-à-vis des pays pauvres de la planète, de laisser davantage d'épargne à la disposition des entrepreneurs privés. Du coup, elles riment souvent avec une économie dynamique, davantage d'innovations et de productivité, moins de chômage.

La stabilité des prix

Le deuxième grand équilibre à préserver est celui de la stabilité des prix, qui est le mandat premier de la Banque centrale européenne. C'est un moyen de protéger le pouvoir d'achat de la population et de donner la sécurité nécessaire aux investissements à long terme.

Depuis la crise de 2008, la Banque centrale européenne (BCE) a été trop incitée à privilégier une politique monétaire conjoncturelle de stimulation sous forme de taux d'intérêt excessivement bas (taux négatifs, qu'ils soient réels, voire nominaux), notamment pour ne pas trop renchérir le service de la dette des États membres surendettés. Il en a découlé un appauvrissement des retraités, le faussement du marché obligataire, le maintien en vie d'entreprises zombies (ce qui plombe la productivité européenne), trop peu d'investissements productifs à long terme. Alors que la zone euro est libérée des risques de changes, sa performance économique est moins bonne que celle des autres États membres de l'UE !

La BCE doit mettre la pédale douce sur les mesures conjoncturelles, par définition temporaires et exceptionnelles, veiller à moins fausser le jeu de l'offre et de la demande dans une série de segments du marché des capitaux.

Le monitoring *d'équilibres macroéconomiques, sociaux et environnementaux*

L'Europe peut également *monitorer* certains équilibres macroéconomiques, sociaux et environnementaux fondamentaux. Elle dispose à cet égard du semestre européen, procédure annuelle d'examen des projets des budgets nationaux, de comités nationaux mis en place dans ce cadre, tels que celui de la productivité, du mécanisme de surveillance multilatérale. Des critères aussi essentiels pour la prospérité et la paix sociale que le niveau des investissements en RDI, le taux de chômage, l'évolution de la productivité, etc., sont examinés régulièrement dans ces cadres.

(ii) Vers une action publique plus volontariste et plus efficace

Au-delà des équilibres (i) : contribution à une approche plus volontariste

L'UE peut aussi améliorer et dynamiser certaines politiques.

Un premier outil, qui pourrait être très fécond, est le semestre européen dans le cadre duquel la Commission européenne et le Conseil examinent les projets de budget des États membres. Ceux-ci restent responsables de leur budget national, dans le respect de leurs compétences, de leurs diversités et de leurs préférences politiques ; ils sont toutefois invités à remettre le travail sur le métier, à intégrer certaines priorités d'intérêt général communes.

Un premier succès est la promotion systématique d'une politique active de l'emploi par les États membres. Trop peu souligné, le résultat a été spectaculaire : une diminution de chômage de 45 % entre 2013 et 2019 (de 12 à 6,2 %) et de près de 50 % fin 2022, malgré la pandémie et la guerre en Ukraine ! La productivité, élément clé à la fois de notre prospérité, de la paix sociale et de la qualité de vie, est sous observation depuis 2016. L'éco-responsabilité des budgets publics est appelée à prendre une place croissante.

Dans les circonstances actuelles, il serait bon de notamment faire plus de place dans le semestre européen à une série de paramètres clés en matière énergétique et à la vitalité de l'économie européenne en matière de brevets et de RDI.

Le droit des aides d'État est de nature à améliorer l'intervention des États dans l'économie. D'abord, il les incite à privilégier les mesures de portée générale afin de créer un biotope favorable pour les entreprises actives sur leur territoire, sans discrimination (on en revient à une politique structurelle/moderne de l'offre). Ensuite, lorsqu'ils interviennent vis-à-vis d'entreprises ou de secteurs économiques particuliers, il les amène à être attentifs à la rentabilité des projets qu'ils envisagent de soutenir. Enfin, l'intervention en faveur de projets non rentables est enserrée dans une série de conditions.

La contribution du *contrôle des aides d'État* à la qualité de l'action publique pourrait encore être améliorée, par exemple par des exigences renforcées de retombées positives des aides (exigence d'un coefficient multiplicateur ?).

Au-delà des équilibres (ii) : une amélioration structurelle de la gestion publique

Les divers instruments mis en place (semestre européen, pacte de stabilité, grandes orientations de politique économique, contrôle des aides d'État et des SIEG, etc.) pourraient déboucher sur davantage d'ambitions dans la gestion publique et sur une vision renouvelée de l'action publique économique.

Songeons notamment à :

(i) la généralisation des meilleures pratiques budgétaires nationales (techniques de confection et d'exécution du budget) ;

(ii) l'interdiction du financement des services publics et du régime des pensions par l'endettement (ce n'est pas aux générations futures à payer ces dépenses courantes) ;

(iii) la mesure de la productivité de l'action publique (courbe de BARS) et des investissements publics (exigence d'un coefficient multiplicateur ?) ;

(iv) la taille et la composition des dépenses publiques ;

(v) l'introduction éventuelle d'une dose de concurrence dans certains systèmes de services publics (santé, éducation, etc.) ;

(vi) au contrôle du pourcentage de postes d'encadrement ;

(vii) aux conditions mises à l'embauche de nouveaux fonctionnaires, synonyme de création d'une dette perpétuelle supplémentaire, etc.

À propos de la composition du budget (ci-dessus sous iv) se pose la question de la place, à côté des dépenses de transfert et de redistribution (allocations, sécurité sociale, politique de santé, etc.) des responsabilités régaliennes (sécurité intérieure, justice, défense, protection civile, etc.), de la protection de l'écosystème, de l'État stratège et des investissements. La social-démocratie est précieuse. Elle ne doit toutefois ni faire oublier les autres responsabilités des pouvoirs publics ni endormir. La capacité d'investissement, d'innovation, d'adaptation et de réponse aux défis actuels et futurs des États membres ne doit pas être compromise.

Une (viii) coopération (échange de meilleures pratiques…), voire une coordination dans la gestion des dettes publiques respectives des

États membres, pourrait être envisagée également. La responsabilité, notamment financière, est essentielle dans la construction européenne et vaut tant pour l'UE (qui ne peut avoir de dettes), les États membres (seule la population d'un État membre est responsable des décisions de ses politiques qu'elle a choisis) que les entreprises. Des mécanismes de solidarité temporaires et conditionnels entre États membres sont toutefois concevables tant qu'ils ne déresponsabilisent pas ceux qui en bénéficient, qu'ils apportent de la valeur ajoutée à l'ensemble et qu'ils ne préjudicient pas (excessivement) les autres États membres et l'UE.

On peut songer à une « mutualisation » partielle et fonctionnelle de la dette des États membres qui montrent des progrès dans leur gestion par un système de refinancement collectif… tant que ces progrès subsistent.

Pour un meilleur respect du principe d'une économie de marché

L'Europe gagnerait à une plus grande effectivité du principe d'une économie de marché où la concurrence est libre et les ressources peuvent être affectées de manière efficace. *Au niveau européen*, ce principe conduit à subordonner le déclenchement d'une intervention de l'UE au constat d'une défaillance de marché.

Mais ce principe s'impose aussi *aux États membres* lorsqu'ils agissent dans des domaines intéressant la construction communautaire. Son plus grand respect devrait déboucher sur une action publique mûrie, plus proportionnée, s'appuyant davantage sur les forces vives de l'économie et de la société, moins onéreuse pour les finances publiques et moins contreproductive.

La société européenne gagnerait à ce que les États membres ne réglementent qu'en cas de nécessité et privilégient l'élaboration de cadres généraux porteurs, susceptibles d'augmenter les initiatives et la productivité, sans fausser la concurrence. Il « suffirait » que la Cour de justice de l'Union européenne donne à ce principe la portée qu'il mérite.

Loin d'empêcher les interventions publiques, le principe du respect d'une économie de marché ouverte permettrait de distinguer plus aisément les bonnes des mauvaises et de tendre à une plus grande granularité dans les politiques publiques.

UE : une occasion de renouveler l'interaction privé-public

Dans un ordre d'idées proche, un autre axe de progrès est la promotion par l'UE de meilleures synergies entre le marché et l'action publique. Elle peut aider à transcender l'opposition traditionnelle et, à mon avis, datée, entre l'initiative privée et l'interventionnisme public. L'action économique publique peut être un moteur supplémentaire pour autant qu'il complète le marché et interagisse positivement avec lui.

Quelques synergies privé-public

Plusieurs types de synergies entre les secteurs public et privé ont été évoqués :

- les standards réglementaires qui apportent un label de qualité supplémentaire aux produits et services européens et facilitent leur exportation dans le reste du monde (OPCVM...) ;
- une politique industrielle moderne ;
- les investissements publics d'amorce (plan Juncker, InvestEU, etc.) ou d'appoint (BEI, FEI) ;
- le développement d'expertises publiques que le marché ne génère pas et qui contribuent à un meilleur fonctionnement de

celui-ci (portail EURES, réduction de l'asymétrie d'informations entre les PME en demande de financement et les investisseurs *via* le FEI, etc.).

Un point commun entre ces réalisations est que la sphère publique apporte une contribution que, pour diverses raisons, le marché ne peut fournir.

Valeur ajoutée des techniques financières pour la poursuite d'intérêts généraux

La BEI, la banque de développement de l'UE détenue par les États membres, est capable de lever chaque année à travers le monde 60 milliards d'euros qu'elle met à la disposition de l'économie européenne, publique et privée, sous forme de prêts et de garanties. Aujourd'hui, les financements en cours de la BEI s'élèvent à 550 milliards d'euros, soit plus de 3 % du PIB des Vingt-Sept, entre 3 à 4 fois le budget annuel de l'UE !

La BEI finance l'économie européenne sans fausser la concurrence, intervenant en dernier ressort, en appui du secteur bancaire classique, lorsque celui-ci ne veut pas prêter l'intégralité de la somme (défaillance du marché). Sans s'exposer indûment, puisqu'elle investit à hauteur maximale de 20 % et uniquement dans des projets viables. Bel exemple de complémentarité de l'action publique avec l'économie de marché. Beau succès également de la responsabilisation financière, la BEI devant être à l'équilibre financier, sans budget public.

Le FEI, qui prend des participations dans les PME et leur fournit des garanties, gère par ailleurs 100 milliards d'euros confiés par des tiers, généralement des collectivités publiques. Une nouvelle fois, sur la base de son efficacité.

Les succès de la BEI et du FEI amènent à se demander si, plutôt que d'accroître le budget communautaire et de poursuivre une politique de subventionnement classique, il ne serait pas plus approprié d'augmenter leur capital. L'effet multiplicateur (à nouveau cette notion) de leurs interventions est, en effet, nettement supérieur.

Plus généralement, la BEI et le FEI conduisent à s'interroger sur les techniques (notamment financières) les plus aptes à atteindre des objectifs européens d'intérêt général. Leurs succès militent pour des adaptations de *la politique de cohésion économique, sociale et territoriale.* Celle-ci doit être davantage une politique de développement et moins de transferts. Depuis quelques années, les fonds structurels commencent à utiliser des prêts ou des prises de participation par rapport à des subsides avec l'avantage que les premiers ne sont pas versés à fonds perdu. Cette tendance doit être amplifiée.

Il est intéressant que la politique d'aide au développement de l'UE s'ouvre aussi à de telles techniques financières afin d'améliorer son efficacité.

Les garanties publiques sont aussi une voie à exploiter pour faciliter le basculement vers une économie écoresponsable : sans le coup de pouce des pouvoirs publics, une série d'opérateurs économiques, même publics, seront réticents à s'engager à long terme (20, 30, 40, 50 ans) dans une transition délicate.

Les États membres seraient avisés de s'inspirer aussi de ces exemples européens.

Amélioration de l'action publique dans l'UE : projection chiffrée

Toujours dans une approche conservatrice, l'union des secteurs publics pourrait augmenter de 3,5 % le PIB de l'UE-27 et, combinée à l'achèvement et au perfectionnement du marché intérieur, aboutir à une augmentation de 10,5 % du PIB.

C. Priorité aux investissements

Pour sauvegarder la société européenne, relever les défis qui la cernent et la relancer durablement, il ne suffit pas d'améliorer le marché intérieur et l'efficacité globale de l'action publique. Il est nécessaire de se projeter plus dans l'avenir, d'investir davantage.

À cet égard, l'UE présente un avantage substantiel. Ses frais de fonctionnement sont réduits (bien plus que ceux des États membres, contrairement à une autre idée reçue). Le budget européen au sens strict (170 milliards d'euros, soit un peu plus de 1 % du PIB des Vingt-Sept) peut donc être affecté d'abord à des investissements productifs afin de préserver la croissance et la prospérité de demain. Ajoutons-y la force de frappe de la BEI et du FEI, évoquée ci-dessus.

Des domaines prioritaires pourraient être certains de ceux mentionnés ci-dessus, à savoir la RDI, les technologies de l'avenir, les transports, l'énergie, la défense, la gestion des ressources, avec le souci croissant d'une économie plus respectueuse de l'environnement (efficacité énergétique, souci d'efficience, économie circulaire). Peut-être aura-t-il lieu de réduire la part de la politique agricole commune dans le budget communautaire, qui en consomme encore un tiers.

Une politique structurelle/moderne de l'offre visera aussi à favoriser les investissements privés, notamment à partir d'amorces publiques. Le cas emblématique est celui du plan Juncker où, avec 21 « petits » milliards d'euros du budget européen, dont 16 milliards sous forme de garantie, plus de 500 milliards d'euros d'investissement ont été catalysés.

Un maître-mot sera la synergie entre les investissements privés et les interventions publiques, la complémentarité de ces dernières et leur stricte proportion à la défaillance constatée du marché, une idée déjà évoquée à propos de l'action publique en général.

Davantage de place doit être donnée aussi à l'innovation financière afin de faciliter des investissements. Par exemple, la conception de cadres et de véhicules d'investissement privés bénéficiant d'un régime favorable pour autant qu'ils poursuivent une politique à long terme, voire des objectifs européens (notamment l'effort en RDI, et à plus forte raison en RDI écoresponsable), est une voie à approfondir.

Objectifs chiffrés

Dans une approche prudente, les investissements préconisés devraient générer une augmentation du PIB de l'UE-27 de 2 % au moins.

Avec une manne de 12,5 % de PIB en plus chaque année (7 % au titre du perfectionnement du marché intérieur, 3,5 % de l'amélioration de l'action publique, 2 % des investissements), les États membres et l'UE devraient être en mesure d'attaquer les chantiers de l'Europe sociale, l'écoresponsabilité, la défense commune, ainsi que l'évoque la figure 33.

Figure 33.

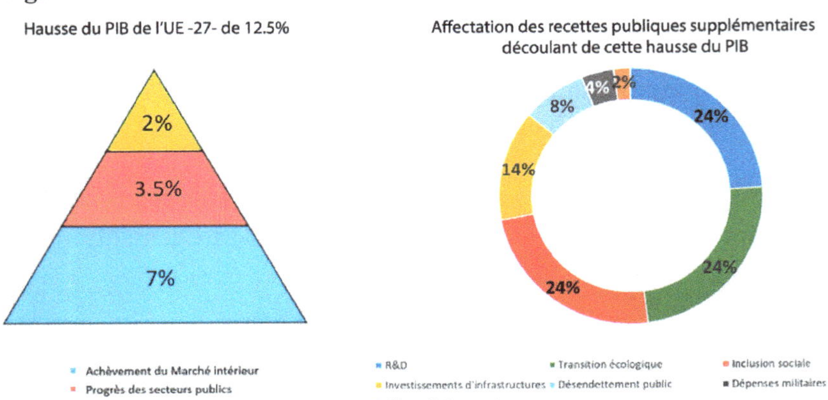

Au vu d'autres projections plus optimistes et moins étayées par des propositions concrètes, l'estimation de cette manne est prudente. Par exemple, le Parlement européen a chiffré le coût de la non-Europe entre 2019 et 2024 à plus de 2 200 milliards d'euros par an, évaluant donc la marge de progression à plus de 15 %.

D. Pour une société plus inclusive

Contribution d'une politique structurelle tous azimuts à la justice sociale

Les propositions avancées ci-dessus devraient déboucher sur (i) davantage d'emplois (ii) mieux payés. La population pourrait aussi (iii) être moins imposée, compte tenu des progrès dans la gestion publique et du meilleur taux d'emploi qui réduirait les coûts de la sécurité sociale. Le pouvoir d'achat devrait (iv) être encore accru avec la politique de concurrence et une politique monétaire plus centrée sur la stabilité des prix. Enfin (v), davantage de services publics de qualité devraient être fournis à prix constant, voire dégressif.

En cas d'insuffisance de la politique structurelle, une approche plus volontariste

Si la politique structurelle esquissée ci-dessus ne suffit pas à garantir un niveau plus élevé de justice sociale, des mesures plus volontaristes et invasives devront être envisagées, au moins dans un premier temps, compte tenu notamment du délai requis pour qu'une politique structurelle/moderne de l'offre produise ses fruits. On peut songer à un salaire horaire minimal en fonction de la productivité du travail dans l'État membre concerné, à un impôt sur le patrimoine. Il y aurait aussi une logique à ce que celles parmi les entreprises qui reçoivent de l'UE un terrain de jeux effectivement plus vaste et meilleur assument davantage de responsabilités sociales.

E. Le défi environnemental : fondamental mais pas le plus ardu pour l'Europe

Le défi environnemental est, toutes proportions gardées, plus abordable pour l'Europe que pour d'autres régions du monde. En effet, comme nous l'avons déjà évoqué, elle peut compter sur un atout considérable, sa compacité : elle constitue le plus grand marché du monde sur le territoire le plus ramassé, comparativement parlant. Notre productivité énergétique est un tiers meilleure que celle des États-Unis. En outre, nous pouvons l'améliorer substantiellement, notre population étant réceptive à la question environnementale. Cela étant, la modicité du territoire européen requiert un écosystème en meilleure santé.

Le travail sur les fondamentaux préconisé ci-dessus devrait aboutir à des progrès techniques, à un meilleur aménagement de notre espace commun, susceptibles d'améliorer le bilan écologique. Il permettra aussi de dégager les moyens financiers pour faire les investissements nécessaires au verdissement de l'économie et de la société. L'accent doit être plus mis sur la capacité de l'Europe à concevoir et produire des technologies écoresponsables et exportables dans le monde entier (plutôt que d'en être le seul utilisateur).

Cet effort doit être systématique dans les initiatives européennes comme dans l'action des États, des entreprises et des particuliers. Par exemple, les brevets et autres droits de propriété intellectuelle en relation avec des technologies propres devraient être soumis à des coûts d'enregistrement plus faibles et à une fiscalité plus attractive. Les aides à la RDI propre devraient bénéficier d'un régime plus libéral. *Idem* pour des fonds d'investissement labellisés en RDI propre. On peut penser aussi à une politique plus favorable d'amortissement en cas de remplacement d'une technologie polluante par un dispositif plus propre.

La somme des (petits) pas en matière énergétique et environnementale devrait payer. Ce chantier est propice aussi à la cohésion de la société européenne.

F. Démocratie et libertés : des actifs précieux à préserver et affermir

Notre régime de démocratie et de libertés est un joyau. Nous devons être intransigeants à sa défense sur le territoire européen, tant vis-à-vis des adversaires de l'intérieur que de l'extérieur. Non seulement c'est le fondement de la société européenne, mais aussi une force inouïe dans la poursuite des objectifs d'intérêt général évoqués ci-dessus.

L'UE est importante pour le maintien d'un régime d'État de droit, de séparation des pouvoirs, de libertés, de tolérance et de pluralisme, caractéristiques d'une société ouverte où chacun dispose des chances de se déployer et de grandir dans le respect des autres.

Finalement, n'est-ce pas le domaine dans lequel l'UE, pourtant taxée de ne pas être assez démocratique, a le mieux et le plus constamment réussi ? Érigée en réaction aux errements des démocraties allemande mais aussi française et italienne des années 1930 (les trois grands États parmi les membres fondateurs), elle aura contribué à la coexistence pacifique de groupes ethniques et linguistiques différents au sein des États membres, au renforcement des droits fondamentaux et de l'État de droit. Aujourd'hui, elle lutte pied à pied contre des glissements totalitaires dans des États membres à peine sortis de la dictature soviétique. Sans parler de son soutien à l'Ukraine.

Il faudra toutefois travailler à l'amélioration de nos démocraties. Nous ne devons pas être autosatisfaits. Des progrès sont envisageables dans ce domaine aussi.

L'Europe peut contribuer à ce chantier, peut faire grandir les démocraties. Celles-ci peuvent être approfondies notamment par une plus grande participation – pourvu qu'elle soit de qualité – de la population à la prise de décision.

Les citoyens doivent être aussi mieux éduqués pour lutter contre les entreprises de manipulation et de déstabilisation, par exemple *via* les médias sociaux, notamment celles ourdies par des pays tiers. La démocratie ne peut pas prendre pour acquis d'être le pire des systèmes à part tous les autres. Ces derniers se perfectionnent, éventuellement dans leur perversité.

Il importe également qu'à côté des sociétés politiques locales, régionales et nationales, une société politique se développe autour de l'UE. La vie politique européenne pourrait s'arrimer dans la vie des citoyens européens par divers canaux (médias proprement européens, tableaux de bord, implication des citoyens dans certaines politiques européennes telles que le verdissement de l'économie, applications permettant de surmonter l'obstacle linguistique, éducation, etc.). Cette participation, en retour, devrait constituer un aiguillon supplémentaire à l'efficacité de l'action européenne, par le contrôle accru qu'elle susciterait.

G. Politiques étrangères

Raffermie sur ses bases économiques, sociales et démocratiques, l'Europe pourra relever aussi le défi de sa défense commune, dans le cadre plus large de l'OTAN. Notamment, les Vingt-Sept seront à même d'assumer le coût d'une plus grande contribution à leur défense.

L'UE pourra aussi se donner les moyens d'une politique étrangère sans prétention impérialiste, à commencer par ses relations avec ses pourtours immédiats pour lesquels elle sera un pôle de stabilité et de développement. Plus largement, elle veillera au développement des échanges économiques internationaux et au recul de la pauvreté dans le monde.

H. L'Union européenne : un rehausseur et un levier

L'UE est un rehausseur de prospérité, d'ouverture, d'inclusivité, de libertés et d'État de droit. Le surcroît de richesses et de paix sociale qu'elle peut générer est aussi un levier pour un développement plus inclusif et écologique et une meilleure sécurité extérieure.

Ces objectifs, elle doit les poursuivre pour les populations et entreprises européennes ainsi que les États membres, qui les lui ont donnés et restent les maîtres de la construction avec leurs citoyens. Cela passe par une société et une économie ouvertes et libres, un cadre propice à l'activité, aux initiatives, aux innovations, au développement humain, la responsabilité de chacun et de chaque niveau de pouvoir, des mécanismes de solidarité conditionnés ; une UE qui s'affirme davantage dans certaines dimensions (aménagement du territoire, espaces de recherche, transports, énergie, voire éducation, etc.).

Tout cela, l'UE peut le faire pour l'essentiel dans le cadre juridique actuel, sans révision des traités, sans attribution de nouvelles compétences, sans moyens financiers nouveaux. Elle doit jouer de sa complémentarité avec les États membres. L'UE n'est ni un État ni un super-État, mais une organisation supranationale, à l'administration légère, peu coûteuse, déchargée de la gestion quotidienne, dédiée à la définition de cadres porteurs, soucieuse de la préservation et de l'amélioration des fondamentaux dans une série de domaines clés.

L'action de l'UE peut voire doit revêtir des formes différentes de celle des États membres. Elle dispose en effet d'atouts spécifiques (vision hélicoptère, possibilité de donner de grandes impulsions et de travailler à plus long terme, capacité de « catalysation » des investissements privés *via* ses bras financiers que sont la BEI et le FEI). Parallèlement, elle affiche des limites et faiblesses distinctes de ceux des États membres (budget limité, administration de conception, pas de pouvoir taxateur, impossibilité de contracter des dettes).

L'UE doit veiller à ce que chacune de ses initiatives apporte une valeur ajoutée significative dans la poursuite de ses objectifs. Ceci suppose un travail de fond, le développement progressif d'une expertise particulière et la recherche systématique de l'efficacité, la modération réglementaire et administrative.

La concentration sur ses compétences devrait améliorer ses relations avec les États membres, qui craignent – à tort – d'être déclassés et remplacés par elle. Une efficacité renforcée combinée à une meilleure communication sur ses réalisations devrait susciter un support plus franc des populations qui en tirent beaucoup de droits et d'intérêts.

Ainsi, les conditions de naissance et de développement d'une réelle société politique européenne, qui viendrait s'ajouter aux sociétés politiques nationales et non s'y substituer ou les menacer, et leur apporter un supplément de souffle, pourraient être réunies.

Un fil conducteur de cet essai est de chercher à tirer un maximum de l'UE-27, une collectivité riche en talents et diversités, y inclus la coexistence des secteurs privé et public, sur un territoire ramassé, d'en faire grandir les diverses composantes en les plaçant dans un contexte porteur. Ce, pour permettre, avec les marges générées, aux États de poursuivre des politiques d'intérêt général selon les préférences de leur population ainsi que de prendre le tournant d'une économie plus propre dans une société plus inclusive et plus sûre.

I. Objectifs à l'horizon 2030

Les perspectives dessinées ci-dessus devraient permettre à l'UE de parvenir, à l'horizon 2030, à au moins :

- augmenter le revenu moyen des travailleurs de 10 % et le PIB de 12,5 % ;
- diminuer le taux de chômage de 15 %, de pauvreté de 20 %, du risque d'exclusion sociale de 25 % ;
- améliorer notre productivité et notre efficacité énergétiques de 30 %.

Prospère, sereine, dynamique et alerte, l'Europe pourra également jouer un rôle de stabilisation et de contribution au développement des régions et des populations avoisinantes.

Au-delà de ces données chiffrées, il s'agit de faire grandir la population, les entreprises, les États membres et l'UE en vue d'une augmentation des possibles et de la qualité de vie[513]. Il s'agit de réinsuffler un dynamisme, du progrès, de l'espérance.

À ces fins, nous disposons d'un bel instrument. Appliquons-nous à bien en jouer et à en tirer les potentialités. Les défis d'aujourd'hui et de demain requièrent d'élever notre niveau à tous. À cet égard, nous pouvons être optimistes. Le Capitole n'est pas loin de la roche Tarpéienne, spécialement lorsque, comme l'Europe, la moitié ou les trois quarts du chemin ont été parcourus.

---

513 D'où le sous-titre de l'essai, *Une Europe qui nous fera grandir*, que m'a soufflé Isabelle Lebbe, *Investment Management Partner* à l'étude Arendt & Medernach et récente titulaire d'un Master en *Change Management* de l'Insead.

Annexe : Recommandations pratiques

1. Approfondissement et achèvement du marché intérieur. Priorité à des mesures radicales, à effet immédiat et peu coûteuses, telles que :
   - la reconnaissance mutuelle générale des biens et services produits légalement dans un État membre, qu'il y ait harmonisation européenne ou non ;
   - un socle minimal commun porteur pour les entreprises ;
   - une lutte beaucoup plus déterminée contre le protectionnisme (avec notamment un régime s'appliquant par défaut aux États membres n'ayant pas transposé les directives à temps) ;
   - la promotion d'applications linguistiques ;
   - des mesures de libéralisation.
2. Éducation des consommateurs, des épargnants et investisseurs, des travailleurs, plutôt que paternalisme, restrictions, interdictions, etc., afin de leur permettre de faire usage du marché unique à bon escient et d'être parties prenantes aux évolutions technologiques et économiques.
3. Modération normative adaptée à la taille moyenne modique des entreprises (5,6 employés par entreprise) ; amincissement réglementaire : « 3 à 5 *out* ; 1 *in* ».
4. Recentrage de l'UE sur ses métiers de base : priorité à la prospérité économique, à l'économie sociale de marché hautement compétitive et innovative.
5. Spirale positive entre ce pôle et les pôles sociaux et environnementaux, une mesure européenne devant générer de la plus-value dans ces trois domaines.
6. Davantage d'exigence de valeur ajoutée de toute intervention européenne (exigence de multiplicateur), notamment en matière de cohésion économique, sociale et territoriale.
7. Davantage de respect par l'UE et les États membres du principe d'une économie de marché ouverte où prévaut la libre concurrence afin d'assurer une affectation efficace des ressources.
8. Principes de neutralité technologique et énergétique.

9. Priorité aux garanties et aux investissements publics, plutôt qu'aux subventions, recherche de « catalysation » d'investissements privés.
10. Renforcement de la BEI et du FEI ou au moins de l'usage de leurs techniques de financement.
11. Création de fonds labellisés pour l'innovation (avec un régime plus favorable pour l'innovation propre) ainsi que pour le verdissement de l'agriculture.
12. La division par 10 du coût d'enregistrement des brevets et par 20 de celui des brevets dits « propres ».
13. Des investissements en RDI de 5 % du PIB des Vingt-Sept au lieu de 2 % pour résorber le retard en la matière – Des objectifs d'investissement en RDI contraignants pour les États membres, l'UE, la BEI et le FEI.
14. Promotion systématique des technologies propres (cf. brevets, mais aussi aides et véhicules collectifs d'investissement labellisés, règles d'amortissement plus favorables en cas de remplacement par des technologies plus propres).
15. Réduction du budget de la PAC au profit de davantage d'investissements porteurs.
16. Réindustrialisation propre et respectueuse de la concurrence.
17. Vers un système financier multipolaire (banques, marchés, fonds, fonds de pension, assurances, autofinancement) et pas seulement le binôme banques-marchés financiers, assaini, partiellement libéré et à nouveau innovant.
18. Investissement dans la formation permanente et l'adaptation au monde changeant.
19. Méthodologie rigoureuse de l'intervention publique, de l'initiative normative, afin de la limiter au nécessaire et garantir efficacité et efficience :
    - défaillance du marché ;
    - insuffisance de la solution nationale ;
    - plus-value européenne intrinsèque ;
    - travail sur les manquants privilégié ;
    - souci de l'effet multiplicateur de la mesure publique ;
    - interventionnisme public en dernière instance, conditionné, proportionné, temporaire, *monitoré*, réexaminé ;

- contribution à la prospérité économique essentielle, plus-value environnementale et inclusive à titre complémentaire, dans une dynamique positive
- *impact assessment* par des centres économiques indépendants ;
- exigence de concision ;
- recherche d'élaboration de standards ;
- évaluation *ex post*.

20. Pour un semestre européen et une surveillance multilatérale faisant davantage de place au *monitoring* de la productivité, de l'innovation et de certains paramètres énergétiques fondamentaux.

21. Pour une politique monétaire plus respectueuse de sa mission de stabilité des prix et du principe d'une économie de marché ouverte où la concurrence est libre.

22. Augmentation des exigences de rigueur comptable des SIEG, voire de coefficient multiplicateur des aides d'État – davantage d'*enforcement* des règles en matière d'aides d'État et de SIEG.

23. Modernisation de la gestion publique : vers plus d'efficacité et d'efficience :
    - soutenabilité des finances publiques ;
    - mécanisme de solidarité temporaire et non déresponsabilisante : refinancement de la dette des États avec solde positif net ;
    - amélioration de gestion publique sur des problématiques clés (chômage, productivité, innovation, politique et performance énergétiques, confection et exécution des budgets nationaux, procédure d'embauche des nouveaux fonctionnaires (par rapport à des contrats à durée indéterminée) ; courbe de BARS, productivité des investissements publics, modes de financement des différentes politiques publiques) ;
    - plus grande intégration de la dimension européenne (dans les plans de relance nationaux) ;
    - réduction du pourcentage des postes d'encadrement ;
    - économie de marché ouverte où la concurrence est libre ;
    - meilleure combinaison politique et mesures structurelles-contracyclicité ;
    - principe de responsabilité ;

24. Davantage d'investissements, y compris en matière militaire.

25. Pour une croissance et une agriculture plus qualitatives et efficientes.

26. Pour l'émergence d'une plus grande dimension européenne dans la recherche, la politique de cohésion économique, sociale, territoriale, les transports, l'énergie, les plans de relance, l'agriculture, les centres économiques indépendants, la société politique, les médias, l'aménagement du territoire (idée de l'ajout plutôt que de la substitution), etc.

27. Conciliation du travail à temps plein des deux membres du couple avec famille nombreuse (objectif 2 + 3).

28. Souci de l'intérêt de chaque État : possibilité de reprendre le contrôle de l'économie nationale, un district marshallien par État membre.

29. Audit des politiques européennes : marché intérieur, fonds structurels, PAC, énergie, transport.

30. Impôt sur le patrimoine, salaire horaire minimal, indemnité compensatrice ou impôt négatif sur les emplois à faible productivité, etc.

31. SIEG agricole, fonds d'investissement agricole, une agence européenne agricole à l'est, une filière avec éducation, un aménagement du territoire européen.

32. Au niveau environnemental, promotion systématique des technologies propres (aides, innovation, fonds d'investissement, etc.) ; une taxe carbone.

33. Démocratie : lutte contre la désinformation, les manipulations ; limitation de la taille des propositions et textes de directives et de règlements européens.

34. Un vingt-huitième « État » : population des fonctionnaires EU et des expats, etc.

Table des matières

www.ingramcontent.com/pod-product-compliance
Ingram Content Group UK Ltd.
Pitfield, Milton Keynes, MK11 3LW, UK
UKHW020643041026
15590UKWH00001B/67

9 791094 201107